직장 내 괴롭힘, 누구보다 소중한 당신을 위하여

일터에서 어려움을 겪고 있을 당신에게

김소영 지음

박영사

머리말

노무법인에서 일한 시간을 제외하고, 저의 초년기 사회생활 대부분은 회사에서 보낸 시간이었습니다. 저는 노동법에 대한 지식은 시험을 통해 확보했기에, 노무사 직업의 본질은 기업 인사노무 제도를 이해하는 것이라 생각했습니다. 그래서 노무법인에서 활동을 이어갈지, 기업에서 기업노무사로 활동할지 선택의 갈림길에서 사회생활 첫 출발을 기업노무사로 선택합니다. 그 후 공기업, 법정경제단체 두 곳의 일터를 거쳤고, 대기업에서 사내노무사로 활동했습니다.

이렇게 기업노무사로 일하는 것은 여러분과 같이 회사원으로 직장생활을 하는 것입니다. 그런데 일반 직장인으로 직장생활을 하며 '직장'이란 곳은 약자가 더 보호받지 못하는 정글이라는 것을 느꼈습니다. 저는 전문 자격을 보유한 회사원으로 노동법적 권리를 말하며 어느 정도 부당한 일은 감수하지 않을 수 있었습니다. 그런데도 사회생활을 막 시작한 신입사원뿐만 아니라 경력과 연차가 쌓인 직장인이라도 직장 부조리는 누구나 겪을 수 있는 문제라는 사실을 몸소 체험했습니다. 저에게도, 주변 동료들에게도, 팀장과 임원에게도, 직위와 직급을 막론하고 괴로움은 찾아올 수 있었습니다.

그래서 고민하기 시작했습니다. 대한민국이 '직장에서 사람들이 어떻게 인격을 훼손당하지 않고 살아갈 수 있는지, 대한민국 일터의 품격은 어떠한지'에 대해 논의할 시기라고 말입니다. 그리고 직장인이 겪을

iii

머리말 ─────────────────────

수 있는 인격 훼손 중 우리 사회에서 대중적으로 논의가 필요한 문제는 직장 내 괴롭힘이라 생각했습니다. 그래서 직장 내 괴롭힘을 겪지 않고 슬기롭게 직장생활을 하기 위해 대한민국이 바뀌어야 할 방향을 연구하기 시작했습니다. 연구 중 주변의 많은 분이 직장 내 괴롭힘이 법으로 도입될 수 있을까에 대해 비관적이었습니다. 아직 대한민국에서는 어렵다고 단호히 말하는 분도 계셨지요. 그렇지만 저는 충분히 가치 있는 연구라는 믿음이 있었습니다. 결국, 연구 도중 아시아 최초로 대한민국에서 직장 내 괴롭힘 금지법이 도입됩니다. 한국 사회에서 직장인의 정신적 괴로움, 직장 내 괴롭힘에 대해 논의할 바탕이 만들어진 것입니다. 따라서 지금 이 시기에 이루어지는 논의가 앞으로 대한민국 직장 변화를 이끌 초석이 될 것이라 보았고, '근로자 인격권 보호 관점에서 바라본 직장 괴롭힘에 관한 연구'를 마무리했습니다. 이 책은 법을 전혀 모르시더라도 쉽게 제가 고민한 괴롭힘에 관한 생각을 함께 나누고자 하는 마음을 담았습니다.

직장에서는 언제든, 누구든 직장 내 괴롭힘을 겪을 수 있습니다. 직장 내 괴롭힘은 한 사람의 인격을 파괴할 수 있는 영향력을 가지고 있고, 회복하기 힘든 상처를 남깁니다. 그 직장이 좋고 나쁘고는 중요하지 않습니다. 직장 규모도 중요하지 않습니다. 큰 직장일수록 조직적 힘을 이용하기는 더 쉽고, 더욱 교묘한 방법이 동원될 수 있기 때문입니다.

아시아 최초로 대한민국에서 직장 내 괴롭힘을 법으로 금지했지만, 법은 다른 분야보다 낯설고, 어렵다고 느끼는 분들이 많습니다. 그래서 일반 직장인의 관점에서 직장 내 괴롭힘을 어떻게 볼 것인지 관해 같이 논의하고 싶습니다. 누구보다 소중한 당신과 대한민국 직장인이 일터의 품격을 지키며 슬기로운 직장생활을 할 수 있도록 함께 이야기 나누는 시간이 되었으면 좋겠습니다.

누구보다 소중한 당신께,
김소영 노무사 드림

차례 ─────────────────────────

차례

차례

들어가는 말

일터에서 어려움을 겪고 있을 당신에게

일터에서 어려움을 겪고 있을 당신에게

왜 근로자 인격권 관점에서
직장 내 괴롭힘의 답을 찾는가?

66

한국 사회가 직장 내 괴롭힘을 둘러싼 현상으로 뜨겁습니다. 인터넷 검색 포털을 통해 '직장 내 괴롭힘'이라는 검색어로 정보를 검색해 보면 손쉽게 괴롭힘 소식을 접할 수 있지요. 2014년 '조현아 대한항공 전 부사장의 땅콩 회항 사건'으로 직장 내 부당한 갑을관계에 대한 사회적 목소리가 높아집니다. 이후 사회적 관심의 분기점은 2018년에 발생한 '위디스크 양진호 대표의 무차별적 직원 폭행 사건'이었습니다. 양 대표가 직원들에게 가한 비인격적인 폭행과 모독은 우리 사회를 충격에 휩싸이게 했습니다. 언론에서 끊이지 않고 다루는 직장 내 괴롭힘 사례는 사회시스템을 위협하는 정도에 이르렀지요. 이러한 목소리를 듣고서야 국회는 적극적으로 움직입니다. 2019년 1월 15일, 국회는 근로기준법과 산업재해보상보험법 및 산업안전보건법 개정을 통해 직장 내 괴롭힘 금지를 법률로 명확히 도입합니다.

그러나 법률로 도입되었음에도 2019년 1월 5일 서울의료원에서 직장 내 괴롭힘에 의해 서지윤 간호사가 사망합니다. 그는 "조문도 우리 병원 사람은 안 왔으면 좋겠어."라는 유서를 남기기까지 할 정도로 직장에서 괴로움을 겪었다고 합니다. 이렇듯 대한민국 일터에서 직장 내 괴롭힘은 조직적 문제로 현재진행형이며, 누구나 피해자가 될 위험 속에 있습니다.

직장 내 괴롭힘은 기업의 노동생산성을 떨어뜨린다는 점에서도 문제지만, 무엇보다 근로자의 인격권을 침해한다는 점에서 결코 가볍게 볼 수 없는 문제입니다. 직장 내 괴롭힘이 노동법 영역으로 들어온 이번 기회를 통해 관행이란 명목으로 이루어졌던 수많은 괴롭힘에 대해 더욱 세밀한 논의가 이루어져야 한다고 생각합니다. 실제로 법 통과 후 2019년 2월 고용노동부에서 '직장 내 괴롭힘 판단 및 예방·대응 안내서'를 발표하였습니다. 서울시는 2019년 3월 12일부터 '서울의료원 간호사 사망 사건 관련 진상대책위원회'를 만들어 조사를 시작했습니다. 조사 결과 그의 죽음은 직장 내 괴롭힘에서 비롯되었음이 드러났습니다. 조사 활동 6개월 만의 결론이었습니다. 서울시장은 진상대책위원회에서 마련한 권고안을 3개월 안으로 실행하고, 고인의 추모비 건립을 약속했습니다. 사회 변화가 일어나고 있는 것입니다.

현대사회에서 대부분의 인간관계는 자신이 일하는 시간과 장소를 중심으로 맺어집니다. 근로자가 직장에서 근로를 제공하는 행위는 단순히 경제적 영리활동 의미만을 가지는 것이 아닙니다. 자신의 자아정체성을 보존하는 행위인 동시에 사회적 관계를 맺는 수단이 되기 때문이지요.[1] 특히 근로자는 일반적으로 일터에 구속되어 노동을 제공하고 그 대가로 받는 임금으로 생활합니다. 이로 인해 사용자로부터 지시받는 일을 거부하기 어렵습니다. 동시에 노동을 제공하는 장소인 일터의 고유한 조직문화에 적응해야 합니다. 따라서 부당한 인격권 침해에 노출될 위험이 큰 것이지요.[2]

우리 「헌법」 제10조는 '인간으로서의 존엄과 가치'를 기본적 불가침 권리로 규정하고 있습니다. 제32조 제3항에서는 근로조건 기준을 '인간의 존엄성을 보장'하도록 법률주의에 의할 것을 천명합니다. 「헌법」에서 말하는 인간 존엄성은 사람의 본질로 간주하는 인격권으로 설명할 수 있습니다. 이러한 관점에서 본다면, 괴롭힘은 인격권[3]과 인권[4] 침해적인 형태로 나타나는 것이지요. 또한, 괴롭힘은 개인 간에 발생하는 사적인 문제가 아니라, 직장 내 위계질서 또는 권력 불평등에서 발생하는 형태일 수 있습니다. 그렇기 때문에 국가에서 개입하여 규제할 문제가 되는 것입니다.[5]

임명현 MBC 기자는 그가 집필한 책인 '잉여와 도구'에서 과거 MBC 경영진이 2012년 파업 참가자에게 가한 직장 내 괴롭힘 특징을 이렇게 말합니다. 우리가 일반적으로 알고 있는 것처럼 단순히 상급자가 직접 괴롭힘을 지시하거나 강압적 언행을 하는 것이 아닌, 조직적인 괴롭힘이 이루어졌다는 것이지요. "경영진의 인사권 행사와 업무 배정" 권한을 통해 모욕을 가함으로써 파업 참가자가 자발적으로 퇴사하도록 유도한 것입니다.[6] 앞서 이야기한 권력 불평등에서 발생한 형태입니다. 이렇게 직장 내 괴롭힘 대상이 된 파업 참가자는 소속 집단에서 '잉여'가 되어 모멸감과 공포를 느꼈다고 합니다. 반대로 소속 집단은 스스로 공포를 내면화하고 부조리에 무감각해지며, 조직 내 안정지향을 추구하게 되었지요.

그렇지만 대한민국이 직장 내 괴롭힘을 논의하지 않은 것은 아닙니다. 우리나라도 깨어 있는 국회의원들이 2013년부터 직장 내 괴롭힘 해결을 위해 많은 법률안을 국회에 제출하였습니다. 그러나 반대하는 의원들이 직장 내 괴롭힘에 대한 심각성을 부정하여 실제 입법에 이르지는 못했습니다. 만약 양진호 사건이 여론화되지 않았다면, 사람들이 함께 목소리를 내지 않았다면, 이번에도 국회는 법을 통과시키지 않았을 가능성이 큽니다. 양진호 사건 이전에 국회는 법안심사 2소위원회로 해당 법률들을 넘겼고, 2소위원회는 법률 통과가 어려운 곳임을 법조계 사람들은 공공연히 알고 있었으니 말입니다. 국회는 양진호 사건 이후 급하게 직장 내 괴롭힘 금지에 대해 다시 논의합니다. 그 결과 근로기준법, 산업재해보상보험법, 산업안전보건법 일부를 개정하는 형태로 현행 법제를 보완하는 입법이 이루어집니다.

그러나 직장 내 괴롭힘은 다층적이고 구조적으로 발생하는 사회 전반적인 문제입니다. 따라서 근로기준법에 몇 개의 관련 조항을 신설하는 정도로는 문제가 완전히 해결되지 않을 것입니다. 그렇지만 새롭게 도입된 노동법은 직장 내 괴롭힘 금지의 출발선이라는 점에서 의미가 큽니다. 따라서 저는 개정된 노동법이 근로자 인격권 차원에서 괴롭힘에 대응하는 데 필요한 충분한 내용을 담고 있는지 질문했고, 여러분과 함께 그 답을 찾아가고자 합니다. 그리고 대한민국 일터 품격을 높이기 위한 한국형 직장 내 괴롭힘 개선 방향을 함께 그려보고 싶습니다.

법률상 공식 명칭인 '직장 내 괴롭힘'에서 '직장 내'는 가해자와 피해자의 관계가 직장을 매개로 한다는 뜻입니다. 그러나 공간적 의미로 '직장 안'이라는 오해를 살 수 있으므로,[7] 여기서는 '직장 괴롭힘'이란 용어를 사용하고자 했습니다. 그렇지만 법에서 제시한 용어인 '직장 내 괴롭힘'을 사용하는 것이 여러분의 혼란을 줄일 수 있으리라 생각하여 '직장 내 괴롭힘'으로 용어를 그대로 활용하고자 합니다.

저는 직장 내 괴롭힘이 최근에 두드러진 현상이라거나 개인의 문제 혹은 가해자 인성 문제라고 여기는 것에서 벗어나고자 합니다. 조직과 국가 법·제도적 문제로 바라보며 직장 내 괴롭힘을 해결할 실마리를 함께 찾아보고 싶습니다. 따라서 이 책을 읽는 여러분에게 직장 내 괴롭힘을 바라보는 관점을 바꾸어 볼 것을 제안합니다.

그렇다면 우리는 직장 내 괴롭힘을 근로자 인격권 관점에서 어떻게 살펴볼까요? 가장 먼저 우리 법이 대한민국 일터 품격을 어떻게 다루었는지에서 출발합니다. 이를 통해 근로자 인격권이 유형적인 차원을 넘어 무형적 인격권으로 실현되는 과정을 살펴보고자 합니다. 그리고 사례 탐구를 통해 대한민국과 해외사례를 비교해 보겠습니다. 유럽을 중심으로 해외에서는 1990년대 초반부터 근로자 정신 건강을 반드시 보호해야 할 영역으로 보고 괴롭힘을 다양한 방식으로 관리했다고 합니다. 이를 통해 직장 내 괴롭힘을 둘러싼 국제적 움직임을 함께 주목해 보겠습니다. 그리고 우리가 살아가는 대한민국 일터에서는 어떤 일이 있었는지 알아보겠습니다. 이번에 개정된 직장 내 괴롭힘 금지법을 세부적으로 분석하고, 새로운 직장 내 괴롭힘 유형을 만들어봅니다. 마지막으로 일터 품격을 높이기 위한 한국형 직장 내 괴롭힘 개선 방향을 함께 그려보는 데 궁극적인 목적을 두고 싶습니다.

준비운동

: 불친절한 법 용어 쉽게 정리하기

66

　법이 사람들에게 친밀하게 다가오지 못하는 이유는 어렵다고 느끼기 때문입니다. 어려운 것은 사실입니다. 왜냐하면 법 용어는 일상에서 사용하는 친숙한 우리말과 다르기 때문이지요. 법학이 학문적으로 어려워서가 아닙니다. 여러분이 이해하지 못하는 말로 포장되어 있어서 어려운 것이지요. 순우리말로 표기할 수도 있을 법한 단어도 한자어를 사용합니다. 해방 이후 대한민국은 법을 만들기 위한 충분한 논의를 거칠 시간이 없었습니다. 이로 인해 우리나라 법률 용어는 대부분 외국 법률 용어를 번역하고 빌려 만들어집니다. 그런데 이 외국 법률 용어를 우리말로 직접 번역한 것도 아니었습니다. 정확히 말하자면, 일본이 외국 법률 용어를 번역하여 일본 법률 용어로 쓴 것을 우리나라가 재활용하였다고 보는 것이 맞습니다. 즉 언어학적 측면에서 보면 대한민국 법률 용어 대부분은 차용어라 할 수 있습니다. 그런데 일본이 법률 용어를 번역한 시기는 '메이지 시대'였고, 그 당시에 일본 사회 배경을 기초로 단어를 빌립니다. 일본식 한자어를 기초로 만들어진 것도 매우 많았지요. 그런데 이 일본 단어의 상당수가 대한민국 현행 법률 용어로 그대로 사용되고 있습니다. 심지어 순수한 일본어로 만들어진 용어를 한자음으로 바꾸어 한국 법률 용어로 수용한 것도 많습니다. 이렇게 일본어 번역어가 우리나라 법 용어로 굳어졌기 때문에 일본식 표현도 너무 많습니다. 이로 인해 대한민국 법률을 우리나라 사람이 이해하기 어렵다고 느끼게 된 것입니다. 지나치게 어려운 용어뿐만 아니라, 부자연스러운 표현과 뜻이 불분명한 문장 등으로 대한민국 법은 고쳐야 할 부분이 많습니다.[8]

그래서 이 책을 읽어보고자 시도해주신 독자 여러분, 그 마음 자체로 고맙습니다. 여러분에게 보답하고자 이 책은 최대한 어려운 한자어나 일본어를 쓰지 않고, 쉽게 이해할 수 있도록 쓰고자 했습니다. 읽기 쉬운 글이 가장 잘 쓴 글이고, 읽기 쉬운 책이 가장 좋은 책이라 생각합니다. 어려운 단어와 외래어를 쓰는 것이 세련된 글이라 생각하시는 분이라면 투박하게 느껴질 수 있습니다. 그런 말은 칭찬으로 듣겠습니다. 이 책은 법을 잘 알지 못하는 보통 사람들이 조금이라도 쉽게 법에 접근할 수 있도록 하는 것이 목적이기 때문입니다.

그렇지만 앞서 말씀드린 배경으로 인해 대한민국 법 용어는 오랜 기간 굳어져 쉬운 말로 대체하기 어려운 부분이 있습니다.

그래서 불친절한 법 용어를 먼저 알고 이 책을 읽으면 이해가 훨씬 쉬울 것입니다. 처음부터 읽지 않아도 괜찮습니다. 책을 읽는 중간중간 참고해도 충분합니다. 달리기 전 준비운동을 하는 것처럼 이 면이 여러분 마음속 부담을 줄여주길 바랍니다.

---

1. 이 책에 쓰인 법 관련 기본 단어

- **법률**

쉽게 보면 일반적인 법을 말합니다. 정확한 형식적 의미는 국회 의결을 거쳐 대통령이 서명하고 공포함으로써 성립하는 국가법을 뜻합니다.

- **법령**

법률과 명령을 아우르는 가장 넓은 말입니다. 헌법, 법률, 조약, 조례, 규칙이 모두 포함됩니다.

- **법조문**

법률에서 '제○조'의 형태로 적어놓은 문장을 말합니다. 법조문을 어떻게 이해하고 읽어야 하는지를 표로 정리했으니 이 부분은 꼭 읽어보면 좋겠습니다.

법조문 기본 형태와 읽는 방법

[예시 – 근로기준법]

제1장 총칙

제2조(정의) ① 이 법에서 사용하는 용어의 뜻은 다음과 같다.

  1. "근로자"란 직업의 종류와 관계없이 임금을 목적으로 사업이나 사업장에 근로를 제공하는 자를 말한다.

  2. "사용자"란 사업주 또는 사업 경영 담당자, 그 밖에 근로자에 관한 사항에 대하여 사업주를 위하여 행위하는 자를 말한다.

- **조(條)**

법령을 구성하는 기본 원칙적 단위입니다. 대한민국 모든 법률은 기본적으로 "조"를 사용하고, 이러한 "조" 앞에 조 번호인 숫자를 붙입니다. 정식으로 읽을 때는 앞에 '제'를 붙이면 됩니다. 예를 들어 '근로기준법 제2조' 이렇게 말하면 됩니다.

- 항(項)

 "조"를 구성하는 요소로, "항"은 예시에서 동그라미로 표시된 숫자 "①"를 말합니다. 항은 문장 전체를 의미하며, 반드시 완성된 형식의 문장으로 한다는 특징이 있습니다.

 읽을 때는 동일하게 '제'를 붙여 '근로기준법 제2조 제1항'이라 말하면 됩니다.

- 호(號)

 "조"를 구성하는 요소로, "호"는 "1."처럼 숫자와 마침표의 합으로 표기합니다. 호는 "조"와 "항" 중에서 규율하려는 내용을 열거하여 규정할 필요가 있을 때 사용합니다.

 호는 항처럼 반드시 완성된 문장으로 사용하지는 않고 "…할 것" 등의 표현 방식을 사용합니다. 다만, 위 예시처럼 완성된 문장 "…한다"로 사용되는 경우도 있습니다.

 읽을 때는 동일하게 '제'를 붙여 '근로기준법 제2조 제1항 제1호'라 말하면 됩니다.

- 장

 하나의 법은 수많은 조문으로 이루어져 있습니다. 이렇게 많은 법조문을 체계적으로 구분하기 위해 사용하는 분류 방법입니다. 위 예시 표에서 박스로 표시된 근로기준법은 '제1장 총칙'부터 시작하여 '제12장 벌칙'까지 총 12개 장(章)으로 분류하며, 산업재해보상보험법은 8개 장(章)으로 분류합니다.

법조문 기본 형태와 읽는 방법

[예시 - 산업재해보상보험법]

제3장 보험급여

제37조(업무상의 재해의 인정 기준) ① 근로자가 다음 각 호의 어느 하나에 해당하는 사유로 부상·질병 또는 장해가 발생하거나 사망하면 업무상의 재해로 본다. 다만, 업무와 재해 사이에 상당인과관계가 없는 경우에는 그러하지 아니하다.

　1. 업무상 사고

　　가. 근로자가 근로계약에 따른 업무나 그에 따르는 행위를 하던 중 발생한 사고

      나. 사업주가 제공한 시설물 등을 이용하던 중 그 시설물 등의 결함이
        나 관리소홀로 발생한 사고

- **목(目)**
  "호"를 다시 세분화하여 분류하거나 내용을 나열할 필요가 있는 경우에 "목"을
  추가로 사용합니다. "목"은 위 예시에서 "가. 나."로 표시된 부분으로, 한글로
  가나다순으로 나타냅니다.
  목을 읽을 때는 제를 붙이지 않습니다. '산업재해보상보험법 제37조 제1항
  제1호 <u>가목</u>'이라 말하면 됩니다.

- **근로**(근로기준법 제2조 제1항 제3호)
  단어적 뜻은 '부지런히 일한다'이나, 법률용어로 근로는 정신노동과 육체노동을
  뜻합니다.

- **근로자**(근로기준법 제2조 제1항 제1호)
  직업 종류와 관계없이 임금을 목적으로 사업·사업장에 근로를 제공하는 자를
  말합니다. 근로자에 해당하려면 실질적으로 임금을 목적으로 '종속적인 관계'에
  서 근로를 제공했는지가 중요합니다.

- **사용자**(근로기준법 제2조 제1항 제2호)
  사업주, 사업 경영 담당자, 그 밖에 근로자에 관한 사항에 대해 사업주를 위하여
  행위하는 자를 말합니다. 근로기준법 규정을 준수해야 하는 준수의무 주체자이
  며, 노무관리상에 구체적인 권한을 가지는 사람이 전반적으로 포함됩니다.

- **사업 또는 사업장**
  일정한 장소를 바탕으로 유기적으로 단일하게 조직되어 계속적으로 행하는 경제
  적 활동단위를 의미합니다. 쉽게 보면 여러분이 노동을 제공하는 회사 장소를 뜻
  합니다.

- **근로계약**
  근로자가 사용자에게 근로를 제공하고 사용자는 근로자가 제공한 근로에 대해
  임금을 지급하는 것을 목적으로 체결된 계약을 말합니다.

- **딸림계약(=부합계약)**
  형식적으로는 계약 형태를 갖추고 있으나, 계약 당사자 한쪽이 계약 내용을 미리

결정하여 상대방은 사실상 그대로 따를 수밖에 없는 계약을 말합니다. 전기·가스계약, 보험계약, 고용계약 등이 해당합니다. 법률용어는 아직도 '부합계약'으로 사용되는 경우가 많지만, 1993년 2월 12일 행정용어 순화 편람에 의해 순화 용어인 '딸림계약'을 쓰는 것이 바람직합니다.

- 인격
  인격은 권리 능력이 있고, 법률상 독자적 가치가 인정되는 자격을 의미합니다.

- 인권
  인권은 인간으로서 당연히 가지는 기본적인 권리를 뜻합니다.

- 인격권
  권리의 주체인 인간과 뗄 수 없는 인격적 이익을 내용으로 하는 법적 권리를 말합니다.

- 채무(=빚)
  특정한 사람이 다른 특정한 사람에게 어떤 행위를 하여야 할 법률상 의무를 뜻합니다. 1993년 2월 12일 행정용어 순화 편람에 의해 '채무'와 '빚'을 함께 쓸 수 있습니다. 그러나 아직 법학에서는 채무라는 표현이 그대로 사용되고 있습니다.

- 취업규칙(근로기준법 제93조, 제94조)
  사용자가 자신의 사업장에 적용될 노동조건을 규정한 것을 말합니다. 근로기준법은 상시 10명 이상 근로자를 사용하는 사용자는 의무적으로 취업규칙을 작성하여 고용노동부장관에게 신고하도록 의무화합니다. 이러한 취업규칙은 작성과 변경 시 사업장 근로자 과반수 노동조합이나 근로자 과반수의 '의견'을 필수적으로 들어야 합니다. 취업규칙을 근로자에게 불리하게 변경할 경우에는 '동의'를 받아야 합니다.

- 특별법
  법 효력이 특정한 지역·사람·사항에 한해서 적용하는 법을 의미합니다. 일반적으로 적용되는 일반법과 달리, 특별법은 법에서 정한 범위에 한정하여 법 적용과 법적 보호가 가능합니다. 일반법과 특별법이 충돌할 경우, 특별법이 일반법보다 우선하여 적용됩니다.

- 특수형태근로종사자
  계약 형식과 관계없이 근로기준법상 근로자와 유사하게 노무를 제공하는 사람을 뜻합니다. 계약 형태 측면에서 스스로 독립사업자로 자영업자처럼 계약을 맺는 형태입니다. 그래서 회사와 직접 근로계약을 맺는 근로기준법상 근로자와 구분합니다. 그러나 이들은 스스로 사업주이면서 근로자와 유사한 성격도 같이 가지고 있습니다. 그래서 근로자는 아니지만 근로자와 유사한 성격을 가지는 '직업인'을 뜻합니다. 이 단어는 노동조합-사용자단체-정부가 협의하는 공식 기구인 노사정위원회를 통해 합의된 법률용어입니다. 보험설계사, 택배기사, 학습지교사, 골프장 캐디, 대리운전 기사, 퀵서비스 기사, 신용카드회사 모집인, 레미콘 운송 차주 등이 해당합니다.

- **비정규직**
  정규직이 아닌 모든 직종을 포괄하는 단어입니다. 근로 방식과 시간, 고용 지속성 등에서 정식으로 채용되지 않은 직업을 뜻합니다. 기간제 근로자(계약직), 파견 근로자, 도급 근로자, 단시간 근로자 등이 모두 포함됩니다.

- **도급**(민법 제664조)
  계약을 맺는 당사자 중 한쪽이 특정한 일을 완성할 것을 약속하고(도급업무를 하는 회사=수급인), 상대방이 일을 완성하면 그 대가로 보수를 지급하는 거래관계를 말합니다(도급업무를 맡기는 회사=도급인). 고용과 비교해 보면 쉽게 이해할 수 있습니다. 고용은 노동 제공 자체를 계약 목적으로 하지만, 도급은 '일의 완성'이 계약 목적입니다. 단순히 노동을 제공하는 것이 아닌, 어떠한 일을 전문적으로 맡긴 것을 의미합니다.

- **파견**(파견법 제2조 제1호)
  파견사업주가 근로자를 고용한 후에 파견회사와 고용관계를 유지하면서, 사용사업주의 지휘·명령을 받아 사용사업주를 위한 일을 하게 하는 것을 말합니다(파견법 제2조 제1호).
  근로자 파견은 파견법에서 정하는 업무에 한해 파견사업 허가를 받은 회사만이 할 수 있습니다.

- **파견사업주**(파견법 제2조 제3호)
  근로자 파견 사업을 하는 사람을 말하며, 파견사업 회사의 사용자를 뜻합니다.

- **사용사업주**(파견법 제2조 제4호)
  근로자 파견계약을 맺고 파견근로자를 사용하는 사람을 말합니다.

- **각하**
  「민사소송법」상 법원에서 소나 상소가 법률적으로 필요한 형식적인 요건을 갖추지 못한 경우, 내용 판단 없이 바로 소송을 종료시키는 것을 말합니다.

- 기각

  「민사소송법」상 법원이 소나 상소가 법률적으로 필요한 형식적인 요건은 갖추었지만, '내용'이 실체적으로 법원이 판단할 이유가 없다고 하여 소송을 종료하는 것을 말합니다.

- 대세권(=절대권)

  '법률상 권리'란 특별한 이익을 누릴 수 있는 법률상의 힘을 말합니다. 그중 '대세권'은 모든 사람에게 주장할 수 있는 권리를 말합니다. 절대적인 권한인 '절대권'이라 부르기도 합니다.

- 일신전속권

  법률상 권리 중 권리를 가진 주체와 긴밀한 관계이기 때문에 권리를 가진 단 한 사람에게만 귀속되고 그 사람만이 행사할 수 있는 권리를 말합니다.

  다른 사람에게 양도하거나 다른 사람이 대신 행사할 수 없는 권리로, 친권·선거권 등이 일신전속권에 해당합니다.

- 하급심

  하급 법원에서 하는 소송 심리를 말합니다. 여기서 '하급 법원'이란 다른 법원에게 지휘 감독을 받는 법원을 뜻합니다. '지방법원'은 고등법원의 하급 법원이며, '고등법원'은 대법원의 하급 법원입니다. 대법원 판결 이외의 판결은 하급심이라 생각하시면 쉽습니다.

- 법정손해배상제도

  소송을 제기한 원고가 실제 손해를 입증하지 않더라도 법에서 정한 범위 내 일정 금액을 법원이 손해액으로 인정할 수 있도록 하는 제도를 의미합니다. 즉, 피해자의 피해를 기준으로 손해배상을 산정하는 것이 아닌, 법률에서 정한 액수로 손해배상을 산정하는 것을 말합니다.

2. 국회에서 법을 만들 때 활용하는 단어

- 입법

  실질적인 개념으로서 입법은 국가기관이 국가와 국민 사이에 효력을 가지는 법을 정립하는 것을 의미하며, 형식적인 개념은 의회가 입법 절차를 통해 법을 만드는 것을 말합니다. 입법에는 개정과 제정이 모두 포함됩니다.

- 개정

  이미 정해진 법을 고쳐서 다시 정하는 것으로, 법을 고치는 과정을 법 개정 절차라 합니다.

- 제정

  새로운 법률을 만드는 것으로, 국가 입법기관에서 새롭게 만드는 법을 제정법이라고 합니다.

국회에서 '노동법'이 입법되는 과정

법률안 제안(제출)	
- 국회의원 10인 이상 - 정부	- 제안(국회의원) : 10인 이상 찬성 - 제출(정부) : 국무회의 심의 거쳐 대통령 서명 후 제출

회부	
- 국회의장	- 국회의장이 법률안을 담당하는 위원회에 회부

위원회 심사	
- 상임위원회 : 환경노동위원회	- 환경노동위원회에서 회부된 법률안을 상정 - (심사 순서) 제안자가 입법 취지 설명 → 전문위원 검토보고 → 대체토론 → 법안심사소위원회 심사 → 찬반토론 → 의결(표결)

법제사법위원회 체계 자구심사	
	- 환경노동위원회 검토 끝낸 법률안을 종합적으로 심사

본회의 심의·의결	
	- 본회의 : 법률안을 심사보고, 질의·토론을 거침 - 의결 : 재적의원 과반수 출석과 출석의원 과반수 찬성으로 의결

정부 이송	
	- 국회에서 의결된 법률안은 정부에 이송되어 15일 이내에 대통령이 공포함

공포	
	- 대통령은 법률안이 정부에 이송 후 15일 이내 공포하여야 함 - 법률은 특별한 규정이 없으면 공포한 날로부터 20일 경과 시 효력이 발생함

※ 본회의에 올라가기 전에 일정 의원 요구 시 '전원위원회 심사'를 거칠 수 있고, 정부 이송 후에 대통령은 법률안에 이의가 있으면 '거부권'을 행사 할 수 있습니다. 그렇지만 이러한 절차는 특별한 경우에 추가되는 단계이므로 간편한 이해를 위해 생략했습니다.

- 상임위원회
  국회에 발의된 법률안을 검토하고 의결하는 가장 기본적인 국회 단위입니다. 모든 법률안은 분야별로 담당하는 소관 상임위원회가 존재하고, 노동법은 '환경노동위원회'가 담당합니다. 직장 내 괴롭힘 법률도 환경노동위원회에서 검토와 의결 과정을 거쳐 만들어졌습니다.

- 법안심사소위원회
  상임위원회에서 논의되기 전에 법안이 제대로 구성되었는지, 법이 사회에 끼치는 영향은 어떠한지 등을 분석하는 기구입니다. 법률 검토가 가장 활발하게 이루어지는 곳으로 의원들이 수차례 논의를 통해 면밀히 분석합니다. 그래서 가장 중요한 단계라 할 수 있습니다. 법안심사소위원회를 통과하지 못하면 본회의에 올라갈 수 없습니다. 법안심사소위원회에서 통과되면 상임위원회 전체회의로 올라갑니다.

- 법제사법위원회
  법률안 전반에 대한 심사와 사법에 관한 국회 의사결정 기능을 하는 곳입니다. 보통 '법사위'라고 줄여 말합니다. 이곳에서는 법무부, 법제처, 감사원, 헌법재판소, 법원 사법행정, 탄핵소추 등 하는 일이 굉장히 많고 권한이 막강한 곳입니다. 그중에서 입법에 관한 사항에 한정해서 살펴보면, 상임위원회에서 통과된 모든 법률안이 심사를 받는 곳입니다. 이곳에서 법률안에 대한 형식적 · 실질적 심사를 모두 시행합니다.

- 전원위원회
  국회가 각종 위원회 심사를 거치거나 위원회가 제안한 의안 중 정부조직에 관한 법률안, 조세, 또는 국민에게 부담을 주는 법률안에 대해 '의원 전원'이 다시 한 번 심사할 수 있도록 만든 제도입니다.

- 본회의
  국회 각 위원회에서 심사한 법률안을 최종적으로 결정하는 회의입니다. 국회 입법 과정의 마지막 관문으로, 본회의를 통과해야 법안이 법률로 제·개정 될 수 있습니다. 의안 심의, 대통령의 예산안 시정 연설, 각 교섭 단체 대표연설, 대정부 질문 등 국정 전반에 대한 토론을 합니다. 여러분이 2020년 5월 코로나 19로 지급 받은 '재난지원금' 지원 추경이 통과된 곳이 이곳입니다.

- 공포
  국회에서 통과된 법률안이 정부에 이송되어 대통령 재가를 받고, 관보에 실리는 것을 뜻합니다. '대한민국 전자관보' 사이트에서 확인이 가능합니다. 노동법은 고용노동부 소관이기 때문에, 최근 노동법 변화를 알고 싶으신 분들은 고용노동부 홈페이지에 '정보공개-최근 제·개정 법령'을 살펴보면 좋습니다.

이 책을 읽는 방법

"

현대사회는 책이 아니라도 정보에 접근할 방법이 무수히 많습니다. 이로 인해 책에 투자할 시간이 많지 않은 분도 있을 것입니다. 처음으로 법 관련 책을 읽는 분도 계시겠지요. 책 한 권을 완전히 읽는 작업이 어려운 현시대를 이해합니다. 그래서 여러분을 유형별로 구분하여 이 책을 읽는 방법을 제안하고자 합니다.

A형: 평소 법이 어렵다고 생각하여 책 읽기가 망설여지는 분

먼저 들어가는 말과 나가는 말을 천천히 읽으세요. 그리고 각 부의 제목과 목차를 보면서 흐름을 상상하셔도 됩니다. 관심이 가는 목차가 있으면 읽어보셔도 좋습니다. 그 후 궁금한 부분을 찾아 읽어보시면 더 좋습니다.

B형: 직장 내 괴롭힘을 알고 싶지만, 읽을 시간이 부족한 분

직장 내 괴롭힘을 어떻게 접근하고 바라보아야 할지를 포괄적으로 정리한 들어가는 말을 먼저 보세요. 그리고 가장 궁금하실 괴롭힘 법 개정 내용을 해석하는 부분인 4부, 6부, 7부를 보시면 좋습니다. 그 후에 흥미 있는 부분을 찾아보면 더 좋겠습니다.

C형: 직장 내 괴롭힘을 알고 싶고, 하루 정도 투자할 시간이 있는 분

각 부에서 핵심 부분을 읽으시면 좋습니다. 다른 나라는 어떻게 하는지 궁금한 독자라면 2부를 중심으로 보시는 것도 추천합니다. 그 후 5부에서 다른 나라와 비교한 한국형 직장 내 괴롭힘 유형 경계선을 읽어보면 재밌게 차이를 알 수 있습니다.

D형: 직장 내 괴롭힘을 제대로 알고 싶은 분

책을 제대로 읽어주시면 좋습니다. 그래도 읽으면서 흥미가 떨어지는 부분은 넘기셔도 괜찮습니다. 책 전반을 읽었다는 자체가 대단한 일이니까요. 긴 시간을 내어 책을 읽어주시는 여러분, 고맙습니다.

▶ 참고문헌

1   전윤구, "노동법의 과제로서의 근로자 인격권 보호(Ⅰ)," 노동법연구 제33호, 서울대노동법연구회, 2012, 128면.

2   2017년 국가인권위원회가 실시한 직장 내 괴롭힘 실태조사 결과에 따르면 약 1,500명의 응답자 중 73.3% 정도가 지난 1년 동안 직장 내 괴롭힘 경험이 있는 것으로 나타났다. 위 실태조사에 따르면 직장 내 괴롭힘과 특히 유의미한 변수는 나이로 20대의 경우 75.7%가 최근 1년간 현재 직장에서 단 한 번이라도 직장 내 괴롭힘을 경험한 적이 있었으나, 60대에서 경험률은 58.8%로 떨어져, 16.9% 차이가 나타났다고 한다(홍성수 외, "직장 내 괴롭힘 실태조사," 국가인권위원회, 2017, 102면).

3   인격권은 일반적으로 자신과 분리할 수 없는 인격적 이익의 향유를 내용으로 하는 인격의 자유로운 발현에 관한 권리로서 인격을 형성, 유지 및 보호받을 수 있는 권리를 말하며, 명예권, 성명권, 초상권 등이 포함된다.

4   인간이 인간답게 존재하기 위한 보편적이고 절대적인 인간의 권리를 말하며, 평등권, 생존권, 자유권, 노동권, 사회권 등이 포함된다.

5   김엘림 교수는 이에 대해 성희롱의 법적 규제의 당위성으로 설명하고 있다: 김엘림(2013), 「남녀평등과 법」, 한국방송통신대학교출판문화원, 283면; 이수연, "직장 괴롭힘의 개념과 판단기준에 관한 판례법리," 이화젠더법학 10, 이화여자대학교 젠더법학연구소, 2018, 111면.

6   임명현, "2012년 파업 이후 공영방송 기자들의 주체성 재구성에 관한 연구 – MBC 사례를 중심으로," 성공회대학교 문화대학원 석사학위 논문, 2017, 38면; 임명현, 「잉여와 도구 억압된 저널리즘의 현장 MBC를 기록하다 | MBC에서 펼쳐진 '멋진 신세계' 그 속에서 살아온 사람들의 증언」, 정한책방, 2017.

7   양승엽, "직장 괴롭힘 방지 입법에 대한 프랑스 법제의 시사점 – 노동의 지속가능성을 위해," 성균관법학 제29권 제3호, 성균관대학교 법학연구소, 2017, 115–116면.

8   "법령용어의 순화와 정비에 관한 법언어학적 연구," 한국법제연구원 강현철, 2003.8, 8면, 17–18면.

1부

근로자 인격권 보호와 한계

우리 법은 일터의 품격을
어떻게 다루었나?

─────── 일터에서 어려움을 겪고 있을 당신에게 ───────

'노동'이란 무엇일까?

알려주지 않는 진실 : 근로자 인격권 침해 위험성을 가진 '근로계약'

헌법과 민법 : 근로자 인격권 보호의 출발

국가의 기본권 보호의무 : 대한민국은 근로자를 보호할 의무가 있다

우리 법이 근로자 인격권을 지키기 위해 발전해온 과정

'노동'이란 무엇일까?

"

"'의사, 판사, 국회의원', 이들은 노동자일까요, 아닐까요?"

어떤 사람을 '노동자'라 할 수 있을까요? 표준국어대사전에서 노동자를 정의하는 첫 번째 설명은 "노동력을 제공하고 얻은 임금으로 생활을 유지하는 사람"입니다. 쉽게 말해 일터에서 노동력을 제공하여 일하는 대부분이 '노동자'인 것입니다. 여러분은 일상에서 흔히 '노동'이란 단어를 듣고 말합니다. 그러나 노동의 정확한 의미를 고민해 본 적은 많지 않을 것입니다. 우리는 노동을 정확한 의미보다 떠오르는 이미지로 형성했습니다. 이로 인해 한국 사회에서 노동이란 단어는 천시되어온 것이 사실입니다. 우리 대부분은 노동자가 될 것이고, 대다수가 이미 노동자인데도 말이지요.

국립국어원 표준국어대사전에서 말하는 '노동자'의 뜻

그렇지만 기초교육과정에서 당신에게 누구도 노동을 제대로 알려
주지 않았습니다. 이로 인해 오해가 쌓인 것입니다. 앞서 질문한
'의사, 판사, 국회의원' 모두 노동자입니다. 그런데 대부분은 이들
을 노동자라 생각하지 않습니다. 이런 인식은 사전적 정의에서도
드러납니다. 표준국어대사전에서 노동자를 두 번째로 정의하는 문
장은 "육체노동을 하여 그 임금으로 살아가는 사람"입니다. '계속
된 비에 공사판 노동자들은 며칠째 일을 못 하고 있다'라는 예시
를 들면서 말입니다. 현대사회에서 노동자는 꼭 육체노동만 하는
사람을 뜻하지 않습니다. 정신노동을 하는 사람도 노동자에 포함
되지요. 대한민국 언어 정의를 대표하는 국립국어원 표준국어대사
전에도 한국 사회가 생각해온 노동 인식이 그대로 드러나 있습니다.

우리는 노동이란 단어의 선입견에서 벗어나, 진정한 노동의 의미를 알아야 합니다. 그래야 일터에서 인격권을 이야기할 수 있고, 직장 내 괴롭힘에서 보호받을 수 있는 권리를 말할 수 있기 때문입니다. 그래서 이 책은 노동의 본질을 알아가는 것부터 시작합니다. '노동'은 다른 생명체와 인간을 구분하며, 인간 본질을 이루는 고유한 속성입니다. 카를 마르크스는 노동을 인간과 자연 사이에서 이루어지는 하나의 과정으로 봅니다. 이 과정에서 인간은 자신과 자연 사이의 물질대사를 자신의 행위로 연결하고 통제한다고 합니다.[1]

　노동의 핵심은 이성을 지닌 인간이 자연과의 관계에서 수동적 존재로 머물지 않고 '능동적인 주체'가 된다는 것입니다. 인간은 생명을 유지하기 위해서 자연법칙에 종속되어 환경을 이용하는 것에 멈춰 있지 않습니다. 자연법칙을 이해한 후 자연을 이용하고 개발합니다. 사람이 일하는 목적은 단순히 생명을 유지하기 위해서가 아닙니다. 자신의 목적을 실현하는 것이지요.[2] 따라서 노동의 객관적 목적이 '생존 활동'이라면, 주관적 목적은 '자기표현을 통한 정신적 가치 추구 활동'이라 할 수 있습니다.[3]

　객관적 의미의 노동은 노동으로 생산한 결과물과 관련된 개념입니다. 즉 인간이 무엇인가를 만들어 내는 데에 사용하는 활동과 자원, 도구와 기술의 종합이라 할 수 있습니다.[4] 직접적인 물건을 생산하는 것을 뜻합니다. 따라서 객관적 의미의 노동은 기술과 관련이 있습니다. 기술 발전은 사람이 노동을 수월하게 할 수 있도록 도와주며, 완전하고 신속하게 하도록 만들어줍니다. 기술 발전은 과학 발전으로 연결되어 노동 생산의 양적·질적 향상을 동

시에 이끕니다.[5]

　　그러나 우리에겐 주관적 의미의 노동이 더 중요합니다. 주관적 노동에 핵심은 '인격체인 사람이 일을 통해 인간성을 실현하는 것'입니다. 일하는 주체는 사람입니다. 그리고 사람은 하나의 인격체입니다. 사람은 하나의 인격체로서 노동 과정을 통해 다양한 활동을 합니다. 이러한 활동은 객관적으로 어떤 결과물을 내는지와 별도로 '인간성'을 구현합니다. 인간성은 사람의 인격을 실현합니다.[6] 사람은 인격적 주체라는 점에서 노동의 주관적 목적을 스스로 결정합니다. 즉 사람은 노동을 통해 단순히 결과물을 만들어내는 것에 그치지 않고, 인간답게 살기 위해 일하는 것입니다.[7]

　　일하는 사람이 하나의 인격체라는 사실은 노동 가치를 결정하는 근본입니다. 따라서 노동 존엄성의 근거는 주관적 노동에서 찾을 수 있습니다. 즉 일이 '인간을 위해' 있는 것이지, 인간이 '일을 위해' 있는 것이 아니라는 점입니다. 이 때문에 여러분은 노동의 주관적 의미를 더 중요하게 알고 있어야 합니다.[8] 아무리 과학 기술이 발전하여 물질적 풍요를 누리더라도 그것만으로는 인간 존엄성을 지킬 수 없을 것입니다.[9]

　　최근 각 지방 시·도 의회에서 오랜 기간 이어져 온 지방 조례 용어인 '근로'를 '노동'으로 바꾸는 행보가 이어지고 있습니다. 노동을 존중하는 방향으로 사회가 빠르게 변하고 있음을 알 수 있는 지표입니다. '근로'라는 용어는 사용자에게 노동자가 종속적으로 속해 있다는 관계적 하위 개념을 담고 있습니다. 용어가 갖는 태생적 문제점도 있습니다. 일제 강점기에 일제가 우리 민족 수탈을 위해 쓴 용어라는 점입니다. 반면 변화된 조례에서 '노동'이 의

30

미하는 것은 '노동력을 받는 사용자와 노동자가 대등한 관계에서 자발적으로 일한다'입니다. 대한민국에서 노동의 주관적 의미가 서서히 빛을 발하고 있는 것이지요. 정부가 변화하는 것처럼, 여러분도 스스로 노동의 의미를 다시 정립해 보면 좋겠습니다.

알려주지 않는 진실
: 근로자 인격권 침해 위험성을 가진 '근로계약'

▶

66

노동의 의미와 노동자에 대해 살펴보았습니다. 그런데 이 책에서는 '근로자'라는 말이 주로 사용될 것입니다. 노동자로 출발했는데 왜 근로자라는 말이 쓰이는지 의문이 들 수 있습니다. 노동자와 근로자는 비슷한 말이지만 약간의 차이가 있습니다. 노동자가 넓은 의미에서 일하는 사람 전반을 의미한다면, 근로자는 대한민국 노동법에서 정의하는 법적 용어이기 때문입니다. 노동법 중에서도 개인 간 사적인 근로관계를 국가 차원에서 규율하는 핵심법률인 「근로기준법」에 전반적인 직장 내 괴롭힘 규정이 담겨 있습니다. 이렇게 직장 내 괴롭힘이 담긴 「근로기준법」은 명확하게 해당 법이 적용되는 사람을 근로자에 한정합니다.

그렇다면 어떤 사람이 '근로자'에 해당할까요? 근로기준법은 근로자를 "직업의 종류와 관계없이 임금을 목적으로 사업이나 사업장에 근로를 제공하는 자를 말한다"[10]라고 정의합니다. 이 말은 어떠한 직업을 가지는지가 근로자인지를 판단하는 요소가 아니라는 뜻입니다. "일터에서 사용자에게서 일한 대가로 임금을 받는 사람"을 뜻합니다. 여기서 '임금'이란 임금, 봉급, 그 밖에 어떠한 명칭으로든지 사용자가 일에 대한 대가로 지급하는 모든 금품을 의미합니다.[11] 근로기준법상 '근로자' 판단의 핵심은 계약 형식에 있지 않습니다. 실질적으로 어떻게 일했는지가 중요합니다. 법상 근로자에 해당하려면 실질적으로 "'임금을 목적으로 종속적인 관계'에서 근로를 제공했는지" 여부에 따라 판단합니다. 이렇게 길게 설명하는 이유는 노동법에서 이야기하는 근로자에 해당하여야 근로기준법상 법적 보호를 받을 수 있기 때문입니다. 최근에 차량 호출 서비스인 '타다'에 소속된 운전기사가 부당해고를 당했다고 주장하며 노동위원회에 구제를 신청합니다. 운전기사가 근로기준법상 근로자에 해당한다면, 정당한 이유가 없는 해고는 부당해고가 되어 법적 보호를 받을 수 있습니다. 타다 소속 운전기사 등을 일반적으로 '플랫폼 노동'이라 부릅니다. 플랫폼 노동은 사회 변화에 따라 새롭게 나타난 노동 형태입니다. 그래서 근로기준법이 적용되는 '근로자'인지 여부를 다투는 것이지요. 타다 운전기사는 근로자일까요? 서울지방노동위원회는 근로기준법상 근로자에 해당하지 않는다고 판단했습니다. 운전기사가 자기 사정에 따라 일할지를 결정하고, 일하는 장소도 본인이 스스로 선택할 수 있으므로 법상 근로자가 아니라고 한 것입니다.[12]

그래서 2020년 5월, 타다 운전기사들은 법원에 근로자지위확인 소송을 제기합니다. 플랫폼 노동자가 집단으로 사법부에 근로자인지 여부를 확인해줄 것을 요청한 것은 한국에서는 처음입니다. 이후 서울중앙지방법원에서 '타다 서비스'를 무면허 콜택시가 아닌, 초단기 승합차 임대차 계약이라 판단했습니다. '타다 서비스'가 타다 승합차를 이용자가 필요한 시간에 주문형으로 '임차'하는 계약관계로 보아, 타다 회사 플랫폼에 연결되어 구현되는 모바일 앱 기반 '렌터카 서비스'라 본 것입니다. 그런데 2020년 5월 28일, 중앙노동위원회는 타다 운전기사를 '근로기준법상 근로자'로 판단합니다. 중앙노동위원회는 타다가 운전기사 업무 과정을 관리·감독하면서 사업 운영에 필수적인 노동을 받았고, 사업상 필요에 따라 운전기사 인원수와 근무시간을 조정하는 등 근로조건을 결정했다고 보았습니다. 서울지방노동위원회는 '프리랜서'로 보았지만, 중앙노동위원회는 '근로자'로 판단을 뒤집은 것이지요. 이에 대해 타다(쏘카)는 중앙노동위원회 결정을 다시 판단 받고자 법원에 행정소송을 제기했습니다.[13] 만약 법원에서도 이들을 근로기준법상 근로자로 보게 된다면, 스마트폰 앱을 기반으로 한 플랫폼노동자 전반에 큰 파급력을 미칠 것입니다. 사법부가 이들을 어떻게 볼지는 좀 더 지켜봐야겠습니다.

　　사법부 판단과 별도로 최근 고용노동부는 타다가 운전기사를 불법 파견한 것인지 아닌지를 조사하고 있습니다.[14] 이렇게 정부가 타다 협력회사 소속 운전기사의 불법 파견 여부를 중요하게 조사하는 것 역시 근로기준법상 근로자인지 아닌지를 파악하기 위해서입니다.

이렇게 근로기준법에서 이야기하는 근로자에 해당하여야 법적 보호를 받을 수 있기 때문에 근로기준법상 근로자인지 여부는 굉장히 중요한 문제입니다. 마찬가지로 직장 내 괴롭힘도 근로기준법이 핵심적인 금지 규정을 담고 있으므로 근로기준법상 근로자인지가 중요한 쟁점이 될 수 있습니다.

여기서부터는 근로기준법상 근로자에 해당한다고 가정하고 설명하겠습니다. 첫 출근 당일, 근로기준법상 근로자인 여러분은 가장 먼저 사용자와 '근로계약'을 맺습니다. 여러분이 직장에 소속되어 일을 시작할 때 쓰는 계약서가 '근로계약서'이지요. 이 근로계약을 통해 근로자는 일할 의무가 생기고, 대가로 급여를 받을 권리가 생깁니다. 즉 근로자가 근로계약을 하면 자신의 노동력을 회사 지배·처분하에 맡길 의무가 부여됩니다. 그런데 이렇게 일할 의무로 회사에 맡겨지는 '노동력'은 기계와 다른 특성이 있습니다. 신체와 인격이 분리되지 않는다는 것이지요. 원칙적으로 근로계약상 의무는 노동력만을 맡기면 되는 것입니다. 그런데 신체와 인격이 분리되지 않는 사람의 특성 때문에 일을 한다는 것은 결국 사용자(회사) 지시·명령에 복종해야 하는 지위에 놓이게 됨을 의미합니다. 사람인 근로자가 제공하는 노동력은 인격과 나누려 해도 나눌 수 없는 불가분 관계이기 때문입니다. 이로 인해 일터에서 근로자가 일할 때, 인간으로서 사용자에게 구속되는 형태가 되는 것입니다. 여기서 종속적인 관계가 성립하게 되지요.[15] 이를 인적 종속성 또는 인격적 종속성이라 말합니다.[16] 이것이 근로계약이 알려주지 않는 첫 번째 진실입니다.

그럼 인격적으로 종속적인 관계에 놓인 근로자는 인격적 독립성을 상실하게 되는 걸까요? 그렇지는 않습니다. 근로관계에서 근로자가 인격적으로 종속적인 지위에 놓이게 되더라도, 이것이 곧바로 인격적 독립성 상실을 의미하는 것은 아닙니다. 근로계약에서 근로자는 분명 '자신의 노동력'만 제공하기로 했으니까요. 그런데 사람은 노동력이 자신의 인격과 분리할 수 없으므로, 노동력 제공으로 인한 효과로서 인격적으로 종속적 지위에 놓이게 될 뿐입니다. 근로자는 노동력 외에는 인격에 대한 다른 어떠한 것도 사용자에게 처분하도록 허락한 사실이 없기 때문입니다.[17]

　　근로계약은 근로자와 사용자 간 동의하에 양자 간 '계약'으로 성립합니다. 그러나 현실은 하나의 일터에서 같은 사용자에게 다수 근로자가 고용되어 일하는 구조가 대부분입니다. 이로 인해 개별 근로자는 자신의 근로계약 내용을 스스로 결정할 기회가 많지 않습니다. 새롭게 출발하는 일터가 아닌 이상, 이미 사용자가 자신의 일터에 적용되도록 마련해 놓은 직장 질서 규정(인사·복무규정 등 취업규칙)이 있습니다. 근로조건은 이러한 직장 질서 규정에 따라 구체적인 내용이 이미 정해져 있는 것이 일반적입니다. 대부분은 사용자가 미리 결정한 계약 내용을 근로자는 그대로 승인하게 됩니다. 이렇게 근로자가 계약 내용을 결정할 자유가 없다는 점이 '근로계약'이 알려주지 않는 두 번째 진실입니다. 이를 법 용어로 '딸림계약(부합계약)'이라 합니다.[18, 19] 예를 들면 우리는 집에서 물과 전기를 쓰지요. 이때 수도료·전기료라는 비용을 지급합니다. 여러분은 수도료·전기료를 내기 전에 해당 공공기관과 계약 내용을 바꿀 수 있었나요? 아닐 것입니다. 이렇게 일방적으로 계약 내용이 정해져 있어서 세부 내용을 바꿀 수 없는 계약을 '딸림계약'이라 합니다.

일반적으로 근로자는 생계유지를 위하여 일터에서 일을 유지해 나아갈 수밖에 없는 상황이 많습니다. 이로 인해 경제적으로도 사용자에게 종속될 가능성이 큽니다. "돈 받는 회사니까 더러워도 참아야지"라거나 "회사가 재밌으면 돈 주고 다녀야지"라는 표현이 일상적이지 않으신가요? 현실에서 우리는 이미 경제적으로 종속되어 있음을 인지하고 있습니다. 이로 인해 일터에서 근로자 인격권은 침해받을 가능성이 큰 위치에 놓입니다. 즉 근로계약의 본질적 특성인 '노동 종속성', 계속해서 급여를 받아 생활해야 하는 '경제적 종속관계', 계약 내용을 당사자가 정할 수 없는 '딸림계약' 성질로 인해, 근로관계는 다른 영역에 비해 인격권 침해 위험이 항상 존재하게 되는 것입니다. 동시에 인격권 침해 정도가 심할 수 있고, 지속해서 침해될 가능성도 있습니다. 이러한 근로계약이 가진 본질적인 특성 때문에 직장 내 괴롭힘을 인격권 관점에서 보호할 필요가 있는 것입니다.

헌법과 민법

: 근로자 인격권 보호의 출발

66

우리에게 인격권이 있음은 당연한 사실입니다. 그러나 당연한 사실만으로 권리가 보장되지는 않습니다. 특히 앞서 살펴본 것처럼 근로계약을 맺은 근로자는 인격권 침해 위험성을 가진 관계로 들어가게 됩니다. 따라서 근로자 인격권은 법적으로 명확하게 보호될 필요성이 있습니다. 이것이 근로자 인격권 보호의 출발로서 대한민국 최고 법규인 「헌법」과 우리가 생활하며 가장 넓게 영향을 받는 개인 간 사적인 관계를 규율하는 법규인 「민법」을 먼저 살펴보는 이유입니다.

법을 모르는 분들도 「헌법」은 들어보셨을 겁니다. 대한민국

법에서 가장 기초가 되는 법률이라 이해하시면 됩니다. 이러한 헌법적 측면에서 인격권을 살펴보겠습니다. 인간의 존엄과 가치는 헌법의 최고 구성 원리임과 동시에 기본권입니다(헌법 제10조). 2017년 3월, 대한민국에서 최고의 관심을 받았던 헌법재판소를 기억하시나요? 2016년, 최순실 태블릿을 시작으로 박근혜 대통령이 헌법에 위배되는 중대한 범죄를 저지른 사실이 세상에 알려집니다. 있을 수 없는 일이었지요. 분노한 전국 시민 수백만 명이 매서운 추위에도 아랑곳하지 않고 광화문 광장을 비롯한 전국 각지에서 촛불을 밝힙니다. 이러한 촛불시민의 힘은 국회를 움직입니다. 국회에서 헌법위반 및 법률위반을 이유로 대통령 탄핵소추안이 통과된 것입니다. 국회에서 탄핵소추 의결을 받은 대통령은 헌법재판소에서 심판이 결정될 때까지 대통령 권한행사가 정지됩니다. 그리고 마침내 2017년 3월 10일, 헌법재판소는 재판관 8명 전원의 만장일치로 국회의 탄핵심판 청구가 이유 있다고 판단하여 대통령 파면을 결정합니다. 헌법재판소의 역할은 탄핵 심판 외에도 정당해산, 헌법소원 심판도 담당합니다. 그중 가장 중심이 되는 역할은 대한민국 전체 법령이 헌법에 위반되는지를 판단하는 것입니다. 이러한 헌법재판소도 인간이 가진 존엄과 가치를 기본권으로 인정하고 있습니다.[20] 따라서 우리는 당연히 인간 존엄성을 권리로 누릴 수 있는 것입니다. 이처럼 헌법학에서는 헌법 제10조를 비롯한 기본권 규정[21]을 근거로 일반적 인격권을 인정합니다. 따라서 '인격권'을 우리 법질서의 최고 이념인 헌법상 '인간의 존엄과 가치' 및 '행복추구권'의 본질적 내용으로 보고 있습니다.

이렇게 명확하게 인격권을 인정하는 헌법과 달리, 민법에서는 인격권을 둘러싼 논쟁이 있습니다. 인격적 가치가 개인 간 사적관계에도 법적 권리를 가지는지가 문제였지요. 민법은 인격적 이익 보호에 관한 규정을 별도로 두고 있지 않습니다. 이로 인해 법적 권리로서 인격권 인정에 대해 소극적이었지요. 그러나 오늘날 인격적 가치 침해에 대한 예방·정지·배제 청구권을 인정할 필요성이 높아지면서, 인격권을 권리로 인정하여야 한다는 주장이 커졌습니다.22 인격권 침해 유형이 복잡하고 다양하게 나타나고 있는 현 상황에서 인격권 보호 요구도 높아지고 있음을 이해한 것입니다.23

이처럼 인격권은 단순히 가치 보호 차원에서 벗어나 '법적 권리'로서 승인되었다고 볼 수 있습니다. 따라서 개인인 근로자도 근로관계 안에서 인격권을 법적 권리로 인정받을 수 있습니다. 그렇다면 근로관계 안에서도 존중되고 침해받지 않아야 할 근로자 인격권이 노동법 분야에서 구체적으로 어떻게 보장되었는지 알아보겠습니다.

국가의 기본권 보호의무

: 대한민국은 근로자를 보호할 의무가 있다

66

"현대판 장발장, '보이지 않는 손'과 '민본주의'의 공통점"

2019년 12월의 추운 겨울, MBC 뉴스에서 '배고파 음식 훔친 현대판 장발장'이라는 기사가 보도됩니다. 인천의 한 마트에서 아버지와 아들이 굶주림을 참지 못해 우유 2팩과 사과 6개 등 음식을 훔치다 신고되었습니다. 사건의 아버지는 홀어머니와 아이 둘을 책임져야 하는 가장이었으나, 택시기사 일을 하다 지병으로 일을 하지 못하여 벌어진 사건이었습니다. 기초생활 수급자로 선정되었으나 일자리를 잃어 가족이 생계를 유지하기 어려웠던 것이지요. 사정을 들은 마트 주인은 선처를 해주었고 오히려 쌀과 생필품을 지원해주었습니다. 경찰은 이들 부자에게 국밥을 사주었고, 현장에서 사정을 들은 이름 모를 시민은 음식점까지 따라가 현금 20만 원이 든 봉투를 건넨 후 사라졌다고 합니다. 사연이 보도된 후 담당 행정복지센터에 후원 문의가 이어졌습니다. 마트에도 시민들이 찾아와 익명으로 생필품 전달을 요청했다고 합니다. 이렇게 시민 개개인이 따뜻한 연대를 이어갔습니다. 대통령도 청와대 수석·보좌관회의에서 이 사연을 이야기하며 정부와 지자체가 복지제도를 통해 제도적으로 도울 수 있도록 살피기를 당부했습니다. 이 아름다운 이야기는 어떻게 끝났을까요? 그는 장발장이 아닌, 게임과 도박 때문에 일하지 않는 사람이었습니다. 이런 사실이 알려지면서 시민들의 후원 취소 요청이 이어집니다. 아름다운 이야기였지만 진실은 씁쓸했습니다. 그럼에도 이 이야기를 한 이유는 처음 사건이 일어났을 때 여러분이 내민 손길이 빛났기 때문입니다. 여기서 질문드리겠습니다. 착한 이웃들이 내민 도움의 손길만으로 진정 생계가 어려운 이웃이 자립할 수 있을까요? 그렇다면 국가의 역할은 무엇일까요?

학창시절 교과서에서 국가의 역할에 대해 배운 기억을 떠올려보겠습니다. 교육과정에서 우리는 치안이나 재산 보호 같은 최소 역할만 해야 한다는 '소극적 국가관'과 국민 전체의 인간다운 삶을 위해 적극적으로 개입해야 한다는 '적극적 국가관'을 배웠습니다. 소극적 국가관은 애덤 스미스의 '보이지 않는 손'처럼 국가가 특별한 역할을 하지 않아도 되고, 그렇게 해야 개인이 자유를 누릴 수 있다고 합니다. 적극적 국가관은 조선의 기반이 된 '민본주의'를 떠올릴 수 있습니다. 조선의 설계자 정도전은 '백성이 가장 귀중하다'라는 민본을 조선 설립 기틀로 보았지요. 국가가 적극적으로 역할해야 국민이 더 나은 삶을 누릴 수 있다는 것입니다. 양 국가관 중 어떤 것이 맞다 틀리다 할 수는 없습니다. 선택의 문제이지요. 이쯤 되면 여러분은 왜 다 알고 있는 기본적인 이야기를 하는지 궁금하실 겁니다. 양 국가관 모두 '국민의 기본권 보호 의무'는 당연히 국가가 보장해야 한다고 보고 있다는 점을 말씀드리기 위해서였습니다. 기본권을 보호하는 것은 국가의 당연한 역할이라는 것이지요. 즉 우리는 기본권을 정당하게 보장받아야 합니다. 그리고 국가는 이러한 기본권으로 정당하게 보장된 국민 개인의 법적 이익을 위법한 침해로부터 보호해야 하는 의무를 지닌 것이지요.

헌법재판소[24]는 1997년 교통사고처리특례법 제4조 등에 대한 헌법소원에서 "우리 헌법은 제10조에서 '국가는 개인이 가지는 불가침의 기본적 인권을 확인하고 이를 보장할 의무를 진다'라고 규정함으로써, 소극적으로 국가권력이 국민 기본권을 침해하는 것을 금지하는데 그치지 않고, 적극적으로 국민 기본권을 타인의 침해로부터 보호할 의무를 부과하고 있다"라고 인정했습니다.[25]

이게 무슨 말일까요? 헌법재판소 판결문이 말하고자 하는 것은 "국가는 보호의무를 실천해야 하고, 국가의 보호의무 실천 정도는 헌법이 요구하는 최저 보호 기준보다 밑으로 떨어질 수 없다"는 것입니다. 이를 법적 용어로 '과소 보호 금지 원칙'이라 합니다. 즉 대한민국이라는 국가가 기본권 보호의무를 헌법이 요구하는 수준보다 낮게 수행하거나 규정할 경우, 대한민국이 기본권 보호의무를 위반한 것으로 본다는 의미입니다.

직장 내 괴롭힘과 국가의 기본권 보호의무가 무슨 상관이 있을까요? 국가의 기본권 보호의무는 '힘의 불균형'이 발생하는 영역에서 의미가 있기 때문입니다. 근로관계는 힘의 불균형이 발생하는 중요한 영역이지요. 근로관계에서 근로자 대부분은 사용자보다 경제적으로 열세에 있습니다. 여기서 '경제적 힘의 불균형'이 발생합니다. 동시에 우리는 일을 할 때 기본적으로 사용자가 지시하는 일을 해야 합니다. 이를 법적으로는 "사용자 지시권에 의해 노무를 제공한다"라고 말합니다. 이렇게 사용자가 지시하는 일을 한다는 것 자체로 개인의 인격적 법익 침해를 어느 정도 용인하겠다는 의미가 포함된 것이지요. 이로 인해 근로관계는 구조적으로 국가의 기본권 보호의무가 필요한 영역에 해당합니다.

이러한 측면에서 헌법 제32조 제3항을 해석해 보겠습니다. 헌법 제32조 제3항은 "근로조건의 기준은 인간 존엄성을 보장하도록 법률로 정한다."라고 규정하고 있습니다. 여기서 '근로조건의 기준'을 넓게 해석하여 '근로관계에서' 인간 존엄성이 보장되어야 한다는 점을 헌법이 확인하고 강조하고 있는 것으로 볼 수 있습니다.

헌법 제10조와 헌법 제32조 제3항을 근거로 근로관계에서 근로자 인격권에 대한 '국가의 보호의무'를 도출할 수 있습니다. 여기에서 근로자 인격권은 생명·신체·건강에 대한 인격권과 정신적 인격권을 모두 포함합니다. 즉 위 조항은 국가의 기본권 보호의무를 헌법적으로 명시한 것이고, 근로계약 제한 가능성을 표현한 것으로 이해할 수 있겠습니다. 이렇게 헌법을 근거로 '국가가 근로자 인격권을 보호해야 한다'라는 보호의무를 도출할 수 있으므로, 근로자는 대한민국이 이와 관련된 법률을 제정하지 않으면 직접 기본권 보호를 청구할 수 있다고 볼 수 있습니다.

우리 법이 근로자 인격권을 지키기 위해 발전해온 과정

"

　근로자와 사용자가 근로계약을 체결하면, 근로자에게 근로 제공 의무가 생기고 사용자에게는 임금 지급의무가 부여됩니다. 근로자는 근로계약을 통해 자신의 노동력을 타인인 사용자 결정에 맡기게 됩니다. 대부분의 근로계약은 근로계약서를 작성하는 시점에서 일의 내용이 구체적으로 결정되지 않습니다. 그래서 근로계약은 근로자가 자신의 노동력을 사용자 처분에 맡기는 계약이 되는 것이지요. 이러한 근로계약을 바탕으로 사용자는 지시권을 행사해 구체적으로 어떤 일을 할지 결정합니다.

　근로자가 근로계약을 체결하고 직장에서 본격적으로 일을 시작하면 '노동과 인격이 분리되지 않는다'라는 본질적인 특성이 발생합니다. 일반적인 다른 계약은 우리 인격과 계약 내용이 연결되어 있지 않습니다. 예를 들어 아파트 매매계약을 체결할 때, 여러분은 자신의 인격을 계약 내용에 포함하지 않지요. 그렇지만 근로계약은 다릅니다. 근로 제공 과정 자체에서 근로자의 인격과 노동은 분리할 수가 없습니다. 이러한 특징으로 인해 근로계약은 인격권 침해 가능성이 다른 계약유형보다 훨씬 큰 것이지요.[26]

그래서 노동법은 근로자 인격권이 부당하게 침해되지 않도록 보호하고자 여러 장치를 만듭니다. 유형적으로 명확한 인격권 침해인 '폭행·강제근로'에 대한 보호 수단이 가장 먼저 도입되었지요. 그 후 성희롱, 장시간 근로, 임신 및 출산에 대해 배려하지 않는 경우, 우울증·자살 등 무형적 인격권 보호를 위해서도 지속해서 보호 수단을 마련합니다.

직장 내 괴롭힘 현상은 변화하는 시대에 따라 발생하는 새로운 유형도 있지만, 앞서 설명한 전통적인 근로계약 특징인 종속적인 관계로 인해 나타나는 문제이기도 합니다. 노동법의 중요한 목적은 근로자 보호에 있으므로, 침해 유형별로 반영된 개별적 인격권 보호 수단에 대해 먼저 살펴보겠습니다. 이를 통해 직장 내 괴롭힘 규정이 새롭게 도입된 이유를 알 수 있기 때문입니다.

근로자 인격권 보호와 관련된 현행법은 먼저 민법 고용 편(제8절) 관련 규정이 있습니다. 민법에서는 종신 계약의 효력을 부정합니다(제658조). 정해진 기간이 없는 근로계약은 근로자가 해지할 수 있는 권리도 인정합니다(제660조). 나아가 사용자가 개별 근로자와 체결한 근로계약을 바탕으로 행사하는 노무 지시권을 해당 근로자 동의 없이 새로운 사람(제3자)에게 양도하지 못하도록 규정하고 있습니다(제657조). 민법에서 이런 규정을 만든 이유는 근로자의 근로 제공이 인격과 분리될 수 없다는 속성을 고려한 것입니다. 그렇지만 민법에서는 계약체결 단계에서 근로자가 인격적으로 구속되지 않도록 보호하는 부분에만 초점을 맞추고 있습니다. 이로 인해 근로자의 인격적 자유 보장은 형식적 계약체결 단계에 머물 뿐이지요.27

근로자 인격권이 실질적으로 보호되기 시작한 것은 '노동법'을 통해서입니다. 노동법은 인격권 침해 유형별로 개별적인 보호 수단을 발전시켜왔습니다. 가장 먼저 폭행·강제근로 등 '유형적 인격권 침해 보호 규정'이 근로기준법 제1장 총칙으로 도입되었습니다. 헌법 제32조를 기초로 삼고 있는 근로기준법은 제4조(근로조건의 결정)를 통해 "근로조건은 근로자와 사용자가 동등한 지위에서 자유의사에 따라 결정하여야 한다."라고 규정하여 근로계약 체결 단계에서부터 근로자가 사용자와 대등하게 설 수 있도록 합니다.

근로관계가 이루어지는 전반적인 과정에서 근로기준법은 근로자를 인격적으로 독립된 주체로 보호합니다. "사용자는 근로자에 대하여 남녀의 성(性), 국적·신앙·사회적 신분을 이유로 근로조건에 대한 차별적 처우를 하지 못한다."라는 균등처우 규정(제6조)을 통해 근로자 개인의 특성 차이를 기준으로 차별하지 못하도록 보호합니다. 강제적 노동 착취와 강요를 금지하기 위해 "사용자는 폭행, 협박, 감금, 그 밖에 정신상 또는 신체상 자유를 부당하게 구속하는 수단으로써 근로자 자유의사에 어긋나는 근로를 강요하지 못한다."라는 규정(제7조)도 두었지요. "사용자는 사고 발생이나 그 밖의 어떠한 이유로도 근로자에게 폭행하지 못한다."

라는 폭행 금지(제8조) 등을 두어 가장 기초적인 유형적 인격권 보호를 규정하고 있습니다. 근로계약을 제대로 수행하지 못했다는 이유로 위약금이나 손해배상을 예정할 수 없도록 한 '위약예정 금지(제20조)', 근로자가 사용자에게 본인 임금으로 갚기로 하고 돈을 빌려 쓰는 계약인 '전차금 상계'를 금지하는 규정(제21조), 강제적인 저축 강요를 할 수 없도록 하는 규정(제22조) 등은 모두 근로자가 강제적인 노동을 강요받지 않게 하려고 만들어졌습니다. 또한 생명·신체·건강에 대한 위협으로부터 보호하고자 근로기준법 제4장(근로시간과 휴식)과 제5장(여성과 소년) 규정을 둡니다. 근로관계 종료 후에도 근로자가 자유롭게 취업하는 것을 방해하지 못하도록 금지 규정(제40조)을 두어 마지막까지 여러분을 보호하고 있는 것이 근로기준법입니다.

　　노동조합을 만들어 다수의 힘을 모아 목소리를 낼 수 있도록 하는 법적 근거인 '집단적 노사관계법'도 인격권 보호를 위한 제도로 볼 수 있습니다. 이 법을 통해 다수의 근로자가 노동조합을 만들 수 있고, 근로자들의 힘이 모여 사용자와 대등한 위치를 확보할 수 있게 됩니다.[28] 이렇게 만들어진 노동조합은 힘을 가진 상태에서 사용자와 제대로 협상할 수 있고, 협상을 통해 만들어진 '단체협약'은 대부분 개별 근로자의 근로조건 향상을 이끕니다. 즉 노동조합을 통해 우리는 대등한 교섭력을 합법적으로 확보할 수 있고, 이러한 노동조합의 힘이 인격권과 연결된 근로조건 향상으로 이어지는 것이지요.[29]

　　이렇게 노동법은 가장 먼저 유형적 인격권 침해에 대한 보호 수단을 만들었습니다. 이후 현대사회에 들어오면서 앞서 살펴본 보호 규정에 포함되지 않는 사생활 침해, 성희롱, 감정노동자 등 새로운 유형의 문제가 발생합니다. 근로자의 '무형적 인격권 침해'에 대한 해결 목소리가 높아진 것이지요. 이로 인해 노동법은 유형적 인격권 침해에서 나아가 '무형적 인격권 침해 보호 규정'을 마련하기 시작합니다. 가장 먼저 기숙사에 생활하는 근로자에 대한 사생활 자유 보호 규정을 만듭니다(근로기준법 제98조 제1항). 이후 2001년 8월 14일 남녀고용평등법을 전면적으로 개정하여 '직장 내 성희롱 금지'와 '일·가정 양립 지원' 보호 규정을 도입합니다. 그리고 산업안전보건법을 통해 '감정노동자 보호'로까지 확장됩니다. 기존의 유형적 인격권 침해 보호에 못지않게 무형적 인격권 침해 보호의 중요성이 커지고 있음을 반영한 적극적 개선 노력이라 할 수 있습니다.

그다음으로 문제가 된 것이 '직장 내 괴롭힘'입니다. 직장 내 괴롭힘 금지 규정 역시 무형적 인격권 보호 차원에서 새롭게 법제화된 것이지요. 앞서 살펴본 바와 같이 노동법의 기본 목적은 근로자 보호에 있습니다. 시대 변화에 따라 인격권 침해유형이 변화하였고, 노동법은 이러한 변화에 따라 단계별로 보호 규정을 반영한 것이지요. 직장 내 괴롭힘이 규정되기 이전에도 노동법은 무형적 인격권을 보호하였기 때문에 직장 내 괴롭힘도 어느 정도 조치가 가능했습니다.

다만, 직장 내 괴롭힘 규정이 노동법 영역으로 들어오기 이전 기존 법체계에서는 한계가 분명히 있었습니다. 무형적인 인격권이 훼손된 경우, 민사상 불법행위(신체적 정신적 손해배상), 형사상 범죄행위(모욕, 명예훼손, 협박, 폭행 등)나 근로기준법상 가중처벌(사용자의 근로자 폭행)을 통하여 사후적으로 조치되었기 때문이지요. 기존 법에서 특정 상황을 이유로 한 괴롭힘이나 보복 조치 금지 규정은 직장 내 괴롭힘에 대한 구제수단으로 활용할 수 있습니다. 그러나 성, 장애, 조합 활동, 권리행사 등 특정한 사유에 한정되어 괴롭힘이 금지되는 것이어서, 직장 내 괴롭힘 전반을 규율하는 것이라고 보기는 어려웠습니다. 특히 직장 내 괴롭힘 실태조사 결과를 보면, 효과적인 법적 규율을 통하여 직장 환경 변화를 유발할 수 있는 제도적 방안이 모색될 필요가 있었지요.

지금까지 노동법이 근로자 인격권을 보호하기 위해 발전한 과정을 알아보며, 노동법이 인격권 침해유형에 대응해 보호 수단을 발전시켜왔음을 확인했습니다. 현재 폭력·강제근로 등 기존의 유형적 근로자 인격권 보호 수단은 직장에 잘 안착하여 우리는 유형적 인격권 침해에서 보다 자유로워졌습니다.

그러나 오늘날 근로관계에서 인격권 침해는 성희롱, 감정근로자에 대한 고객 폭언, 직장 내 괴롭힘에 이르기까지 무형적 인격권 침해 보호를 강화할 필요성이 높아지고 있습니다. 특히 직장 내 괴롭힘은 발생 원인이나 유형이 전통적인 현상(장시간 근로, 성과주의 등)과 결부되어 많은 사회문제로 나타났습니다. 그래서 직장 내 괴롭힘에 대응한 인격권 보호수단을 노동법이 새롭게 규정한 것입니다. 오늘날 무형적 인격권 침해 보호의 중요성이 커지고 있음을 반영한 변화라 할 수 있습니다. 동시에 노동법이 인격권 보호를 유형적인 것에서부터 무형적 인격권으로 범위를 점차 확장하고 있다는 방증이라 하겠습니다. 이러한 노동법의 인격권 발전과정을 고려하여 직장 내 괴롭힘을 본격적으로 알아보겠습니다.

법령명	사안	해당 조문
민법	계약체결 주체 인신의 자유 보장	제657조(권리의무의 전속성) 제658조(노무의 내용과 해지권) 제660조(기간의 약정이 없는 고용의 해지통고)
	폭력, 모욕, 협박 등을 수반하는 경우 민사상 손해배상 청구	제750조(불법행위의 내용) 제751조(재산 이외의 손해의 배상) 제756조(사용자의 배상책임)
	괴롭힘 행위 방조나 동참한 사용자에 대해 사용자 책임 및 안전보호의무 따른 불법행위 책임 & 공동불법행위 책임	제756조(사용자의 배상책임) 제760조(공동불법행위자의 책임)
근로 기준법	계약주체로서 근로자 인격 보호	제4조(근로조건의 결정) 제6조(균등한 처우) 제7조(강제근로의 금지) 제10조(공민권 행사의 보장) 제20조(위약예정의 금지) 제21조(전차금 상계의 금지) 제22조(강제저축의 금지)
	부당한 인사조치를 받은 경우 노동위원회를 통해 권리구제	제23조(해고 등의 제한) 제24조(경영상 이유에 의한 해고의 제한) 제28조(부당해고 등의 구제신청)
	장시간 근로 강요, 휴게시간 침해, 업무 외 시간에 업무 지시를 하는 경우	제50조(근로시간) 제53조(연장 근로의 제한) 제54조(휴게) 제56조(연장·야간 및 휴일 근로)

	임산부 보호	제65조(도덕상 또는 보건상 유해·위험한 사업에 사용 금지) 제70조(야간근로와 휴일근로의 제한) 제74조(임산부의 보호) 제74조의2(태아검진 시간의 허용 등)
집단적 노사관계법	근로자 측의 대등성 확보 통한 인격보호 강화	법제 전반
남녀고용 평등 및 일 가정 양립에 관한 법률	성희롱 금지, 예방교육 및 조치 관련	제12조(직장 내 성희롱의 금지) 제13조(직장 내 성희롱 예방 교육) 제14조(직장 내 성희롱 발생 시 조치)
	고객에 의한 성희롱	제14조의2(고객 등에 의한 성희롱 방지)
	배우자 출산휴가 및 육아휴직 사용 부당 간섭	제18조의2(배우자 출산휴가) 제19조(육아휴직)
노동조합 및 노동관계 조정법	노동조합 활동 및 조합원 괴롭힘 행위	제81조(부당노동행위) 제82조(구제신청)
차별관련 법제	장애인에게 신체적·정신적·정서적·언어적 괴롭힘 행위 발생하는 경우	장애인차별금지 및 권리구제 등에 관한 법률 제3조(정의) 20. "괴롭힘 등" 제2조(괴롭힘등의 금지)
차별관련 법제	성희롱 정의 규정 마련 및 성차별 금지 시책 마련 노력	양성평등기본법 제3조(정의) 1. "성희롱" 제9조(성차별의 금지)
	인권침해 및 차별행위 당한 경우 조사와 구제	국가인권위원회법 제2조(정의) 1. "인권", 3. "평등권 침해의 차별행위", 4. "장애") 제9조(업무) 제30조(위원회의 조사대상)

산업안전 보건법	쾌적한 근로환경 조성에 대한 사용자 의무	제5조(사업주 등의 의무)
	작업중지권 행사	제26조(작업중지 등)
산업재해 보상보험법	극심한 스트레스로 우울증 또는 자살 시	제36조(보험급여의 종류와 산정기준 등) 제37조(업무상의 재해의 인정 기준)
	업무 관련 고객 폭력·폭언 등으로 발생한 적응장애 또는 우울병 에피소드	동법 시행령 [별표 3] 업무상 질병에 대한 구체적인 인정 기준
형법	신체적·정신적 폭력이나 모욕, 협박 등을 수반하는 경우 가해자 처벌	제257조(상해, 존속상해) 제260조(폭행, 존속폭행)
	공공연하게 타인을 모욕하거나, 타인 명예를 훼손하거나, 협박 강요 시	제283조(협박, 존속협박) 제307조(명예훼손) 제311조(모욕) 제324조(강요)
	폭행 또는 협박으로 사람을 추행하거나 강간하는 경우 또는 업무, 고용 기타 관계에 있는 하급자에 대하여 위계 또는 위력으로 간음한 경우	제297조(강간) 제298조(강제추행) 제303조(업무상위력 등에 의한 간음)

▶ 참고문헌

1 카를 마르크스, 「자본론 I」, 김수행 역, 비봉출판사, 2015, 237면.

2 카를 마르크스, 「자본론 I」, 김수행 역, 비봉출판사, 2015, 238면.

3 노동법학에도 노동을 두 가지 측면에 파악하고 있다. 김형배 교수는 노동은 객관적으로는 상품으로의 성질을 가지면 주관적으로는 지성 있는 인간의 노동이라고 한다(김형배, 「노동법」 박영사, 2014. 6면). 근로자의 경우에 사용자와 근로계약을 맺고 자신의 근로를 제공하는 것이 본질에서는 생존을 위한 것이므로, 노동은 객관적으로는 상품으로서의 성질을 가진다는 표현은 인간의 생존을 위한 활동이 노동의 객관적 목적이라는 표현과 같은 취지이다.

4 교황 요한 바오로 2세의 회칙, 「노동하는 인간」, 1981. 범선배 역, 5항.

5 교황 요한 바오로 2세의 회칙, 「노동하는 인간」, 1981. 범선배 역, 5항.

6 이재원, "가톨릭과 마르크스에 있어 노동의 인간화," 경희대학교대학원 철학과 박사학위 논문, 2004, 18면.

7 이재원, "가톨릭과 마르크스에 있어 노동의 인간화," 경희대학교대학원 철학과 박사학위 논문, 2004, 20면.

8 교황 요한 바오로 2세의 회칙, 「노동하는 인간」, 1981. 범선배 역, 6항.

9 교황 요한 바오로 2세의 회칙, 「노동하는 인간」, 1981. 범선배 역, 26항.

10 근로기준법 제2조 제1항 제1호

11 근로기준법 제2조 제1항 제5호

12 "타다 운전자는 근로자 아닌 프리랜서," 한국경제, 2020.2.2.

13 매일노동뉴스, "타다 운전기사는 근기법상 근로자, 사용자는 서비스 운영회사 쏘카," 2020.7.2.

14 경향신문, "노동부, 타다 '불법 파견 혐의' 본격 조사," 2020.7.22.

15 강희원, 「노동법 기초이론」, 법영사, 2011, 205면.

16 김형배, 「노동법」, 박영사, 2014, 40면.

17 류재율, "근로자 인격권 보호에 관한 연구," 고려대학교 대학원 박사학위 논문, 2018, 29면.

18 행정 용어 순화 편람(1993년 2월 12일)에서 '부합계약' 대신 순화한 용어 '딸림계약'만 쓰라고 되어 있습니다. 그런데 법학에서는 아직도 '부합계약'을 많이 활용하고 있어 괄호로 표기합니다.

19 류재율, "근로자 인격권 보호에 관한 연구," 고려대학교 대학원 박사학위논문, 2018, 30면.

20 헌재결 2002.7.18, 2000헌마327; 헌재결 2001.7.19, 2000헌마546; 헌재결

1991.9.16, 89헌마165; 헌재결 1990.9.10, 89헌마82 등.

21 헌법 제17조의 사생활의 보호와 자유, 헌법 제18조의 통신의 자유 등

22 이봉림, "인격권의 법리검토와 입법제안," 민사법학 제45권1호, 2009, 164면.

23 이봉림, 앞의 글, 2009, 172면.

24 1997.1.16, 90헌마110·136(병합) 교통사고처리특례법 제4조 등에 대한 헌법소원.

25 류재율, "근로자 인격권 보호에 관한 연구," 고려대학교 대학원 박사학위논문, 2018, 54면.

26 전윤구, "노동법의 과제로서의 근로자 인격권 보호(Ⅰ)," 노동법연구 제33호, 서울대노동법연구회, 2012, 4면.

27 島田 陽一, "企業における勞働者の人格權,"「勞働者の人格と平等」(講座 21世紀の勞働法 第6卷), 日本勞働法學會, 2000, 5면.

28 島田 陽一, "企業における勞働者の人格權,"「勞働者の人格と平等」(講座 21世紀の勞働法 第6卷), 日本勞働法學會, 2000, 6면.

29 전윤구, "노동법의 과제로서의 근로자 인격권 보호(Ⅰ)," 노동법연구 제33호, 서울대노동법연구회, 2012, 4면.

30 김근주·이경희, "직장 내 괴롭힘 실태와 제도적 규율 방안," 한국노동연구원, 2017, 43-44면.

2부

사례 탐구

일터에서 어려움을 겪고 있을 당신에게

해외사례 : 다른 나라에서는 직장 내 괴롭힘을 어떻게 다룰까?

국내사례 : 대한민국 일터에서 어떤 일이 일어났는가?

사례 탐구를 하는 이유

66

"이것도 직장 내 괴롭힘에 해당할까요?"

직장 내 괴롭힘 금지법이 도입된 이후 현장에서 가장 많이 들었던 질문은 "이것도 직장 내 괴롭힘에 해당하나요?"였습니다. 근로기준법은 직장 내 괴롭힘을 "직장에서의 지위 또는 관계 등의 우위를 이용하여 업무상 적정범위를 넘어 다른 근로자에게 신체적·정신적 고통을 주거나 근무환경을 악화시키는 행위"로 규정합니다. 그러나 일터에서 개개인이 느끼는 괴로움이 직장 내 괴롭힘 행위인지는 사실 명확히 판단하기 어려운 부분이 있습니다. 직장 내 괴롭힘 정의가 모호하기 때문이기도 하며, 개개인이 직장에서 느끼는 스트레스가 상당히 주관적이고 상대적이기 때문이기도 합니다. 우리나라는 이제 막 직장 내 괴롭힘이 법으로 도입되어 시작하는 단계이기 때문에, 여러분이 혼란을 느끼는 것은 자연스러운 현상입니다. 대한민국에서 직장 내 괴롭힘 판단은 어느 정도 기간을 두고 축적될 필요가 있습니다. 따라서 대한민국 사례를 살펴보기에 앞서, 먼저 다른 나라에서는 직장 내 괴롭힘을 어떻게 다루는지 알아보겠습니다. 그 후 대한민국 일터에서 어떤 일이 일어나고 있는지 살펴보겠습니다.

직장 내 괴롭힘에 대한 적극적 입법 사례는 주로 유럽에서 찾아볼 수 있습니다. 앞서 말씀드린 것처럼 직장 내 괴롭힘은 법으로 명확히 다루기 어려운 현상이지요. 그런데도 유럽이 일찍부터 법률을 정비한 이유는 일터에서 일어나는 괴롭힘은 조직 차원에서 해결해야 할 문제로 보았기 때문입니다. 우리도 이처럼 직장에서 관계가 서로 충돌될 때, 단순히 개인 간 문제로만 바라볼 것이 아니라, 위험 상황이 발생한 것으로 사안을 바라보는 관점의 전환이 필요합니다.[1] 관점 전환을 위해서는 먼저 넓은 시야가 확보되어야겠지요? 그래서 우리나라보다 먼저 직장 내 괴롭힘을 법으로 금지한 주요 국가 사례를 살펴보며 시야를 넓히겠습니다. 그리고 대한민국 일터에서 어떤 일이 일어났는지 살펴보겠습니다. 저 멀리 프랑스에서 벌어졌던 일이 대한민국 일터에 비슷하게 등장하기도 합니다. 그래서 유사하게 벌어진 괴롭힘 사건에 대해 각 나라 재판부는 어떻게 판단했는지 비교해 보겠습니다. 우리나라 사례는 직장 내 괴롭힘이 법으로 도입되기 전부터 살펴볼 예정입니다. 직장 내 괴롭힘 금지가 명확히 규정되지 않았던 과거에도 괴롭힘은 있었고, 이 괴롭힘에 대해 법원은 어떻게 판정했는지 알아보겠습니다. 그 후 법이 도입된 오늘날, 괴롭힘은 어떻게 판단될지 예상해 보겠습니다.

해외사례

: 다른 나라에서는 직장 내 괴롭힘을 어떻게 다룰까?

❝

―――― 법으로 직접 직장 내 괴롭힘을 금지한 경우

법률로 명확하게 직장 내 괴롭힘을 금지하고 있는 대표 국가는 프랑스, 호주, 스웨덴, 폴란드, 노르웨이, 벨기에, 캐나다가 있습니다. 그리고 2019년 일본도 직장 내 괴롭힘을 법으로 도입합니다. 일본 개정법은 2020년 6월부터 대기업에 한해 시행되며, 중소기업은 2022년 4월부터 적용될 예정입니다. 법으로 직접 규율하는 국가 중 가장 강력한 법령을 보유한 나라는 호주로 볼 수 있습니다. 다만, 프랑스가 우리나라 법체계와 가장 유사하게 직장 내 괴롭힘을 규율하고 있고, 최근에 획기적인 판결이 나온 국가이기 때문에 프랑스부터 차례대로 살펴보겠습니다.

프랑스

2019년, 프랑스 법원은 획기적인 판결을 발표합니다. 바로 "프랑스텔레콤(현재 오랑즈)" 사건입니다. 법원이 '회사가 행하는 조직적 괴롭힘'을 인정한 것입니다. 2002년부터 18년 동안 직장 내 괴롭힘이 법으로 금지되어온 프랑스에서도 법원이 조직적으로 근로자를 괴롭히는 기업형 괴롭힘 사례를 인정한 것은 이번이 처음입니다. 그럼 이 기업에서 어떤 일이 벌어졌는지 살펴보겠습니다.

프랑스텔레콤은 1986년부터 민영화를 시작한 기업으로, 현재 오랑즈란 이름으로 사업을 운영하는 초대형 정보통신기업입니다. 2005년 디디에 롱바르(Didier Lombard)가 사장으로 부임합니다. 그는 'PLAN NEXT'라는 명칭의 강력한 구조조정 계획을 세웁니다. 그는 임원들에게 "창밖으로 내던지든지 문으로 내보내든지 내년에는 어떤 식으로든 직원들을 해고할 것이다."라고 말했다고 합니다. 당시 내부 조직 분위기를 여실히 보여주는 말이지요. 이렇게 2006년부터 대대적인 구조조정이 실행됩니다. 이 계획으로 3년간 2만 2,000명이 해고됩니다. 1만여 명은 기존에 해오던 일과 전혀 다른 업무로 직종을 바꾸도록 지시받습니다. 급격한 변화가 일어난 것이지요. 기술인력이 마케팅부서로 대거 옮겨졌고, 연구예산은 대폭 축소됩니다. 구조조정을 진행하며 경영진은 임금 삭감 가능성을 내비치고 자진 퇴사하라는 이메일을 지속해서 보냈다고 합니다. 정리해고 대상 직원에게 불안감을 조장하기 위한 장치를 조직적으로 실행한 것입니다. 이 과정에서 한 직원은 동료가 지켜보는 가운데 5층 건물에서 뛰어내리는 극단적 선택을 합니다. 이로 인해 총 19명이 자살하였고, 12명이 자살을 시도합니다. 8명은 심각한 우울증을 앓다가 결국 직장을 떠났습니다. 이렇게 수많은 근로자가 연이어 자살하고 정신질환에 걸리자, 프랑스에서도 사회문제로 떠오릅니다. 이에 프랑스 노동청은 문제 조사를 하고 2010년 조사보고서를 발표합니다. PLAN NEXT 경영방식이 노동자의 신체적·정신적 건강에 위험을 미치고, 경영진이 직원을 정신적으로 학대했다는 것이 조사결과였습니다. 노동청은 이 회사에서 명백한 위법행위가 있다고 판단한 것입니다.

연쇄자살 사건이 발생한 지 수년이 지난 2018년, 비로소 디디에 롱바르와 당시 임원들은 형사재판에 회부됩니다. 2019년 12월 20일, 파리 형사법원은 회사에 유죄 판결을 내리고 벌금 7만 5,000유로(9,600만 원)를 부과했습니다. 동시에 디디에 롱바르 임원들에게 각각 징역 1년(8개월 집행유예)과 1만 5,000유로(2,000만 원) 벌금형을 선고합니다. 또 다른 간부 4명에게는 정신적 학대에 대한 공범 혐의를 인정해 징역 4개월의 집행유예와 5,000유로(1,000만원)씩 벌금을 선고합니다. 피해자와 가족들에게는 총 300만 유로(39억 원 상당)의 위자료를 지급하라고 판결합니다.

이 판결은 프랑스텔레콤 연쇄 자살이 사회문제로 떠오른 지 10년 만에 이루어졌습니다. 재판부가 밝힌 유죄 선고 이유는 "직원 불안을 조성하는 등 공포 분위기를 제도적·시스템적으로 조장했다."라는 것이었습니다. 선고를 받은 디디에 롱바르는 항소 의사를 밝혀, 다시 긴 법정 공방이 이어질 것으로 보입니다.[2] 이 판결이 중요한 이유는 2002년부터 10년 이상 직장 내 괴롭힘이 법으로 금지되어 온 프랑스에서조차 법원이 '회사의 조직적 괴롭힘'을 형사처벌 대상으로 인정한 것은 이번이 처음이기 때문입니다. 기념비적인 판결인 것이지요(이로 인해 유럽에서도 대대적으로 보도가 됩니다). 프랑스 법원은 기업이 경영 효율화란 핑계로 자행하는 회사의 조직적 괴롭힘이 근로자 인격권을 침해하는 중대한 위법행위임을 분명히 한 것입니다.

프랑스텔레콤에서 벌어진 이 사건은 민사소송을 통해서도 판결이 이루어졌습니다. 지점장이 실현할 수 없는 불가능한 업무 목표량을 정해주고 근로자들을 과소평가하고 비난한 사건에서 프랑스 최고법원이 프랑스텔레콤에게 배상책임이 있다고 판결합니다. 이전 단계였던 항소심 법원에서는 괴롭힘이 아니라고 본 사건을 최고법원이 뒤집은 것이지요. 항소심 법원에서는 "지점장이 근로자와 고객 대화에 간섭한 것이 유일한 구체적 사실이며, 증인으로부터 괴롭힘 관련 구체적 사실이 나오지 않았고, 부적응과 우울증 의료기록 자체만으로 괴롭힘 증거가 될 수 없는 점, 지점장이 괴롭힘을 반복했다고 뒷받침할 객관적 요소가 부족하다는 점을 근거로 괴롭힘이 성립하지 않는다"라고 판단했습니다.

그러나 최고법원은 정신적 괴롭힘 증명책임 규정을 근거로 항소심 판결을 파기합니다. 최고법원은 "근로자가 주장하는 행위가 괴롭힘과 관계없는 객관적으로 정당화되는 행위임을 사용자가 입증하지 못했다. 또한, 근로자에게 정신적 괴롭힘을 추정할 수 있는 사실을 제시하는 것 이상으로 입증 부담을 준 것은 괴롭힘 증명책임 규정에 맞지 않는다"라는 이유로 프랑스텔레콤에 배상책임이 있다고 판결합니다.[3] 이렇게 프랑스텔레콤 사건을 강조하는 이유는 대한민국에도 유사한 사례가 있기 때문입니다. 이후 살펴볼 우리나라 사례 중 국영 통신사에서 민영화를 실시한 회사 사례를 볼 때, 이 판결을 기억하며 비교해 보시기 바랍니다.

　프랑스는 2002년부터 직장 내 괴롭힘을 법으로 규율한 나라입니다. '정신적 괴롭힘(harcèlement moral)' 개념을 노동법(Code de travail)과 형법(Code de pénal)에 도입한 것이지요. 실제로 직장 내 괴롭힘 관련 대법원 판결이 매년 100건 이상 일어나며 실질적인 규율이 이루어지고 있습니다. 법체계도 우리나라와 유사하여 참고할 필요성이 가장 큽니다. 이 책에서 프랑스는 우리나라가 나아갈 방향성을 설정하는 데에 핵심을 이루고 있으므로, 해외사례 중 프랑스 사례는 꼭 기억하면 좋겠습니다.

　프랑스 노동법은 정신적 괴롭힘을 이렇게 정의합니다. "모든 근로자는 자신의 권리와 존엄을 해하거나 신체적·정신적 건강을 손상, 또는 직업 장래를 위태롭게 할 수 있는 반복적인 정신적 괴롭힘 행위를 겪어서는 안 된다."(L.1152-1조)[4] 프랑스 괴롭힘 법의 가장 큰 특징은 책임과 처벌이 명확하다는 것입니다. 가해자와 사업주 모두에게 괴롭힘 결과에 대한 책임을 부여합니다. 피해자는 가해자를 상대로 손해배상책임을 물을 수 있습니다. 이와 별개로 가해자를 형사법으로 형사처벌 할 수도 있습니다. 형법에 정신적 괴롭힘 조항을 두고 있기 때문이지요. 형사적으로는 2년 이하의 자유형 또는 30,000유로 이하의 벌금이 부과될 수 있습니다.[5] 가해자가 민·형사적으로 책임을 지더라도, 사용자책임이 면제되지 않습니다.[6] 사용자가 가해자인 경우, 사용자도 당연히 민·형사상 책임을 집니다.[7]

　가해자가 괴롭힘이 없다는 것을 입증해야 하는 점도 인상적입니다. 프랑스는 근로자가 괴롭힘 존재를 추정할 수 있는 사실을

| 프랑스의 직장 내 괴롭힘 법령 및 특징9

국가	관련 법령	특징
프랑스	Social Modernization 2002 (2002년 사회 현대화법)	• **괴롭힘 정의**: 힘/권력 오남용, 타인 정복 및 박해, 근본적 인권 침해 ※ 민간부문/공공부문 근로자에게 적용되는 법령에 차이가 있음(Duality of Jurisdictions) 〈민간부문〉 − 괴롭힘 행위를 기록하거나 증언하는 행위에 대한 직간접적 보복행위금지(보수, 훈련, 부서이동, 인사이동 등) − 괴롭힘 근거는 피해자가 먼저 제시하지만, 괴롭히지 않았다는 입증책임은 가해자에게 있음 − 피해자는 노조를 통해 법정소송과 필요한 지원 받을 수 있음 − 사업주는 직장 내 괴롭힘에 대한 법적 책임이 있으며, 괴롭힘 예방을 위한 모든 조치를 취해야 함 〈공공부문〉 − 피해자/신고자의 연말 성과급을 줄이거나 계약을 중단하는 행위는 상황에 따라 제한적으로 허용될 수 있음

제시하면, 가해자가 그 행위가 괴롭힘과 관계없는 객관적으로 정당화되는 행위임을 입증해야 합니다. 직장 내부에서는 괴롭힘이 사실로 확인되면 사용자는 가해자를 징계하여야 합니다. 법으로 사용자에게 징계 의무를 부과하고 있는 것이지요. 이렇게 가해자는 노동법상 징계 책임을 집니다.[8]

　　더불어 프랑스는 근로자에게 '작업중지권(droit de retrait)'을 부여합니다. 근로자가 일하는 도중에 자신의 건강에 중대하고 긴급한 위험을 느낀 경우, 사용자에게 이를 알리고 일터에서 벗어날 수 있습니다.[10] 프랑스에서도 작업중지권이 괴롭힘 상황에 반드시 활용되는지는 견해 차이가 있지만, 프랑스 노동법제에서 작업중지권의 중요성은 매우 크고 상징적입니다. 따라서 괴롭힘이 피해자 건강에 중대하고 긴급한 위험으로 다가올 경우, 근로자는 작업을 중지할 수 있다고 보는 것이 타당합니다. 만일 사용자가 이를 이유로 피해자를 해고할 경우, 그 해고는 무효라고 볼 수 있습니다.[11] 정신적 괴롭힘을 겪는 것을 거부한 것을 이유로 차별적인 보복 조치를 할 수 없다고 규정한 프랑스 노동법 규정을 근거로 말이지요.[12] 동시에 이를 위반한 모든 차별 규정과 보복 조치는 무효로 규정하고 있습니다.[13] 만약 보복 조치를 할 경우 2년의 금고형과 3,750유로의 벌칙에 처할 수 있습니다.

프랑스에서 직장 내 괴롭힘이 적극적으로 입법화된 배경에는 다양한 학술연구의 역할이 컸습니다.[14] 괴롭힘이 노동환경의 한 요소가 되어 근로자가 일상적으로 겪는 현상임을 확인한 것이지요. 2000년, 프랑스 국가인권자문위원회는[15] 직장 내 괴롭힘이 폭력의 한 유형이며 일반적 현상이라고 밝힙니다. 그리고 2001년 경제사회위원회[16]는 실사를 통해 노동법과 형법적 측면에서 직장 내 괴롭힘이 인간 존엄성을 어떻게 해치는지 보고합니다. 이러한 논의 끝에 2002년 1월 17일 '사회현대화법'을 제정하게 됩니다. 사회현대화법은 노동, 사회보장, 보건, 주거·환경 영역에서 대대적인 개혁 입법으로 그중 괴롭힘은 제2장(노동·고용·직업훈련) 제4절(노동에서의 직장 괴롭힘 제재)에 규정됩니다.[17]

프랑스는 근로자의 정신적 건강 보호라는 관점에서 괴롭힘에 대응하는 특징이 있습니다. 특히 보호 대상이 "근로자"로 한정되어 있어서, 일반적인 괴롭힘 전반이 아니라 근로자에 대한 괴롭힘 문제를 특별히 규율합니다. 이 점은 우리 근로기준법과 유사합니다. 그리고 사용자, 종업원대표, 노동조합 등 모든 직장 주체가 일정한 역할을 합니다. 사용자가 직장 내부에서 예방과 피해자 구제·지원을 하는 단계에서 각자 역할을 하도록 보호 장치를 설계하고 있는 것이지요. 인상적인 방법입니다.[18]

　　이러한 프랑스의 조치를 정리하면 크게 세 가지로 설명할 수 있습니다. ⅰ) '사업 내 조치'로 프랑스는 종업원대표가 괴롭힘에 대한 문제를 제기할 수 있고, 징계권 행사도 가능합니다. ⅱ) '행정적 조치'로 노동감독을 하는 노동 의사가 일정한 역할을 합니다. 노동 의사는 의견을 제시할 수 있으며, 정부 노동감독관에게 문제를 의뢰할 수 있습니다. ⅲ) 프랑스는 '사법적 조치'로 6가지가 가능합니다. 사법적 조정절차를 진행할 수 있고, 근로자나 종업원대표가 노동법원에 괴롭힘 중단조치를 청구할 수 있습니다. 프랑스는 노동법원을 두고 있어, 노동법원에서 중단 명령과 벌금 부과도 가능합니다. 노동조합이 피해자를 대신해서 소송을 제기할 수도 있습니다. 불이익조치로 이루어진 사용자의 징계·해고·차별조치는 무효로 돌릴 수 있으며, 형사처벌과 손해배상도 규정하고 있습니다.[19] 이렇게 프랑스는 일터 내부를 넘어 행정적·사법적 조치까지 3면 체계를 구성하여 효과적으로 괴롭힘을 관리합니다. 대한민국은 이제 막 직장 내 괴롭힘 관리가 시작되었지만, 프랑스 체계를 참고하여 행정과 사법 영역에서 조치를 확대하면 효과적일 것입니다. 대한민국 3면 체계 구축과 관련한 제안은 마지막 9부에서 다루겠습니다.

호주

가장 강력하게 직장 내 괴롭힘을 규율하는 국가는 "호주"입니다. 2011년 신설된 호주의 괴롭힘 법[20]은 연방정부 차원에서 대응이 이루어지는 구조입니다. 호주법은 직장 내 괴롭힘을 '범죄'로 분류하고, 가해자에게 최대 징역 10년까지 선고할 수 있습니다. 일반적으로 다른 나라는 주로 민법과 노동법을 통해 직장 내 괴롭힘을 다룹니다. 그런데 호주는 '형법'에서 직장 내 괴롭힘을 다루고 있는 것입니다.

굉장히 강력한 법이지요? 호주가 이렇게 법을 강화한 배경에는 하나의 사건이 연결됩니다. 직장에서 심각한 괴롭힘을 겪던 '브로디'가 자살했던 사건이지요. 이를 통해 호주는 법을 강화했고, 피해자 이름에 따라 브로디법(Brodie's Law)이라 불리고 있습니다.[21] 물론 호주는 이 법 이전에도 괴롭힘 가해자와 사업주 모두에게 벌금을 부여하며 강력하게 규율했습니다. 괴롭힘을 사회적으로 용인하지 않겠다는 법률 문화가 형성되었던 것입니다. 이러한 문화가 이미 조성되었기에 브로디 사건을 계기로 강력한 처벌을 추진할 수 있었던 것이지요.[22]

▎호주의 직장 내 괴롭힘 법령 및 특징[23]

국가	관련 법령	특징
호주	Healthy Workplace Bill 2011 Crimes Amendment (Bullying) Act 2011 (Brodie's Law)	• 직장 내 괴롭힘을 직접적으로 '범죄'로 분류한 형법 – 피해자를 위협하는 행위 – 직간접적으로 피해자를 불쾌하게 하는 언행 – 피해자에게 심리적·신체적 피해(자해 포함)를 주는 모든 행위에 적용 • 심리적 피해 – 정신질환적 피해뿐만 아니라 자살충동도 포함 • 벌칙 – 가해자에게 최대 징역 10년 선고, 사업주에게는 괴롭힘 행위를 방지하지 못한 법적 책임 부여

　　호주는 근로자가 직장 내 괴롭힘을 겪으면 '공정근로위원회 (Fair Work Commission)'에 괴롭힘 중단을 청구할 수 있도록 하여 적극적 문제 해결을 지원합니다.[24] 직장 내 괴롭힘으로부터 보호 받는 근로자 개념도 넓습니다. 직접 고용된 근로자뿐만 아니라, 도급·수습생·학생 인턴·자원봉사자 등도 모두 직장 내 괴롭힘 보호 법이 적용됩니다.[25] 보호받을 수 있는 사람이 굉장히 넓지요? 이렇게 넓게 법을 적용할 수 있는 이유는 호주 산업안전보건법[26] 이 근로자 범위를 넓게 보고 있기 때문입니다.[27]

　　여기까지 보면 사업을 운영하는 사업주분은 거부감을 느낄 수 도 있습니다. 그러나, 호주는 직장 내 괴롭힘과 인사권을 분리했다 는 점에서 사업주에게도 한층 명확한 법률이라 하겠습니다. 호주법 은 합리적인 인사행위는 직장 내 괴롭힘에 해당하지 않는다는 점 을 명확히 합니다.[28] 호주 정부 기관인 'Safe Work Australia'는 기업 의 "합리적 인사행위"를 다음 지침을 통해 설명합니다.[29] 지침은 현

(1) 현실적이고 성취 가능한 성과목표, 기준, 마감 설정
(2) 정당하고 적정한 근무표와 근무시간 할당
(3) 경영상 이유에 따른 전근 또는 전보
(4) 승진은 공정하고 투명해야 하며 근로자를 선별하지 않음
(5) 불만족스런 업무성과에 대해 근로자에게 정직, 공정, 신임할 수 있는 방법으로 공지
(6) 불합리한 행동을 하는 근로자에게 객관적이고 신뢰감 있게 공지
(7) 경영상 이유로 인한 변화나 구조조정을 실행하는 것
(8) 적정하고 공정한 배경에서 정직, 해고 등을 포함한 징계처분 실시

실적인 성과목표 설정, 적정한 근무시간, 경영상 이유가 있는 직무 전환이나 직장 이동 등을 합리적 인사행위로 이야기합니다.

호주 지침은 대한민국에도 유용한 참고서가 될 수 있습니다. 괴롭힘과 사용자 인사권이 충돌할 때, 합리적 인사행위 기준으로 활용할 수 있기 때문입니다.[30] 우리나라에서 법 도입 전부터 학계에서 가장 의견이 분분했던 것이 '가학적 인사행위'였습니다. '가학적 인사행위'란 기업이 분명한 의도를 가지고 전혀 관련 없는 부서나 지역으로 발령을 내거나, 일을 전혀 주지 않고 화장실 벽을 보고 일하게 하는 등 괴롭힘 의도를 가진 인사조치를 말합니다. 이러한 가학적 인사행위를 직장 내 괴롭힘으로 명확하게 판단하기가 쉽지 않습니다. 사용자의 인사권은 근로자 인격권과 같이 분명한 '권리'이기 때문이지요. 따라서 합리적인 이유가 있는 인사행위는 당연히 따라야 합니다. 그렇지만 인사조치가 무조건 합리적인 이유가 있다고 할 수는 없습니다. 분명한 의도를 가지고 비인

격적이고 가학적인 인사행위를 할 경우, 당연히 제재가 필요합니다. 여기에 대해 호주는 국가적으로 고민했고, 그 결과를 지침으로 제시하고 있는 것입니다. 우리나라도 호주와 같이 합리적 인사 조치를 규정할 필요가 있습니다.

스웨덴

"스웨덴"은 1994년 세계 최초로 직장 내 괴롭힘 법을 시행한 국가입니다. '근로자에게 부당한 괴로움을 주는 모든 행위'를 괴롭힘으로 정의함으로써, 기존 공격(harassment) 방지법에 포함되지 않던 괴롭힘 행위도 광범위하게 포함합니다.[32] 다만, 사업주에게 직장 내 괴롭힘을 예방하기 위한 교육·정보 등을 직원에게 제공할 의무만 부여하고 있다는 점에서 이후 시행된 다른 나라 법령보다는 약하다고 할 수 있습니다.[33]

스웨덴은 오랫동안 민족 동질성이 높은 국가였습니다. 그런데 해외 이민자 비율이 1970년대 6.7%에서 2010년대에 이르러서는 19.1%까지 증가했습니다. 이로 인해 괴롭힘 이슈가 사회적 문제로 떠오릅니다.[34] 이에 스웨덴 정부는 1993년 「작업환경에 존재하는 폭력과 협박을 방지하기 위한 조치에 관한 조례(AFS 1993:2)」[35]와 「직장 내 괴롭힘 조치에 관한 조례(AFS 1993:17)」[36]를 규정합니다. 여기서 직장 내 괴롭힘을 정의하고, 괴롭힘 발생 시 사용자가 취하여야 할 조치를 마련했습니다.[37] 특별 법령 제정을 통해 직장 내 괴롭힘을 규율한 최초 사례인 스웨덴 법령의 특징은 다음 표와 같습니다.

국가	관련 법령	특징
스웨덴	Victimiation At Work 1994	근로자에게 부당한 괴로움을 주는 모든 행위 적용 • 사업주 의무 - 근로자가 직장에 잘 적응하도록 충실히 지원 - 괴롭힘 예방 위한 다양한 활동·계획 수립 - 괴롭힘 발생 시 빠르게 대처하고 피해자 구제절차 수립 - 괴롭힘 예방 계획·활동 수립 - 괴롭힘이 조직 내에서 결코 수용될 수 없음을 통보 • 관리자 의무 - 관련 법령과 근로환경이 근로자에게 미치는 영향, 갈등상황 해결 등에 대한 교육훈련 이수 • 8가지 유형의 괴롭힘 행위 제시 1. 근로자 개인·가족 비방 2. 고의적 업무 관련 정보 비공유 3. 고의적 업무성과 방해 4. 고립 유발 5. 부적절한 처벌·공격 6. 모욕·비꼼 7. 해를 입히려는 의도와 함께 근로자를 관리하는 행위 8. 모욕적인 처벌행위

　　스웨덴 조례는 직장 내 괴롭힘에 관한 최초의 특별 법령으로, 이후 유럽 다수 국가 입법에 영향을 미칩니다. 내용 측면에서도 대한민국 개정 법과 달리 사용자 방지조치 의무와 피해자 구제수단이 명시되어 있다는 점도 중요한 의미를 지닙니다.[39] 다만, 규정이 효력을 발휘하려면 집행기관의 적극적 지원이 필수적입니다. 그러나 스웨덴 근로환경청은 현재 충분한 지원을 하지 못한다는 평가가 있습니다.[40]

노르웨이

2005년부터 시행된 노르웨이 근로환경법(Working Environment Act)은 프랑스 법 이상으로 강력합니다. 민간영역을 넘어 공공부문 근로자 모두를 보호하는 법이기 때문이지요. 프랑스와 대한민국 법은 일반적으로 '개인 대 개인' 간 괴롭힘 행위를 규율합니다. 쉽게 이해하자면, 공무원에게는 근로기준법 등 일반적인 노동법이 적용되지 않는 것입니다. 그런데 노르웨이는 공공부문까지 광범위하고 분명하게 괴롭힘을 금지하고 있습니다.

┃노르웨이의 직장 내 괴롭힘 법령 및 특징[41]

국가	관련 법령	특징
노르웨이	Working Environment Act 2005	• 가해자−피해자 간 괴롭힘뿐만 아니라, 과업과 관련되어 근로자가 괴로움을 겪게 되도록 방기하는 행위 역시 금지 • 사업주 의무 - 안전담당자(Safety Representative)와 근로환경위원회(Working Environment Committee)를 임명하여, 괴롭힘으로부터 근로자를 보호하고, 예방교육 제공 - 정기적인 조사와 위해성 진단, 세부실행 계획 수립 및 실행 통해 괴롭힘이 절대 허용되지 않음을 알리고 괴롭힘을 예방 - 문제 발생 시 공정한 조사와 신속한 조치 - 환경 분석을 통해 근본적인 문제 탐색 및 해결 • 벌칙: 괴롭힘 발생 시 사업주는 최대 징역 2년 또는 벌금, 가해자는 최대 징역 1년 또는 벌금

노르웨이 법은 일터에서 괴롭힘에 대응하기 위한 전문 인력(안전담당자, 근로환경위원회) 배치를 의무화합니다. 만약 괴롭힘이 발생

하면 어떻게 될까요? 일반적인 사건이면 사업주와 가해자 모두 최대 징역 3개월에 처할 수 있습니다. 가중처벌이 적용되는 사건이라면, 사업주는 최대 2년, 가해자는 최대 징역 1년에 처할 수 있습니다.42

벨기에 · 폴란드 · 캐나다

벨기에는 1997년 처음으로 직장 내 괴롭힘을 법으로 규정한 후 2007년 법령을 구체화합니다. 피해자가 괴롭힘을 호소할 경우, 가해자와 사업주가 괴롭힘이 아니라는 것을 입증해야 합니다. 폴란드는 2004년 '노동법(Labour Code)'을 통해 직장 내 괴롭힘을 법으로 규정합니다. 하지만 구체적인 지침이나 처벌기준이 없어 실질적인 효과를 거두지 못하고 있습니다. 캐나다는 2004년 퀘벡주에서 처음으로 괴롭힘을 규율하였고, 현재 5개 주에서 시행되고 있습니다. 캐나다는 예방을 위한 교육 훈련에 중점을 둡니다. 그러나 문제 발생 시 처벌과 관련된 내용은 구체적으로 제시하지 않습니다.43

▌벨기에 · 폴란드 · 캐나다의 직장 내 괴롭힘 법령 및 특징44

국가	관련 법령	특징
벨기에	Welfare act 1997 Royal Decree of 16 May 2007 Prevention of Psychosocial Load Caused by Work	• 근로자의 신체적 · 심리적 건강에 해를 끼칠 수 있는 모든 심리사회적 압박 행위 금지 • 처벌보다는 예방에 중점을 둔 법안 • 입증책임은 가해자와 사업주에게 부여 • 사업주 의무: 괴롭힘 행위를 하지 않아야 하며, 방지하고 해결하기 위한 조치 수행. 직장 내 폭력과 괴롭힘에 대한 지식을 많이 보유하고 있는 방지조언자(prevention advisor) 임명하여 괴롭힘을 예방하고 피해자 보호 • 문제 발생 시 피해자에게 적절한 심리적 지원 제공, 가해자는 최대 파면 등의 조치

폴란드	Labour Code 2004	• **직장 내 괴롭힘의 정의:** 지속적인 공격과 위협 등을 포함하여 근로자에게 가해지거나 연관된 모든 행위. 근로자로 하여금 스스로의 직업 적합성을 고려하게 만들며, 근로자에게 굴욕감과 곤란함, 팀 동료로부터의 고립과 격리 등을 유발하는 행위 • 고용주에게 괴롭힘에 대응할 의무와 채용한 근로자 행위에 대한 책임 부여 • 구체적인 규정과 지침, 처벌기준 등이 없어 실질적인 효과를 거두지 못하고 있음 * 734개 소송 사례 중 29건만이 피해자 승소
캐나다	퀘벡 Labour Standards Act 2004 등 5개 주45	• 심리적 괴롭힘의 정의, 근로자가 괴롭힘을 겪지 않을 권리, 고용주의 예방 및 조치 책임, 피해자의 고발 절차 등을 법적으로 명시 • **심리적 괴롭힘:** 반복적이고 적대적이거나 불필요한 행동, 언어 등으로 인해 근로자 존엄성이 침해되고, 근로환경이 근로자에게 유해하게 된 경우 한 번의 행위로도 유해한 영향이 지속될 경우에는, 단 1건의 사건 역시 괴롭힘으로 인정 • **괴롭힘 방지 방침 및 정보와 훈련 제공 의무(온타리오주):** 사업주는 근로자에게 괴롭힘 사항을 보고/항의할 방법과 관련 사건 조사 및 처리 절차에 대한 정보를 제공해야 함

일본

일본은 직장 내 괴롭힘을 '파와하라(パワハラ)'라고 부릅니다. 권력을 의미하는 영어 'Power'와 괴롭힘을 뜻하는 'Harassment'를 합한 일본식 신조어입니다. 일본에서 직장 내 괴롭힘은 오랜 기간 이어진 심각한 사회문제입니다. 그래서 2010년부터 일본 정부는 정책적으로 대응합니다. 우리나라 고용노동부와 같은 임무를 수행하는 일본 후생노동성에서 정부 지침과 기준을 여러 차례 발표한 것이지요. 관리자와 일반 근로자를 위한 맞춤형 교육자료 개발과 홍보 등 다양한 노력이 시도됩니다. 동시에 후생노동성은 직장 내 괴롭힘 조사를 통해 실태 파악에도 나섭니다. 2012년 발표된 이 조사보고서에서 따르면 일본 기업 중 45.2%가 괴롭힘 관련 상담을 받았고, 그중 70.8%가 실제 괴롭힘에 해당했다고 합니다. 일본 근로자 중 28.2%가 괴롭힘을 경험한 적이 있다고 답했고, 이 중 어떠한 대응도 하지 않았다고 응답한 사람이 46.7%에 달했습니다.[46]

이렇게 일본은 정부 차원에서 대응했지만, 일터에서 괴롭힘으로 목숨을 끊는 피해 사례는 계속 이어졌습니다. 특히 2019년 12월 미쓰비시전기에 다니던 신입사원이 입사 한 달 만에 자살하며 작성한 유서가 공개되어 일본 사회는 큰 파장을 겪습니다. 유서에는 신입사원 교육을 담당하는 주임이 행한 폭언이 담겨 있습니다. 해당 사원은 "질문해서 대답 못 하면 죽여버린다", "네가 뛰어내리기 좋은 창문이네, 죽어버리는 게 좋지 않아?"라는 말을 들었다고 합니다. 자살이 일어나기 이틀 전에는 전화로 "자살해라"라는 말도 들은 것으로 기록되어 있습니다. 미쓰비시전기는 직원 중 5명이 장시간 노동과 직장 내 괴롭힘으로 정신질환과 뇌 질환이 발생한 일터입니다. 이 중 2명이 자살했고, 이들은 산업재해로 인정받았습니다.[47] 일본이 정부 차원에서 대응했다고는 하지만, 기업을 강제하는 법적 근거가 없었기 때문에 개선이 이루어지지 않은 것입니다. 일본 내에서도 정부 지침 실효성에 대한 논란이 계속되어 왔습니다.[48]

그래서 2019년 5월, 「노동시책종합추진법」을 개정하여 직장 내 괴롭힘을 법으로 규정합니다. 일본법은 직장 내 괴롭힘을 "우월적 관계를 배경으로 업무상 필요한 상당 범위를 넘어 노동자의 취업환경을 해치는 행위"로 정의합니다. 사업주에게 괴롭힘 예방 및 대응책임도 부여했습니다. 행정지침으로 취업규칙에 괴롭힘 금지 방침을 의무화하고, 가해자 징계 규정 마련, 상담 창구 설치 제시 등 여러 면에서 대한민국 법과 상당히 닮았습니다.

법 통과 후 일본 후생노동성이 발표한 지침을 살펴보겠습니다. 첫 번째 지침 발표는 10월이었습니다. "직장 내 괴롭힘 관련 고용관리상 마련해야 하는 조치 등에 관한 골자안"이란 이름으로 발표된 이 지침은 법조계와 시민단체로부터 높은 비난을 받습니다. 인정 범위가 지나치게 협소하다는 것이 문제였지요. 해당 지침은 '직장'을 사업주가 고용하는 노동자가 업무를 수행하는 '장소'로서 해당 노동자들이 일반적으로 근무하는 장소와 업무를 수행하는 장소로 정의했습니다. 괴롭힘 유형은 6가지로 제시합니다. 신체적 공격(폭행·상해), 정신적인 공격(협박·명예훼손·모욕·심한 폭언), 인간관계에서 분리(격리·소외·무시), 업무상 과대한 요구, 업무상 과소한 요구, 사생활 침해가 괴롭힘에 해당합니다.

여기에 대해 일본 민주법률협회는 '직장' 범위가 협소하고, 판단기준으로 제시한 사례가 오히려 기업 변명을 정당화할 수 있다고 문제를 제기합니다. 특히 '직장' 범위에 대해 "직장 연장선이라 할 수 있는 친목회에서도 괴롭힘이 발생하기 때문에 포함되어야 한다"라고 주장했습니다. 후생노동성이 제시한 사례 중 괴롭힘이 아니라고 제시한 사례인 '지각이나 복장 불량 등 사회적 규칙이나 예의에 어긋나는 언동 및 행동에 대해 두세 차례 주의했음에도 개선하지 않는 노동자에게 강하게 주의를 시키는 것'도 수정이 필요하다고 지적합니다. 이로 인해 일본 후생노동성은 11월에 지침을 수정하여 재발표합니다. '지각 등 사례'와 신체적 공격에 해당하지 않는 예시였던 '실수로 부닥치거나 물건이 부딪치는 등으로 상처를 입힌 것' 사례가 삭제되었습니다. 판단기준도 기존에는 '신체적 또는 정신적인 고통 정도 등을 종합적으로 고려한다'라고 했으나, 수정안은 '상담한 노동자 심신 상황이나 받아들이는 등의 인식에도 배려한다'라고 하여 피해자 관점을 추가 반영했습니다. 이 법은 2020년 6월부터 대기업에 적용되며, 2022년 4월부터는 중소기업까지 확장될 예정입니다.[49]

　　법과 별개로, 법이 통과되기 이전부터 일본 법원은 직장 내 괴롭힘을 판단해왔습니다. 일본 법원은 직장 내 괴롭힘을 불법행위 및 안전배려의무를 위반한 채무불이행 행위로 보았습니다.[50] 일본 법원이 제시한 직장 내 괴롭힘 개념은 어떠할까요? "조직·상사가 직무권한을 이용해 직무와 관계가 없는 사항이나 직무상이라 해도 적정범위를 넘어 부하에게 유·무형으로 계속된 압력을 행사할 때 상대방이 정신적 부담이라 느끼면 괴롭힘이 성립한다."고 정의했습니다.[51] "같은 직장에서 일하는 사람에게 직무상 지위나 인간관계와 같은 직장 내 우위를 바탕으로 업무상 적정범위를 넘어 정신적·신체적 고통을 주거나 업무환경을 악화시키는 행위”로 규정하기도 합니다.[52, 53] 대한민국 법에서 규정한 직장 내 괴롭힘 정의와 거의 같지요. 이로 인해 일본 법원 판단이 대한민국 법원 판단과 유사하게 흘러갈 가능성이 큽니다. 그렇다면 일본 법원은 괴롭힘 판단에서 반복성이 있는지를 요구할까요? 결론부터 말씀드리자면, 그렇지 않습니다. 일본 법원은 직장 내 괴롭힘이 1회 발생한 경우라 해도, 폭행이 관련되었거나, 모욕하는 강도 높은 발언과 관련된 경우 위법성을 인정합니다.[54] 반복성을 요구하는 우리나라 고용노동부 행정해석과 비교하여 상당히 중요한 부분이라 할 수 있습니다.

──── **포괄적인 법으로 함께 다루는 경우**

영국은 명목상으로는 직장 공격 방지법만을 보유하고 있는 국가입니다. 그렇지만 업무와 관련한 공격 인정 범위를 넓게 정의하여 직장 내 괴롭힘을 포괄하고 있습니다. '공격으로부터의 보호법(Protection from Harassment 1997)'에 따르면, 공격은 대상이 된 사람에게 불안감과 근심을 주는 행위를 포함합니다.[55] 이 '공격'은 형태가 명확하지 않은 행위도 포함합니다. 괴롭힘 행위 유형을 명확하게 제시하지는 않지만, 피해자에게 '불안감과 근심'을 주는 행위를 모두 포괄한다고 해석합니다. 피해자 상황을 반영한 것이라 할 수 있습니다.

영국 법은 가해자 처벌 역시 비교적 강력한 편에 속합니다. 피해자에게 괴로움을 준 가해자에게는 최대 징역 6개월 또는 벌금을 선고할 수 있습니다. 폭력 위협을 가한 가해자는 최대 징역 5년을 선고할 수 있습니다. 즉, 실제 폭력을 가하지 않더라도 형사 처벌 할 수 있는 것입니다.[56]

——— 시사점과 대한민국 일터가 나아갈 방향

다른 나라에서 직장 내 괴롭힘을 어떻게 다루는지 알아봤습니다. 국가별 직장 내 괴롭힘 개념 특징을 살펴보면, 법으로 직접 규율한 국가는 다양한 괴롭힘 행위를 포괄하기 위해 추상적인 개념을 사용합니다. 현실에서 괴롭힘은 다양한 형태로 발생합니다. 따라서 근로자 인격권 보호 관점에서 포괄적인 개념을 사용하는 것이 효과적임을 알 수 있습니다.

법적으로 직장 내 괴롭힘을 다루는 국가는 괴롭힘 가해자에 대한 처벌을 상세히 규정합니다. 이렇게 처벌을 규정함으로써 해당 행위가 위법이라는 것을 명확히 한 것입니다. 특히 모든 일터 일원이 괴롭힘 문제에 적극적으로 개입할 의무를 부여하고 있는 국가가 많습니다. 많은 사람이 참여함으로써, 조직 전반에서 괴롭힘을 감시하는 눈이 많아지는 것이지요. 일터에 괴롭힘이 위법한 것임을 효과적으로 인식하게 하는 방안으로 활용할 수 있습니다. 또한 피해자 구제와 복귀에 필요한 제도를 마련한 것도 공통점이었습니다. 이는 침해된 인격권 회복을 위해서 피해자를 위한 방안이 가장 중요한 부분임을 시사합니다.

대한민국은 동아시아에서 특징적으로 보이는 노동자에 대한 수동성과 복종 강조, 집단행동 자제, 엄격한 노동 통제, 가족주의 이데올로기를 사용한 경영자의 기업 지배 등이 일터 문화로 자리

잡고 있습니다. 특히 한국에서 근로자 인격권 무력화를 위한 작업은 일제 강점기 때부터 이어져 왔습니다. 일본은 우리나라 노동자를 전쟁 노동력으로 활용하기 위해 '가족주의'를 내세웠습니다. 이는 박정희 시대까지 이어져, 강력한 국가 통제를 기반으로 기업이 활용하는 근원적인 일터 문화로 발전합니다. 이러한 일터 문화가 오늘날까지 이어져 오고 있는 것이지요. 더불어 국가 주도 경제 성장정책에서 국가는 친자본적이고 반노동적인 정책을 지속해서 시행했습니다. 과거 군사정권 시대가 지속 활용한 국가의 강력한 노동 통제로 기업은 노동력 확보와 인력 육성을 모두 국가에 의존했습니다. 그리고 국가가 강력한 노동 통제를 해주었기 때문에, 기업은 스스로 성숙한 노사문화를 발전시키려 노력하지 않았다고 평가할 수 있습니다.[57] 이로 인해 대한민국에서 근로자 인격권 보호가 중요한 문제로 떠오른 것입니다. 즉 국가 사회적 방향이 군사적 독재체제로 이어졌기 때문에 대한민국 근로자 인격권 실현이 해외 주요국보다 늦어졌다고 봅니다. 오늘에 이르러서야 근로자 인격권 보호를 위한 직장 내 괴롭힘 규정이 신설된 점은 이렇게 대한민국 정치·경제 발전과정과 궤도를 같이하는 것입니다.

따라서 '직장 내 괴롭힘'이란 무형적 인격권 보호 실현을 한발 늦게 시작한 대한민국은 선진적으로 괴롭힘을 관리하는 주요국 사례를 참고하여 한국형 방안을 만드는 것이 시행착오를 줄이는 길이라 생각합니다. 먼저 가해자와 사업주에 대한 처벌조치가 필요합니다. 가해자 처벌은 해당 행위의 위법성을 가장 명확히 하는 방법입니다. 동시에 괴롭힘의 원인은 잘못된 가해자 개인에게도 있지만, 조직적 요인도 크게 작용합니다. 조직문화를 구성하는 가장 중요한 부분은 사업주 태도이기 때문에 조직적 처벌이 반영될 필요가 있습니다. 더불어 사업주 본인이 가해자가 되는 경우도 빈번하게 발생하고 있는 것이 오늘날 현실입니다. 직장 내 괴롭힘이 국회를 통과한 주요 배경이 위디스크 대표가 저지른 괴롭힘 사건이었던 것처럼 말입니다. 따라서 직장 내 괴롭힘 발생 책임을 사업주에게도 부여하여, 사업주 스스로가 조직 내 괴롭힘 여부를 적극적으로 감시할 유인을 만들어야 합니다. 오늘날 대한민국 일터에서는 수많은 근로자가 괴롭힘 때문에 일터를 떠나고, 극단적인 선택까지 하고 있습니다. 앞서 이와 유사하게 근로자 자살로 법이 강화된 호주 사례를 살펴보았습니다. 호주처럼 형법으로 괴롭힘을 다루는 것은 현재 대한민국 사법 체계상 쉽지는 않을 것입니다. 그렇다면 대안은 노동법에서라도 직장 내 괴롭힘 가해자에 대한 처벌 조항을 명확히 하는 것입니다. 직장 내 괴롭힘이 근로자 인격권을 훼손하는 위법행위임을 조직원 모두가 인식하기 위해서라도 처벌규정은 필수적으로 병행되어야 합니다.

동시에 괴롭힘으로 인격권이 손상된 피해자에 대한 복귀 지원체제도 함께 만들어질 필요가 있습니다. 피해자가 완전하게 회복하고 직장에 안정적으로 복귀하기 위해서는 적극적인 지원이 뒷받침되어야 합니다. 벨기에처럼 일터에 상담자를 배치하고 의료 지원을 의무화하는 등 지원체계가 마련되면 좋겠습니다.58

일터에서 많은 사람이 괴롭힘 문제에 적극적으로 참여할 수 있도록 하는 방법도 검토할 수 있습니다. 예를 들어 대부분 회사에서 인사팀, 감사팀 등 하나의 부서가 괴롭힘 문제 전체를 다루고 있습니다. 이를 예방지원부서, 발생 시 조사부서 등으로 여러

부서에 역할을 분담하는 것입니다. 일터 구성원이 적극적 참여자가 되면 괴롭힘을 스스로 조심하는 사전 예방 효과를 이끌 수 있을 것입니다. 괴롭힘이 발생했을 때도 사업주가 모든 조사를 담당할 경우, 사업주 본인의 괴롭힘이나 사업주와 밀접한 관련이 있는 임직원 사례는 공정한 조사가 이루어지기 어려울 가능성이 큽니다. 이때 여러 부서 사람이 조사에 공동으로 참여한다면, 더욱 공정한 시각에서 괴롭힘 문제를 판단할 수 있을 것입니다. 또한 일터 동료가 적극적으로 지지해주는 것이 피해자 보호 및 복귀에 있어 중요한 원동력이 된다는 점을 고려하면, 사후 조치 효과성도 높일 수 있습니다.

대한민국 일터는 관계 중심적 조직문화, 군대문화가 역사적으로 고착되었습니다. 이러한 특성이 괴롭힘을 촉발하고 있지요. 따라서 직장 내 괴롭힘 해결을 위해서는 조직문화 개선이 필수적입니다. 현재 법제화라는 첫발은 이루어졌으므로, 본격적인 제도 개선에 관한 논의는 8부와 9부에서 살펴보겠습니다. 제도 개선에 앞서, 대한민국 일터에서 어떤 일이 일어났고 현재에도 진행 중인지 알아보겠습니다.

국내 사례

: 대한민국 일터에서 어떤 일이 일어났는가?

"

—— 법으로 금지되기 전부터 시작된 법원 판단

잘못된 음주문화 · 강요하는 직장문화

"당사자 간 취향 문제가 아닙니다. 불법행위입니다"

온라인게임 개발사 사례
(2007.5.3. 선고 2006나109669 판결)

여러분은 직장에서 회식이 얼마나 자주 있으신가요? 회식에서 술은 얼마나 드시나요? 대한민국은 술에 관대합니다. 술 권하는 사회에서 일터도 예외가 아니지요. 대한민국 직장 회식문화는 '술'

중심입니다. 조직 화합과 동료 간 단합을 이유로 강요되는 강압적인 음주문화가 직장문화라는 핑계로 여전히 이루어지고 있습니다. 문제는 대한민국 일터에서 이러한 '음주문화'가 개인 취향 문제에 그치지 않는다는 것입니다. 원만한 직장 생활을 위해 술이 필요하다고 생각하는 인식 때문에 잘못된 회식문화가 이어지고 있는 것이지요.

대한민국 성인남녀 1,000명을 대상으로 음주문화에 대한 전반적인 인식을 살펴본 조사가 있습니다. 여기서 대한민국 성인 74.8%가 '회사생활을 잘하기 위해 어느 정도 술을 마실 수 있어야 한다'고 생각하고 있었습니다. 성공을 위해 어느 정도 술을 마실 수 있어야 한다(61.3%)는 인식도 상당합니다. 62.5%는 여전히 한국 사회에서는 술을 잘 마시면 윗사람이 좋아하는 분위기가 존재한다고 보았습니다.[59] 왜 이런 결과가 나온 걸까요? 아마도 음주에 대한 잘못된 인식이 대한민국 직장문화로 자리 잡았기 때문이라 생각합니다. 비정상의 정상화가 이루어진 것이지요. 저 역시 직장인으로 한국 직장에서 가장 고쳐야 할 부분이 잘못된 회식문화라 생각합니다.

그렇다면 이러한 잘못된 음주문화와 직장문화, 직장 내 괴롭힘 금지가 법률로 규정되기 전에는 전혀 규율되지 못했을까요? 그렇지는 않습니다. 우리 법원도 대한민국 직장에서 벌어지는 음주 강요 등 잘못된 회식문화를 직장문화로 인정하지 않습니다. 단순히 당사자 간 취향 문제라고 보지도 않습니다. 법적 책임을 지는 불법행위임을 분명히 합니다.

온라인게임 개발사에서 마케팅부 부장(A)은 직원 단합을 도모한다는 명목으로 술자리를 자주 만들어 체질적으로 술을 거의 마시지 못하는 직원(B)에게 음주를 강요합니다. 술자리를 새벽까지 지속하여 귀가도 하지 못하게 했습니다. 술자리나 사무실 등에서 수시로 성희롱에 해당하는 성적 발언도 했지요. 법원은 부장 A씨가 행한 이러한 행위는 직원 B씨의 인격적 자율성을 침해하는 행동으로 인간으로서 존엄성을 훼손하는 행위로 보았습니다. 이로 인해 직원 B씨가 심한 정신적 고통을 느꼈다면 불법행위를 구성한다고 판결합니다. 따라서 부장 A씨는 직원 B씨에게 불법행위 책임으로서 3천만 원을 배상하라고 명령합니다. 성희롱은 이미 대법원이 불법행위 책임을 인정하였고, 여러분도 성희롱이 불법행위라는 것을 잘 알고 계실 겁니다. 그런데 회식 자리에서 벌어지는 음주 강요가 불법행위에 해당할 수 있다는 것은 모르는 사람이 많습니다. 대한민국 사회 구성원 인식이 아직 미흡한 것이지요. 그렇지만 법원은 분명히 이러한 잘못된 음주문화와 직장문화가 법적 책임을 지는 불법행위임을 분명히 합니다. 직장 내 괴롭힘 금지가 법률로 도입되기 13년 전부터 말입니다.

이 판결에서 벌어진 잘못된 회식문화를 살펴보겠습니다. 직원 B씨는 부장 A씨에게 입사면접에서부터 "위가 좋지 않아 술을 잘 마시지 못한다."라고 분명히 밝힙니다. 그런데도 부장 A씨는 입사 환영 회식에서 B씨에게 술을 강요합니다. "술을 마시지 않으면 흑기사를 하는 남자 직원과 키스를 하여야 한다."라는 취지의 말도 했다고 합니다. 충격적인 발언입니다. 이로 인해 B씨는 억지로 마시지 못하는 술을 마십니다. 이후 회식은 주 2회 이상 이루어졌고, 술을 마시지 않으려는 B씨에게 술을 강요하여 마시게 합니다. 술자리는 새벽까지 이어져 B씨는 집에도 가지 못하게 됩니다. 이로 인해 B씨는 위염이 재발하기까지 합니다. 법원은 이러한 음주 강요

행위가 불법행위라고 분명하게 판단했습니다. 법원은 부장 A씨가 마케팅팀 책임자로 직원 단합과 회의 명목으로 술자리를 마련하였다면, 직원 건강 상태에도 유의하여 술자리 분위기를 건전하게 이끌어 갈 업무상 의무가 있음을 명확히 합니다. 그리고 이 의무를 다하기는커녕 오히려 억지로 술을 마시게 함으로써 B씨에게 심한 정신적 고통을 느끼게 하고 건강까지 해치게 하였으므로, A부장은 B씨의 인격권을 침해하고 신체에 상해를 가한 것이라 보았습니다. 따라서 "음주 강요"가 불법행위에 해당한다고 판결합니다.

더불어 법원은 "늦은 귀가 강요"도 불법행위임을 명확히 밝힙니다. 부장 A씨는 마케팅팀 직원들의 업무 결재와 인사고과 권한을 가지고 있는 상사인데, A씨가 평소 직원 단합을 유달리 강조하였다고 합니다. 이로 인해 회식 자리를 마련하면 직원들은 거의 매번 참석하였습니다. 별일 없이 일주일에 2회 이상 회식 자리를 만들어 다음날 새벽까지 술을 마시며 직원들은 귀가하지 못하게 했다고 합니다. 심지어 회식에서 B씨가 몰래 빠져나와 먼저 귀가하자 전화를 걸어 다시 돌아오라고 하였고, 이를 거절하였다는 이유로 다른 술자리에서 B씨를 따로 불러 심하게 질책하기도 합니다. 이러한 사실관계에 비추어, 직원 B씨가 회식 때문에 새벽까지 귀가하지 못한 것은 자발적 의사에 의한 것이 아닌 부장 A씨의 평소 언행으로 인해 '강요된 결과'라 판단합니다. 이로 인해 직원 B씨가 근무시간 외에 여가를 자유롭게 사용하여 자신의 생활을 자기 의도대로 형성하고 행복을 추구할 권리를 침해당해 정신적 고통을 겪었을 것이 경험칙상 분명하다고 해석합니다. 따라서 법원은 "늦은 귀가 강요"도 불법행위라 판시합니다.

결론적으로 법원은 직원 B씨가 본인의 자유로운 의사에 반하여 성적인 언동, 음주, 새벽까지 이어지는 술자리로 인한 늦은 귀가 강요를 당해 심한 정신적·육체적 고통을 겪었으므로, 불법행위자인 부장 A씨는 B씨가 겪은 정신적·육체적 고통을 보상하라고 명령합니다. 그리고 이러한 불법행위로 인한 손해배상책임으로 위자료 액수를 3천만 원으로 산정합니다. 비슷한 사건 대비 손해배상액이 상당히 높습니다. 법원은 부장 A씨의 불법행위가 단합을 빙자하여 습관적으로 행한 것이며, 일반적인 회사생활에서 발생한 것으로 보기 어려울 정도로 사회 일반인의 건전한 성적 도의관념과 상식을 초과한 행위이기 때문이라고 명시합니다.

　일터에서 일하는 근로자도 근로계약에서 정한 근무시간 이외에는 여가를 자유롭게 사용하여 자신의 생활을 자기 의도대로 형성하고 행복을 추구할 권리가 있습니다. 회사 업무에 관한 회의나 직원 단합을 위한 행사는 회사 업무 그 자체이거나 업무와 관련된 것으로서 '근무시간 내'에 이루어지는 것이 원칙입니다. 예외적으로 근무시간 외에 할 경우, 직원 동의를 얻는 등 노동법이 정한 바에 따라야 합니다. 그리고 회사 업무 목적으로 이루어지는 회식에서 벌어지는 잘못된 음주문화는 단순히 당사자 간 개인 취향 문제가 아닌 불법행위입니다. 이제 직장 내 괴롭힘이 법으로 금지되므로, 이러한 강요는 민법상 불법행위와 더불어 근로기준법상 직장 내 괴롭힘에도 분명히 해당합니다.

내부고발 직원에 대한 보복 조치로 이루어진
고립된 근무 장소 배치와 책상 · 의자까지 박탈한 행위,
컴퓨터 등 업무에 필요한 사무 비품을 전부 회수하는 행위

"회사와 관리자 모두
산업안전보건법상 안전보건의무를 위반한
공동불법행위자입니다"

전자기업 사례
(서울중앙지방법원 2008.2.15 선고 2006가단333765 판결)
(서울중앙지방법원 2008.12.4 선고 2008나11077 판결)
(대법원 2009.5.14. 선고 2009다2545 판결)

"엔론 사태", 경제에 관심 있는 분이라면 들어보았을 유명한
사건입니다. 미국에서 1990년대에 급성장했던 이 회사는 미국 · 유
럽 거래 에너지의 20%를 담당하는 에너지기업으로 급성장합니다.
6년 연속 '미국에서 가장 혁신적인 기업'으로 선정되기도 하지요.
그런데 2001년 12월, 이 회사가 회계 분식을 한 사실이 세상에 드
러납니다. 회사가 허위로 회계장부를 조작해서 회사 빚을 없는 것
처럼 보이게 한 것이지요. 대외적으로 미국 7대 기업이라는 칭송
까지 받았던 회사는 사실 어마어마한 빚을 감춘 부실기업이었던
것입니다. 이렇게 회계 부정과 회사 자산 횡령 비리가 드러나며
2001년 엔론은 파산합니다. 이것이 우리가 알고 있는 드러난 엔론
사태입니다.[60] 그런데 이 사태가 일어나기 전, 엔론의 셰런 왓킨스
(Sherron Watkins) 부사장은 당시 회장에게 몇 차례나 회계 부정을
제보했지만 무시당합니다.[61] 결국, 내부에서 문제를 해결할 기회가
있었지만, 이를 외면하여 파산까지 가게 된 것입니다.

90

국내에도 이렇게 진실을 이야기한 내부고발 사례를 심심찮게 찾아볼 수 있습니다. 2011년 영화 '도가니' 속 실제 주인공인 전응섭 교사, 2005년 황우석 줄기세포 논문조작 사건을 거짓이라고 밝힌 류영준 교수, 2014년 대한항공 회항 사건 피해자인 박창진 전 사무장이 대표적입니다. 의롭게 진실의 목소리를 낸 사람들, 과연 일터는 이들을 어떻게 대하고 있을까요?

이번에 알아볼 사례는 내부고발자에게 가해진 괴롭힘 사례입니다. 전자회사에 입사한 A씨는 상급자의 개인 비리를 알게 됩니다. 실제 가격이 500만 원 정도인 부품이 2,800만 원에 거래되고 있었습니다. 터무니없이 부풀려진 가격으로 제품이 거래되고 있었던 것이지요. A씨는 이 사실을 회사 감사팀에 제보합니다. 감사팀은 강도 높은 감사를 시행했고, 관련자들을 처벌합니다. A씨 제보가 사실로 인정된 것입니다.

그런데 A씨는 직장 생활이 어려워집니다. 이 사건 이후부터 상사와 동료의 괴롭힘이 시작되었기 때문입니다. A씨는 과장 진급 심사에서 두 번이나 탈락합니다. 이후 구조조정 대상자로 선정되어 관리자들에게 명예퇴직을 강요받습니다. 물론 A씨는 응하지 않았습니다. 그러자 공식 인사발령도 없이 10여 년간 외근직으로 일하던 A씨를 내근직으로 업무를 변경합니다. 회사 관리자들은 A씨를 창가 쪽에서 혼자 일하도록 지시하고, 대기발령이라는 명목으로 업무도 주지 않았습니다. 회사 차원의 정식 대기발령이 없었는데도 불구하고 말입니다. A씨가 업무 변경에 항의하자 상급자는 A씨를 폭행하기도 합니다. 그 후 A씨가 일에 성의를 보이지 않았다는 이유로 개인용 책상과 컴퓨터, 사물함 등 일에 필요한 필수

비품을 전부 회수해 갑니다. 심지어 사내 업무용 전자우편 아이디까지도 쓰지 못하도록 합니다. 정상적으로 일할 수 있는 여건을 박탈한 것입니다. A씨 자리를 동료 직원들과 떨어진 회의용 탁자로 옮기고 한쪽에 가만히 서서 반성할 것을 지시하기도 하지요. 그 후 회의용 탁자와 의자마저 모두 치웁니다. 다른 직원들에게 "내부 인트라넷 메일 발송 시 A를 수신대상에서 삭제하고, A가 근무지에서 다른 사람 컴퓨터를 사용하지 못하게 하라."는 메일도 발송합니다. A씨를 철저히 고립시킨 것입니다.

A씨는 부당함을 알리며 회사 대표이사에게 탄원서를 제출합니다. 그 후 인사팀 면담이 진행됩니다. 인사팀은 갈등 원인을 회사의 초기 인력관리 미흡과 A씨의 직장생활상 개인적 성향과 편협한 행동으로 분석하여 대표이사에게 보고합니다. 이렇게 인사팀에서 공식적으로 조사가 이루어지는 중에도 A씨는 특별한 업무를 부여받지 못합니다. 동료들과 격리되어 게시판을 등지고 사무실 출입구 앞에 혼자 앉아 일하는 처지에 놓이지요. 그 후 다른 팀으로 전보 명령을 받습니다. 그런데 '근무시간 내 자리를 비울 경우, 반드시 조직책임자에게 선 보고하라'라는 복무지침을 받게 됩니다. A씨는 지침에 반발하여 지시를 따르지 않았습니다. 그러자 2003년 3월, 회사는 업무 수행 거부·직무 태만 등의 이유로 결국 A씨를 징계해고합니다.

A씨는 직장 관리자와 동료의 괴롭힘으로 인격권을 침해당했다고 주장하며 회사 대표이사 B, 관리자와 동료 C·D·E·F를 법원에 제소하며 소송을 시작합니다. 법원은 어떻게 판단했을까요? 재판부는 회사와 관리자 등이 '공동불법행위'를 한 것으로 판단합

니다. 여기서 산업안전보건법 제5조 제1항 '안전보건 의무'를 판단 근거로 제시합니다. 사업주는 근로조건 개선을 통해 적절한 작업 환경을 조성함으로써 근로자의 신체적 피로와 정신적 스트레스로 인한 건강장해를 예방하고, 근로자 생명 보전과 안전 및 보건을 유지·증진하도록 할 의무가 있다는 것입니다.

이러한 의무에 비추어 "회사는 사용자이자 사업주로, 관리자 는 회사로부터 업무를 위임받아 집행하는 사람으로, 자신이 관리 하는 A씨가 작업 환경으로 인한 스트레스로 업무상 재해를 당하 지 않도록 할 예방조치 의무가 있다"라고 보았습니다.

A씨를 고립시켜 인격적 모멸감을 주고, 정상적으로 일할 수 없도록 했으며, 적응 장애와 우울장애 등을 발병케 한 D·E·F의 행위는 불법행위에 해당하므로, 이들의 사용자인 회사는 A씨에게 손해를 배상할 책임이 있다고 판단합니다. 먼저 D·E·F가 A씨에 게 퇴직을 강요하고 집단으로 따돌리고 부당하게 대우한 것은 불 법행위로 판단합니다. 이로 인해 A씨는 적응 장애 등 질병이 발병 했으므로, D·E·F는 손해배상책임이 있다고 보았습니다. 동시에 회사는 D·E·F의 사용자로서 이들의 불법행위로 A씨가 입은 손 해를 배상할 책임이 있다고 판시합니다.

재판부는 A씨가 소속된 부서 부장 C씨의 '관리자 의무'를 다 음과 같이 제시합니다. C가 A씨 소속 부서 부장이라는 이유만으 로는 D·E·F의 구체적인 불법행위를 방지하도록 철저히 감독할 주의의무가 있다고 보기는 어렵다고 해석합니다. 그렇지만 부장 C 는 A씨가 쓴 탄원서를 받았고, 인사팀 조사가 진행 중일 때도 업 무 지시를 하지 않았습니다. 또한 A씨는 그동안 동료와 격리되어 사무실 출입구 앞에 혼자 앉아 근무하였고, 1999년 8월 말이 되어서야 개인용 책상을 다시 배정받습니다. 더불어 인사팀 조사 이후에도 복무 관리 지침 등 부당한 대우를 받은 점을 고려하면, C는 늦어도 1998년 8월 중순쯤에는 D·E·F의 불법 행위 사실을 알고 있었다고 판단합니다. 따라서 이때부터는 부장 C에게 A씨를 따돌리거나 부당 대우하는 것을 방지해야 할 '구체적인 주의의무'가 발생하였다고 인정합니다. 그리고 부장 C는 '구체적인 주의의무'가 발생한 이후에도 D·E·F가 A씨를 집단으로 따돌리거나 부당하게 대우하는 것을 상당 기간 내버려두었다고 보았습니다. 따라서 부장 C가 주의의무를 게을리한 채 D·E·F의 불법행위를 내버려 둔 것은 '불법행위 방조'에 해당한다고 해석합니다. 더불어 부장 C의 방조가 A씨에게 질병을 일으킨 원인이 되었으므로, 부장 C는 공동불법행위자로 공동 손해배상책임이 있다고 판시합니다. 다만, 회사 대표이사 B에 대해서는 주의의무를 위반하였다고 볼 수 없다고 하여 불법행위 책임을 인정하지 않았습니다. 최종적으로 재판부는 이들이 A씨에게 배상하여야 할 위자료 액수를 2천만 원으로 산정합니다.

이 사건은 산업재해, 해고 등 여러 가지 소송이 함께 다투어졌습니다. A씨는 이들의 괴롭힘 행위로 적응 장애·우울증 등 정신질환을 겪습니다. 이에 A씨는 근로복지공단에 산업재해로 인정해 줄 것을 신청합니다. 그리고 근로복지공단은 이를 산업재해인 '업무상 재해'로 인정하며 요양승인 결정을 합니다. 그런데 회사는 A씨 질병이 업무상 사유로 발생한 것이 아니라고 주장하며 공단을 상대로 요양승인처분 취소 소송을 제기합니다. 법원은 어떻게 판단했을까요? 재판부는 과장 진급 탈락에 이어 갑작스러운 내근직 발령과 이어진 상사와의 갈등, 부당한 전자우편 아이디·책상·의자 등의 회수, 지속적인 퇴직 종용, 집단 따돌림 등 업무상 사유로 인한 스트레스가 복합하여 발생한 업무상 재해라고 판단합니다.[62]

　여기까지 보면 A씨는 적극적으로 자신의 권리를 주장하여 법의 보호 속에 안정된 일상으로 돌아온 좋은 결말이라 짐작하실 수도 있습니다. 그렇지만 진실의 대가는 가혹했습니다. A씨는 회사의 징계해고는 부당해고에 해당한다고 주장하며 부당해고 구제를 법원에 요청합니다. 고등법원에서는 복직으로 판결이 나오기도 했습니다. 그렇지만 최종적으로 대법원은 A씨 주장을 받아들이지 않았습니다. 결국 A씨는 직장을 잃게 된 것입니다.[63]

　일터에서 잘못을 지적한 의로운 사람이 오히려 괴롭힘을 당하고, 일터에서 쫓겨나기까지 합니다. 만약 A씨가 잘못을 알고도 제보하지 않았다면 어떻게 되었을까요? 납품 비리는 여전히 진행 중일 것입니다. A씨가 제보한 내용은 사실로 인정받았지만, 결국 회사로부터 보호받지 못한 것입니다. 미국 비즈니스위크에서 내부 비리가 일어난 230개 기업 사례를 분석한 연구 결과에서도 내부고발자 중 82%가 회사로부터 해고 압박을 받거나 일터에서 따돌림 등 불이익을 당한다고 합니다.[64] 내부고발은 일터에서 밝혀지지 못한 문제를 파악하고 대처하게 하는 일터 건강 회복 장치입니다. 직장 내 괴롭힘이 법으로 금지된 현재, 여러분에게 이런 사건이 일어난다면 어떻게 대처해야 할까요? 가장 먼저 직장 내 괴롭힘 피해자임을 신고해야 합니다. 근로기준법은 회사가 직장 내 괴롭힘을 신고한 피해자에게 해고 등 불이익한 조치를 하지 못하도록 하고 있습니다. 만약 피해자임을 신고했는데도 해고를 당했다면, 이번에는 근로기준법을 근거로 부당해고로 인정받을 가능성이 큽니다. 일터 안에서 내부고발 시스템을 이용하는 사례가 많다는 것은 건강한 의사소통 문화 지표라 생각합니다. 회사는 내부고발 시스템을 부정적으로 바라보지 않고, 건강한 일터를 만드는 장치로 바라보는 시선 변화가 필요합니다. 또한, 정의로운 사람이 더는 피해 보지 않도록 공익신고자에 대한 적극적인 법적 보호 장치도 함께 마련될 필요가 있습니다.

───── 노동경찰 근로감독관, 직장 내 괴롭힘 '특별감독'을
예고하다

2019년 MBC에서 "특별근로감독관 조장풍"이란 드라마가 방
영됩니다. 드라마 주인공 조진갑의 직업은 '근로감독관'이었지요.
판사, 검사, 변호사 등 법조계 직업을 가진 주인공이 등장한 드라
마는 셀 수 없이 많습니다. 그런데 '근로감독관'이란 직업은 드라
마 주인공으로 거의 등장하지 않았지요. 그래서 드라마를 본 많은
사람이 "근로감독관이 뭐하는 사람이야?"라고 질문했다고 합니다.

출처: http://www.imbc.com/broad/tv/drama/speciallaborinspector/

그럼 근로감독관은 어떤 일을 하는 사람일까요? 간단히 소개
하면 "노동경찰"입니다. 근로기준법에서 명확하게 근로조건 기준
을 확보하기 위해 고용노동부와 소속기관에 '근로감독관'을 두도
록 의무화하고, 근로감독관은 노동법 위반죄에 대해 '사법경찰관'
역할을 수행하도록 법적 권한을 부여했기 때문이지요.[65] 근로감독
관은 노동경찰로서 일터를 조사하여 노동법 위반 기업이 있다면

그에 맞는 조치와 처벌을 하고, 노동법상 필요한 지원을 전반적으로 수행합니다. 간단한 예로 회사가 임금을 주지 않고 체불 할 경우, 체불임금을 받도록 지원합니다. 만약 기업이 노동조합을 탄압할 경우, 근로감독관에게 신고하면 기업을 조사하기도 하지요.

　근로감독관이 일터에서 노동법이 잘 준수되는지 점검하는 것을 '근로감독'이라 부릅니다. 근로감독을 통해 일터에서 노동법 위반사항이 발견되면 근로감독관은 기업에 개선을 지시할 수 있고, 위법사항이 중대한 경우 과태료를 부과하는 등 처벌도 가능합니다.

　근로감독관이 시행하는 근로감독은 '정기 근로감독, 수시 근로감독, 특별근로감독'으로 크게 세 가지 종류가 있습니다. 정기 근로감독은 고용노동부 근로감독 계획에 따라 실시하는 것으로, 특정한 업종·점검 항목을 조사합니다. 수시 근로감독은 미리 계획된 정기 근로감독 외에 점검을 말하며, 정기 근로감독과 같은 방식으로 이루어집니다. 그런데 "특별근로감독"은 다릅니다. 특별근로감독은 사회적으로 큰 물의를 일으킨 사업장에 대해 강력하게 이루어지는 근로감독이기 때문입니다. 특별근로감독이 시행되는 일터는 강도 높은 조사를 받게 됩니다.

　'직장 내 괴롭힘'으로 언론에 보도되며 대외적으로 논란이 되는 일터의 경우, 근로감독관은 강도 높은 특별근로감독에 나설 가능성이 큽니다. 왜냐하면 2019년 9월부터 시행되고 있는 개정 「근로감독관 집무규정」[66]에서 직장 내 괴롭힘으로 사회적 물의를 일으킨 기업에 대해 특별근로감독 권한을 부여했기 때문입니다.[67] 실제로 한 제과회사가 처음으로 직장 내 괴롭힘 사건 때문에 고용노동부 특별근로감독을 받았습니다. 일반적인 근로감독은 감독일

기준으로 1년간 노동법적 위반 여부를 점검합니다. 그런데 특별근로감독은 "3년간" 해당 일터에서 일어난 노동법상 위반 여부를 전체적으로 점검할 수 있습니다.[68] 그리고 특별근로감독을 통해 적발된 위법사항은 '즉시 범죄를 인지한 것으로 보거나 과태료 부과하는 조치'를 의무화하고 있습니다.[69] 기업이 더 적극적으로 일터에서 벌어지는 괴롭힘을 조치해야 하는 이유이기도 합니다.

근로감독관 집무규정 (훈령 제291호, 2019.8.30. 시행 2019.9.1.)

제12조(사업장감독의 종류) 사업장감독의 종류는 다음 각 호와 같다.

  3. 특별감독: 다음 각 목의 어느 하나에 해당하는 사업장에 대하여 노동관계법령 위반사실을 수사하기 위해 실시하는 근로감독

    라. 폭언, 폭행, 직장 내 성희롱, **괴롭힘** 등 근로자에 대한 부당한 대우로 사회적 물의를 일으킨 사업장 〈신설 2019.8.30.〉

제14조(사업장감독의 범위)

  ② 제12조에 따른 사업장감독 중 정기·수시감독은 실시일 전 1년간, 특별감독은 실시일 전 **3년간** 해당 사업장에서 이루어진 노동관계법령 관련 사항을 대상으로 한다. 다만, 노동관계법령 위반 행위가 그 이전부터 반복되거나 그 이전에 법 위반 행위가 있었다고 판단할 만한 상당한 이유가 있는 경우에는 점검 종료일 현재 공소시효가 완료되지 아니한 법 위반사항까지 감독대상을 확대할 수 있다. 〈개정 2019.8.30.〉

제21조(감독결과 조치)

  ① 감독관은 사업장감독 결과 확인된 위법사항에 대하여는 별표3 및 별표4의 위반사항 조치기준에 따라 처리하되, 다음 각 호 어느 하나에 해당하는 경우에는 **즉시 범죄인지 또는 과태료 부과 조치를 하여야 한다.** 다만, 본부에서 위반사항과 조치해야 할 내용 등을 고려하여 별도의 조치기준이 시달된 경우에는 이에 따른다. 〈개정 2019.8.30.〉

    1. 제12조제3호에 따른 **특별감독 결과 위법사항을 확인한 경우**

_____ 회사의 가학적 인사관리가 남긴 상처

> 직원을 퇴출할 목적으로 의도적으로 행한
> 조직적인 부당한 인사 차별

"사용자 인사권이 아닙니다.
위법한 재량권 남용입니다"

통신기업 사례
(2013.1.29. 선고 2012나6377 판결)
(2015.06.24. 선고 2013다22195 판결)

여러분은 앞서 해외사례로 프랑스텔레콤 사건을 살펴봤습니다. 이번에는 이와 유사한 흐름으로 벌어진 국내 통신사 사건을 소개하고자 합니다. 이 회사는 1981년 공기업으로 출발합니다. 그러나 세계화에 따른 통신 시장 개방 요구에 따라 2002년 민영화됩니다. 통신 시장 개방과 경쟁에 따라 통신 산업에는 급격한 변화가 찾아옵니다. 경쟁체제 도입으로 인해 통신사 간 적극적인 경쟁이 시작된 것입니다. 이로 인해 자동교환기 보급, 대용량 전송 장비 출현, 광케이블망 구축 등 노동 절약적인 기술이 등장하며 기술 혁신이 이루어집니다.[70] 경쟁 과정에서 회사는 공기업 시절 기준으로 계속 운영되어 인력이 정체되어 있다는 점을 내부 문제로 정합니다.[71] 회사는 투자자 이익 확보라는 명목으로 인건비 비율을 19% 이하로 낮추기로 확정하고, 대규모 구조조정을 시작합니다.[72] 결국 1997년 61,540명이던 이 회사 정규직 근로자는 2003년 37,625명, 2014년에는 23,848명으로 줄어듭니다.[73] 공기업이었을 때는 전체 직원의 80% 이상이 기술직이었지만, 민영화 후 기술인력 대부분이 영업 인력으로 전환됩니다. 앞서 프랑스텔레콤이 국영 통신사에서 민영화를 시작하며 대대적인 구조조정을 시행하고 기술부서를 축소한 것처럼, 이 회사도 기술인력 축소와 구조조정이 강행됩니다. 이러한 대대적인 구조조정 과정에서 가학적 인사관리 시스템을 도입하여 조직적인 괴롭힘이 이루어집니다. 이 시스템은 크게 3가지로 나눌 수 있는데, CP(C-Player) 프로그램, 상품판매전담팀, CTF(Cross Function Team)란 이름으로 운영됩니다.[74] 그중 대법원에서 최종 판결까지 받으며 확인된 사실인 CP 프로그램을 살펴보겠습니다.

영어로 부진인력을 뜻하는 C-Player의 약칭인 CP 프로그램은 3고(고연령·고임금·고직급)에 해당하는 사람이나 저성과자를 대상으로 만들어진 조직적 퇴출프로그램입니다. 법원을 통해 확인된 CP 프로그램은 대상자를 선정하고, 선정된 직원 퇴출을 위해 조직적으로 불이익을 주는 형태로 운영되었습니다. 본사에서 CP 대상자 명단을 작성하고 이 명단을 지역본부에 내려보냅니다. 지사는 명단에 해당하는 직원을 괴롭혀 업무에 적응하지 못하게 만들고, 그러면 스스로 사표를 쓰게 되거나 파면 조치가 이루어집니다. 다음 그림은 이 회사의 「부진인력 퇴출 및 관리방안」에서 설계한 절차로, ○○지사 절차를 보여줍니다. 크게 보면, CP에게 단독 업무를 준 후, 업무를 제대로 하지 못했다는 이유로 주의·경고 조치를 반복합니다. 이후 감사 시행 후 징계를 하고, 전국에 지사가 있는 회사 특징을 활용하여 다른 지역으로 근무지를 바꿉니다. 결과적으로 스스로 사표를 쓰고 나갈 때까지 이 SOP 과정을 반복합니다.

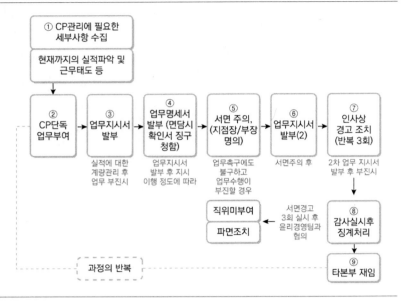

〈통신기업 ○○지사 퇴출 SOP(Standard of Procedure)〉[75]

　　여기서 이루어진 구체적인 괴롭힘은 의도적으로 CP 대상자에게만 인사고과를 낮게 평가해 임금을 삭감하고, 업무분담에서 불이익을 주는 형태로 이루어졌습니다. 이 프로그램을 통해 이루어진 회사의 가학적 인사관리 방식을 대법원에서 인정한 객관적인 사실을 기준으로 보겠습니다.

　　2005년, 회사는 직원 중 명예퇴직 거부자, 114 외주화 당시 전출거부자 등으로 구성된 1,002명을 부진인력인 CP로 선정합니다. 그리고 '부진인력 퇴출 및 관리방안'을 만들어 회사 산하에 있는 지역본부와 지사에 지역별 퇴출 목표 인원수까지 전달합니다. 이 부진인력 관리방안은 지속해서 CP 직원 퇴출을 유도하고, 면담과 퇴직을 거부할 경우, 징계·직위 미부여 등을 통해 반드시 퇴출해야 한다고 제시합니다. 또한 일반 직원과 격리하여 소외감을 유발하고, 일반 직원이 이들로 인해 피해를 받고 있다는 피해의식을 확산시키라고 합니다. 그리고 온정주의를 절대 금지하라고 강조합니다.

이렇게 회사 내부에서 퇴출 방법을 세운 후, 부진인력 대상자(CP)를 현장개통이나 A/S 등의 업무로 재배치하여 혼자 일하도록 만듭니다. 그 후 업무수행실적이 부진하면 3회 경고를 한 후, 징계해고로 퇴출하거나, 위 과정을 반복하도록 표준관리절차를 운용합니다. 내부에서 퇴출을 적극 유도하고자 부진인력 관리 책임자를 지정하여 퇴출 실적에 따라 포인트를 지급하거나 인사고과에 반영해주고, 목표에 미달하는 관리 책임자는 징계나 보직을 부여하지 않는 등 불이익을 줍니다. 이후 2009년에는 부진인력 대상자(CP)에게 인사고과를 F등급으로 부여해서 연봉을 1%씩 삭감하기에 이릅니다. 결과적으로 2005년 부진인력 대상자(CP)로 선정된 1,200명 중 601명이 회사를 그만두게 됩니다.[76]

여기서 회사가 부진인력 대상자(CP)에게 의도적으로 인사고과를 낮게 주고 임금을 삭감한 인사조치, 과연 적법한 행위일까요? 기본적으로 인사권은 사용자의 권한이고, 법원이 판단할 수 있는 영역에 해당하지 않습니다. 따라서 사용자는 인사고과를 할 수 있는 인사권과 재량권을 가집니다. 그렇지만, 우리 대법원은 정당한 인사권 범위를 벗어난 부당한 인사평가까지 사용자 권한으로 보지 않습니다. 이는 재량권 남용으로 '위법'이기 때문입니다. 사용자는 근로자의 근무실적이나 업무 능력을 중심으로 객관적이고 공정한 평가 기준에 따라 평가해야 합니다. 퇴직을 종용하는 수단으로 악용하는 등 불순한 동기로 남용될 경우, 정당한 인사권 범위를 벗어난 것으로 인사고과 평가 결과가 사법심사 대상이 됩니다. 이렇게 회사가 특정 집단을 퇴출할 목적으로 조직적으로 차별을 한 경우, 법원은 전체 직원 인사고과를 비교 기준으로 잡습니다. 즉 일반 직원과 부진인력 대상자(CP) 사이에 통계적으로 유의미한 격차가 있었는지, 특정 집단 퇴출을 위한 의도로 한 것인지 증명하면 위법으로 추정할 수 있다는 것입니다. 해당 사건은 부진인력 대상자(CP)와 일반 직원 사이 인사고과 등급 비율 격차가 차별적 의도에서 발생한 것임이 확인됩니다. 실제로 인사고과 차별 사유로 업무종료 시각인 오후 6시 이후에 퇴근했다는 이유로 감점을 합니다. 특별명예퇴직 관련 면담을 한 이후에 집중적으로 감점을 하기도 했습니다. 근로자가 사무실 앞에서 넘어져 다치자 자기계발 노력도 항목을 감점하기도 합니다. 인천에서 일하던 직원을 삼천포로 발령내고, 인천에서 일하던 인사평가는 전혀 반영하지 않은 예도 있었습니다. 이러한 사실관계를 바탕으로 대법원은 회사가 부진인력 대상자(CP)에게 차별적 의도를 가지고 인사고과 격차를 만든 것으로 봤습니다. 따라서 인사고과 차별과 임금 삭감은 헌법상 보장된 인간 존엄성을 훼손하는 것으로, 재량권을 남용한 것으로 위법이라 판단합니다.[77]

또 다른 사례를 보겠습니다. A직원은 1981년 입사 후 20년간 서비스 업무를 수행했습니다. 2001년 이 업무가 폐지되고, 이후 상품판매 업무를 담당하게 됩니다. 그러던 중 2006년, 회사는 A씨에게 현장업무를 하라고 명합니다. 그 후 2년 6개월 후인 2008년

A씨는 해고됩니다. 회사는 이 직원을 해고한 이유로 6가지 이유를 제시합니다. A씨가 직무 태만으로 고객클레임을 유발했고(62건), PDA 입력시간 미준수로 업무 차질(22건)이 생겼고, 직무 태만으로 업무촉구를 받았다는 것입니다(4회). 또, 직무 태만 확인서를 제출하라고 했으나 거부하였고(9회), 근무지 무단이탈과 회의 중 소란 행위 등으로 지사장 경고(3회)를 받았으며, 팀장에게 협박과 욕설을 하여 조직 질서존중 의무를 위반했다는 이유였습니다. 회사 이야기를 들으면 상당히 설득력 있는 사유로 보입니다.

그런데 A씨가 해고되기 전, 마지막으로 담당했던 일은 '현장업무'였습니다. 어떤 일을 했을까요? 이 현장업무는 통신사 고객의 집이나 사무실에 찾아가서 통신을 연결하는 일입니다. 일반주택과 같이 실내에 통신선 연결용 단자가 설치되어 있지 않은 경우, 근처 전신주를 통해 통신선을 끌어와 연결해야 하는 작업이 포함됩니다. 전신주에 올라가야 할 수 있는 일이었습니다. 그런데 그때 A씨는 만 45세 여성이었습니다. 물론 남녀 성별로 일을 다르게 부여하는 것은 성차별에 해당할 수 있습니다. 그렇지만 이 직원은 줄곧 서비스와 판매 업무를 하던 사람이었습니다. 통신선 연결 작업을 하려면 일정한 기술 숙련도가 요구되고, 장비를 잘 이해해야 합니다. 그렇지 않으면 일을 하다 크게 다칠 수도 있는 위험성이 높은 작업입니다. 그런데도 A씨에게 갑자기 현장업무를 지시한 것은 상식적으로도 적합한 인사명령이라 보기 어려운 것이 사실입니다. 결국 A씨는 병원에서 불안장애, 적응 장애, 불면증 등 정신질환 진단을 받습니다.

여러분이 이 사례를 통해 알 수 있는 사실은 회사가 합리적인 인사권을 행사하는 것 이외에, 직접적인 직원 퇴출을 위해 가학적인 인사관리 시스템을 설계할 수 있다는 것입니다. 대한민국 노동법은 근로자를 해고할 경우, 해고할 만한 사유를 요구합니다. 해고가 쉽지 않은 것이지요. 회사 경영이 어려우면 경영상 해고가 가능하지만, 이 또한 특별한 법적 요건을 갖춘 경우에만 허용됩니다. 따라서 기업은 일반적으로 해고가 어렵다는 사실을 인지하고 있습니다. 직원이 스스로 퇴사하게 만들면 회사는 법적 분쟁을 피해갈 수 있습니다. 본인이 스스로 사직서를 제출한 경우, 노동법은 일반적으로 이를 해고라 보지 않기 때문입니다. 자발적인 사직이 되는 것이지요. 이를 악용하여 퇴출을 유도하는 가학적 인사관리 기법이 등장한 것입니다. 대한민국은 이제 직장 내 괴롭힘이 법으로 금지됩니다. 그렇지만 이렇게 회사에서 조직적으로 이루어지는 괴롭힘은 구체적으로 설명하고 있지 않습니다. 프랑스는 10년 이상 괴롭힘이 법으로 규제되었지만, 최근에서야 회사의 조직적 괴롭힘이 인정되었습니다. 그만큼 회사에서 벌어지는 가학적 인사관리를 괴롭힘으로 적용하기가 쉽지 않은 것이지요. 대한민국 고용노동부 역시 조직적 괴롭힘을 명확하게 직장 내 괴롭힘 유형에 포함하고 있지 않습니다. 아쉬운 부분입니다. 그래서 한국형 직장 내 괴롭힘 인정 유형 경계선으로 조직적 괴롭힘도 포함할 필요가 있습니다. 이 내용은 5부에서 같이 논의해 보겠습니다.

잠시라도 자리를 비우면 보고하라는 지시와
화장실 이용시간까지 확인하는 행위,
정상적인 수준 이상의 과도한 근태확인

"정당한 인사권 행사가 아닙니다.
근로자 인격권을 침해하는 불법행위입니다"

조사 · 컨설팅사 사건
(2018.6.21.선고 2017가합539658 판결)

일터에서 온종일 책상에 앉아 있는 분이 있으신가요? 우리는 기계가 아닌 사람입니다. 회의도 갈 것이며, 점심도 먹으러 나가고, 화장실도 가야 하지요. 이 때문에 당연히 종일 책상에만 앉아 있는 사람은 없습니다. 책상에 온종일 앉아 있는 것이 효율적이지도 않습니다. 그런데 회사가 여러분이 화장실 가는 시간까지 빠짐없이 보고하라고 하면 어떨까요? 정당한 근태관리라 볼 수 있을까요? 이런 과도한 근태관리와 관련된 법원 판단을 살펴보겠습니다.

회사는 제약전문팀 팀장으로 B씨를 채용합니다. 그 후 실적미달을 이유로 팀을 해체하면서 다른 부서 업무를 보조·지원하는 전문위원으로 보직을 변경하고, 대기발령 하며 사용하던 노트북을 가져갑니다. 그리고 B씨가 고객사 10곳에 받은 견적 요청에 대해 '회사에서 계속 근무할 수 있을지 확실하지 않아 견적서를 보내줄 수 없다. 회사로부터 불법 해고를 당할 것 같다. 다른 회사에 가면 연락하겠다'라는 이메일을 보낸 것을 확인합니다. 이를 이유로 B씨를 징계해고했으나, 노동위원회에서 부당해고 판정을 받고 B씨는 회사에 복직합니다. 이후 일련의 조직적 괴롭힘이 시작됩니다.

    노동위원회 판정으로 회사에 복직한 B씨에게 회사는 다시 정
직 2주 처분 후 대기발령을 명합니다. 그렇게 B씨는 약 3개월간
대기발령 상태가 됩니다. 회사는 B씨에게 대기발령 근무수칙(1)을
기준으로, 외출을 기록하라고 지시합니다. 지시 내용은 B씨가 자
리를 비울 경우, 사유와 자리를 비우기 시작한 시간 및 복귀 시간
을 외출 장부에 쓰라는 것이었지요. 회사는 외출 관리 대장을 B씨
책상에 두었고, B씨는 자리를 비울 때마다 목적지, 사유, 자리를
비우기 시작한 시간 및 귀가 시간을 장부에 적게 됩니다. 회사는
장부에 '분'단위까지 기록하도록 지시합니다. 생리적인 현상을 해
결하기 위한 화장실 사용을 포함하여 잠시라도 자리를 비울 때 무
조건 외출 장부에 기록해야 했습니다. 여기서 더 심각한 상황이
이어집니다. 회사는 외출 장부에 귀가 시간을 정확히 쓰지 않았다
는 점을 이유로, B씨 책상에 두었던 외출 장부를 B씨 자리에서 멀
리 떨어진 '공개된 장소'에 옮겨두기까지 합니다. 이로 인해 B씨는
자리를 비울 때마다 매번 다른 직원들이 근무하는 공간을 지나서
외출 장부를 작성하게 됩니다. 그래서 다른 동료 직원들도 B씨의
화장실 이용 여부, 이용횟수, 이용시간 등을 알게 됩니다.

○ 회사가 B씨에게 처음으로 지시한 제1차 대기발령 근무수칙

　3. 대기발령 장소 이탈 및 이석 시 보고
　　※ 대기발령 장소: 회사 본사 14층 사무실
　　　가. 대기발령 장소를 이탈하거나 자리를 뜨는 경우, 사전에 반드시 이
　　　　석(외출)관리 대장을 작성해 주시기 바랍니다.
　　　나. 이석(외출)관리 대장은 열람이 가능한 장소에 항시 비치해 주시기
　　　　바랍니다.

B씨는 이러한 외출 장부 작성이 부당하다고 회사에 호소했지만 인정되지 않았지요. 그래서 국가인권위원회에 진정을 제기하였고, 국가인권위원회 성차별조정위원회에서 조정이 성립합니다.

○ **국가인권위원회 성차별조정위원회 조정 결과**

B씨가 2016.12.28.부터 작성한 이석장부 작성을 2017.3.23.부터 중지한다. 이후, 회사는 B씨의 인권을 존중하지 않는 유사사례가 발생하지 않도록 노력한다.

회사는 국가인권위원회 조정에 따라 2017년 3월 23일부터 외출 장부 작성을 중지하라고 합니다. 그런데 여기서 끝난 게 아니었습니다. 회사는 대기발령 근무수칙을 새로 만들어 B씨에게 따를 것을 또다시 지시합니다.

○ **회사가 B씨에게 새로 지시한 제2차 대기발령 근무수칙**

3. 대기발령 장소 이탈 및 이석 시 보고

　※ 대기발령 장소: 회사 본사 14층 사무실

　　가. 대기발령 장소를 이탈하거나 자리를 뜨는 경우, 반드시 구두보고 바랍니다. (단, 생리현상으로 인한 이석은 제외)

　　나. 보고대상자: ○○○차장

　※ 보고대상자가 회의, 휴가 등의 사유로 자리를 비운 경우에는 ○○○팀장, ○○○부장 순으로 보고해 주시고, 모든 보고대상자가 자리를 비운 경우에는 사내메신저 쪽지를 활용하여 보고해 주시기 바랍니다.

근로자가 자리를 비울 때면 반드시 외출기록을 남기도록 지시한 것, 사용자의 정당한 명령권 행사일까요? 당연히 아닙니다. 법원은 근로자 인권을 침해한 '불법행위'라 판단합니다. 대한민국 법원은 모든 국민은 인간으로서 존엄과 가치를 가지며, 행복추구권을 가진다고 봅니다. 이러한 인간 존엄과 가치는 모든 인간을 그 자체로서 '목적'으로 존중할 것을 요구하고, 인간을 단순한 수단으로 취급하는 것을 허용하지 않습니다. 모든 국민은 행복추구권에서 파생되는 행동자유권을 가지며, 사생활 침해를 받지 않고, 사생활을 부당하게 침해하는 것은 불법행위임을 분명히 합니다.[78] 나아가 헌법은 인간 존엄성을 보장하도록 근로조건 기준을 법률로 정할 의무를 부과하고 있습니다. 따라서 사용자가 근로자에게 지휘·감독권을 갖고 있어 근무 장소를 지정하고 자리를 비울 때 보고를 명할 수 있다 하더라도, 객관적인 정당성 없는 명령권을 행사하여 근로자의 기본적인 인권을 침해했다면 손해배상책임이 인정되는 행위라 판단합니다. 특히, 회사가 생리적인 현상을 해결하기 위한 화장실 사용을 포함하여 잠시라도 자리를 비울 시 외출장부를 작성하도록 지시한 것을 정당한 지시라 보지 않습니다. 동시에 공개된 장소에서 외출 장부를 작성하도록 한 것은 B씨와 같이 근무하는 직원 누구나 B씨의 화장실 이용 여부, 횟수, 시간 등을 알 수 있게 한 것이라 보았습니다. 따라서 지극히 사적인 부분까지도 공개하도록 강제한 것으로 해석합니다. 법원은 이러한 회사 지시는 사용자로서 정당한 지휘·감독권을 벗어난 행위로, B씨의 행복추구권, 일반적 행동자유권, 사생활의 비밀과 자유를 침해하는 불법행위를 구성한다고 판단합니다. 더불어 회사가 아무리 B

씨에 대한 지시권이 있다 하여도, 이러한 외출 장부 작성 지시는 근로자에 대한 합리적인 수준의 근태관리 방법을 넘어서는 것이라 판시합니다. 일반적인 근로에서 수반될 수밖에 없는 자리 이동, 특히 생리적인 현상을 해결하기 위한 화장실 이용에 대해서까지 외출 장부를 작성하도록 지시한 것은 정당화할 수 없다고 본 것입니다. 법원은 이러한 불법행위를 저지른 회사가 B씨에게 위자료로 2천만 원을 배상하라고 명합니다. 이 사건에서 회사는 온라인 익명게시판에 B씨에 관한 모욕성 글이 올라왔지만, 게시물을 그대로 내버려 둡니다. 이로 인해 명예훼손 게시물 방치에 따른 불법행위 책임도 성립합니다. 결과적으로 회사는 B씨에게 총 2천 5백만 원을 배상하게 됩니다.[79] 물론, 1심 판단이기 때문에 회사가 재심을 청구할 가능성도 있습니다. 다만, 회사가 특정 근로자에게 화장실 가는 횟수와 시간 등 지극히 개인적인 영역까지 보고하도록 한 것은 법정에서 다시 다투어도 불법행위 책임을 면하기 어려우리라 생각합니다. 특히, 직장 내 괴롭힘이 법으로 금지된 현재 시점에서 볼 때, 이와 유사한 행위가 오늘날 벌어진다면 당연히 직장 내 괴롭힘 금지법에도 위반될 것입니다. 특정 근로자가 스스로 회사를 그만두게 하려고 기업은 종종 이런 과도한 근태관리를 실시했습니다. 이제는 사라져야 할 조직적인 괴롭힘입니다.

    직장 내 괴롭힘 금지법이 현장에 시행된 후 2개월 만에 고용
노동부에 접수된 괴롭힘 신고는 800건에 달했습니다. 고용노동부
는 2019년 10월, 국회 환경노동위원회 국정감사에서 직장 내 괴롭
힘 신고 건수 및 유형 통계 자료를 제출합니다. 이 자료에 따르면
괴롭힘 유형은 폭언이 353건(44.5%)으로 가장 많았고, 부당 인사
(209건), 따돌림·험담(93건)이 뒤를 이었습니다.[80] 직장 내 괴롭힘
금지 제도가 법으로 시행된 초기인데도 신고가 이렇게 많았다는
것은 무엇을 뜻할까요? 그만큼 여러분이 직장에서 괴롭힘 행위를
많이 겪었다는 사실을 보여준다고 생각합니다. 이렇게 2019년부터
직장 내 괴롭힘이 법으로 금지되었지만, 2020년에도 괴롭힘은 이
어지고 있습니다. 2020년 2월 2일, 직장에서 갑질을 당한 사람을
돕기 위해 만들어진 민간 공익단체인 '직장갑질119'가 발표한 자
료에 따르면, 폭언·폭행 같은 직접적인 괴롭힘은 크게 줄었지만
은밀한 괴롭힘 제보가 늘었다고 합니다. 직장갑질119에 접수된 괴
롭힘 사례는 '따돌림·차별' 유형이 15.6%로 가장 많았고, '모욕·
명예훼손'이 10.8%, '폭행·폭언'은 5.6%로 나타났습니다. 폭행과
폭언은 지난해 7월 조사에서는 12.2%였는데 절반 이상 줄어든 양
으로 집계됐다고 합니다.[81] 그럼 직장 내 괴롭힘이 법으로 금지된
이후 벌어진 괴롭힘 사례를 살펴보겠습니다. 그리고 우리를 일상
적으로 힘들게 하는 단편적 괴롭힘 사례도 같이 보겠습니다.

"부탁일까요, 강요일까요?
누군가에겐 죽음에 이르는 강요일 수 있습니다"

신소재 기업 사례

2019년 12월, 한 근로자가 회사 기숙사에서 숨진 채 발견됩니다. 수사를 맡은 경찰은 타살 흔적이 없다는 이유로 자살로 판단합니다. 그렇다면 왜 자살을 선택하게 된 것일까요. 고인의 휴대전화에서 실마리를 발견할 수 있었습니다. 고인은 자신의 휴대전화에 "책임을 질 수 없어 떠납니다. 죄송합니다. 너무 힘들었어요. 마지막까지 죽기 싫은데 어쩔 수 없는 선택인 거 같아요"라며 "가족들, 여자친구한테 미안해지네요. B과장 차 좀 타고 다니세요. 업무 스트레스도 많이 주고…"라는 기록이 담겼습니다.

B과장은 집과 회사가 지역이 다른 먼 거리에 있었습니다. 그래서 고인에게 자주 연락해서 역에서 회사까지 차를 태워 달라고 요구했던 것으로 보입니다. 유족들은 고인이 평소 가족들에게 회사생활이 힘들다고 토로해 그만두라고 할 정도였고, 동료들도 고인이 부서이동 후 어려움을 호소했다고 말합니다. 회사는 B과장이 고인에게 충분히 양해를 구했고, 미안해하며 유류비를 지급했다고 대변합니다.[82]

이 사건을 조사한 노동청은 고인의 자살과 관련하여 직장 내 괴롭힘이 있었다고 판단합니다. B과장이 요구한 승용차 함께 타기 행위는 B과장이 직위의 우위를 이용해 업무상 적정범위를 넘어 고인을 정신적으로 고통받게 한 것이며, 이로 인해 근무환경이 악화됐다고 볼 수 있어 직장 내 괴롭힘에 해당한다는 것입니다. 이에 노동청은 회사에 직장 내 괴롭힘 재조사를 명령하고, 행위자 징계 조치 등을 하라고 명합니다.[83]

여러분도 직장 생활을 하며 이렇게 직장 사람과 차를 함께 타고 가는 '승용차 함께 타기(카풀)', 해보신 경험 있으실 겁니다. 그런데 일반적인 동료가 아닌 직장 상사가 차를 함께 타자고 하면 여러분은 어떻게 받아들이시나요? 이 '카풀'은 상황에 따라 받아들이는 게 달라질 거라 생각합니다. 피치 못할 사정이 생긴 경우나, 일회성 요청이면 '한 번쯤은 괜찮지' 하고 넘어갈 수 있겠지요. 그런데 해당 사건에서 고인은 한 달에 10번 이상 이런 요구를 받습니다. 이틀에 한 번 정도는 요구를 받은 것입니다. 누군가에겐 사소한 부탁일 수 있지만, 누군가에겐 거절하기 힘든 요구일 수 있습니다. 그러나 상하 관계가 분명한 대한민국 일터 문화에서 상사가 하는 요구를 거절하기란 쉽지 않습니다. 그러므로 누군가에게는 거절하기 힘든 요구를 반복적으로 수용할 수밖에 없는 상황에 처한 것일 수 있습니다. 이는 극심한 정신적 스트레스로 이어져 직장 내 괴롭힘에 해당할 수 있습니다.

업무를 못 한다는 이유로 이루어지는 선을 넘은 폭언

"직장 내 괴롭힘에 해당합니다"

공공기관 사례

한 공공기관에서 상사가 직원들에게 지속해서 이런 말을 합니다. "고등학생 데려다 일하는 게 낫다.", "같이 일 못 해 먹겠다." 물론, 행위자로 지목된 사람은 직원이 업무처리를 못 했다는 이유로 업무상 주의 조치를 한 것이라 주장했습니다. 업무상 질책은 있었지만, 비난이나 모욕은 없었다는 것이었지요. 피해를 주장하는 직원 중 일부는 해당 기관 원장에게 피해 사실을 알리기도 합니다. 그러나 제대로 된 조치는 이루어지지 않았습니다. 내부에서 해결할 의지가 없었던 것이지요. 회사 경영진이 개선할 의지가 없으면 직원들은 그대로 느낍니다. 이에 직원들은 국민권익위원회에 직장 내 괴롭힘을 신고하고, 고용노동부가 조사를 시작합니다.[84]

그제야 해당 기관은 외부 전문가로 구성된 고충심사위원회를 구성하고 사안을 조사합니다. 결국, 행위자 A씨와 B씨는 가해자로 밝혀집니다. 그리고 이들에게 '견책'이라는 징계처분이 내려집니다. 징계처분 결정이 이루어진 후 이들은 보직에서 해임됩니다. 기관은 피해자 의사를 반영하여 근무 장소 분리조치도 합니다. 그렇지만 피해자들은 여전히 불만을 제기했습니다. 기관이 결정한 징계가 피해자 요구와 다르게 징계 중에서도 가장 가벼운 처분이었다는 것이지요.[85] 이 사례는 직장 내 괴롭힘 3가지 요건에 모두 해당합니다. 첫 번째, 직장 상사로서 '지위의 우위'를 이용하였습니다. 두 번째, 행위자는 업무 지시를 위한 지적이라 변명할 수 있으나, '폭언'은 분명히 일반인의 건전한 상식 수준을 넘어선 행위로, 업무상 적정범위를 넘은 것입니다. 세 번째, 직원들은 이런 폭언을 계속 들었기 때문에 정신적 고통을 겪은 것으로 볼 수 있습니다. 만약 이 기관이 처음에 직원들이 내부에 괴롭힘을 신고했을 때 적극적으로 조사하고 판단했다면 어땠을까요? 고용노동부 조사를 받지 않고 기관 이미지 훼손도 막을 수 있었을 것입니다. 이제 직장 내 괴롭힘 대응에 소극적인 기업은 위 사례처럼 언론에 오르고 있습니다. 이렇게 직장 내 괴롭힘으로 언론에 노출된 기업은 고용노동부 특별근로감독을 받을 수 있습니다. 따라서 기업에서 더욱 적극적인 직장 내 괴롭힘 관리와 예방·개선 노력이 이루어져야 할 것입니다. 그럼 고용노동부는 어떤 사례를 직장 내 괴롭힘으로 판단하는지, 어떤 경우에 괴롭힘이 아니라고 해석하는지 알아보겠습니다.

"고용노동부에서 판단하는 직장 내 괴롭힘 행위는 무엇일까요"

직장 내 괴롭힘 관련 법률은 2019년에 새롭게 도입되었습니다. 그래서 기업은 괴롭힘을 판단해본 경험이 없고, 판단을 위한 참고서인 재판부의 명확한 괴롭힘 판결도 아직 부재합니다. 경험과 사례가 없다는 것은 일터에서 자체적으로 판단할 때 혼란을 가져옵니다. 그래서 고용노동부는 혼선을 줄이고자 괴롭힘 행위를 16가지 예시로 설명합니다.

고용노동부가 설명한 직장 내 괴롭힘 행위 예시

1. 정당한 이유 없이 업무 능력이나 성과를 인정하지 않거나 조롱함
2. 정당한 이유 없이 훈련, 승진, 보상, 일상적인 대우 등에서 차별함
3. 다른 근로자들과 달리 특정 근로자에 대하여만 근로계약서 등에 명시되어 있지 않은 모두가 꺼리는 힘든 업무를 반복적으로 부여함
4. 근로계약서 등에 명시되어 있지 않은 허드렛일만 시키거나 일을 거의 주지 않음
5. 정당한 이유 없이 업무와 관련된 중요한 정보제공이나 의사결정 과정에서 배제함
6. 정당한 이유 없이 휴가 · 병가 · 각종 복지혜택 등을 쓰지 못하도록 압력 행사
7. 다른 근로자들과 달리 특정 근로자의 일하거나 휴식하는 모습만을 지나치게 감시
8. 사적 심부름 등 개인적인 일상생활과 관련된 일을 하도록 지속적 · 반복적으로 지시
9. 정당한 이유 없이 부서이동 또는 퇴사를 강요함
10. 개인사에 대한 뒷담화나 소문을 퍼뜨림
11. 신체적인 위협이나 폭력을 가함
12. 욕설이나 위협적인 말을 함
13. 다른 사람들 앞이나 온라인상에서 나에게 모욕감을 주는 언행을 함
14. 의사와 상관없이 음주 · 흡연 · 회식 참여를 강요함
15. 집단 따돌림
16. 업무에 필요한 주요 비품(컴퓨터, 전화 등)을 주지 않거나, 인터넷 · 사내 네트워크 접속을 차단함

예시를 살펴보면 여러분이 앞서 직장 내 괴롭힘이 법으로 도입되기 전 사례로 살펴본 내용이 일부 포함된 것을 알 수 있습니다. '의사와 상관없이 음주나 회식 참여를 강요하는 것, 집단 따돌림, 업무에 필요한 주요 비품을 주지 않는 행위, 퇴사 강요'까지 앞에서 함께 알아봤습니다. 정부에서 법이 도입되기 전부터 직장 내 괴롭힘이 사회문제임을 인식하고 준비했기 때문에, 앞서 법원이 판단한 내용을 참고한 것으로 보입니다. 물론 고용노동부가 제시한 내용만이 괴롭힘 사례 모범답안은 아닙니다. 고용노동부가 예시로 든 16가지 중 합리적이지 않은 사례도 있습니다. 수정이 필요한 것이지요. 고용노동부 괴롭힘 행위 예시의 문제점은 「5부. 직장 내 괴롭힘 유형 경계 만들기」에서 구체적으로 분석할 예정입니다. 지금은 구체적인 사례를 살펴보며 직장 내 괴롭힘이 어떤 개념인지 느껴보는 것이 먼저 필요합니다. 고용노동부가 제시한 사례 중 일반 상식에서 당연히 인정되는 사례는 제외하고, 일터에서 자주 일어날 수 있거나 애매한 사례를 중점으로 보겠습니다. 그럼 고용노동부가 제시한 사례 중 괴롭힘에 해당하는 것은 무엇이며, 어떤 경우에는 해당하지 않는다고 보는지 핵심 요소를 바탕으로 살펴보겠습니다.

① 육아휴직 후 복직한 직원을 따돌리고 책상을 치운 경우

우리나라 노동법은 만 8세 이하 또는 초등학교 2학년 이하 자녀를 양육하기 위해 휴직을 신청하는 경우, 의무적으로 허용하도록 규정합니다(남녀고용평등법 제19조). 이를 '육아휴직'이라 지칭하지요. 법으로 보장된 근로자 권리입니다. 육아휴직을 마치고 회사로 돌아와 다시 일을 시작한 직원에게 가해진 괴롭힘 사례를 알아보겠습니다.

육아휴직 후 복직한 직원 A씨에게 회사 임원 B씨는 전에 담당하던 업무인 창구 수신업무가 아닌, 창구 안내 및 총무 보조업무를 부여합니다. 그리고 B임원은 다른 직원들만 참석한 회의에서 A씨를 내쫓기 위해 따돌릴 것을 지시합니다. 그 후 책상이 치워졌고, 창구에 앉지도 못하게 만듭니다. B임원은 A씨를 직원으로 생각하지 않는다는 취지의 발언도 합니다. 이로 인해 A씨는 우울증을 앓았고, 결국 회사를 그만두게 됩니다.

고용노동부는 위 사례를 직장 내 괴롭힘에 해당한다고 설명합니다. 직장 내 괴롭힘 판단기준은 3가지입니다. 이 기준 요건은 '직장에서 지위 또는 관계 등의 우위를 이용할 것', '업무상 적정범위를 넘을 것', '신체적·정신적 고통을 주거나 근무환경을 악화시켰을 것'으로, 세 가지 모두에 해당해야 괴롭힘으로 인정될 수 있습니다. 판단요건에 대한 세부적인 분석은 「4부. 근로기준법 개정 내용의 올바른 이해」에서 다룰 예정입니다.

그럼 직장 내 괴롭힘 요건별로 이 사례를 살펴보겠습니다. 첫째, 회사 임원이 다른 직원들에게 따돌림을 지시한 것은 임원으로서 '지위의 우위'를 이용한 것에 해당합니다. 둘째, B직원을 퇴출할 목적으로 보조업무를 부여하고 책상을 치운 행위는 '업무상 필요성이 없는 행위'입니다. 동시에 따돌림을 지시하고 모욕적인 발언을 한 행위는 일반인의 건전한 상식을 뛰어넘는 '사회 통념상 상당하지 않은 행위'이지요. 셋째, A씨는 우울증을 앓고 결국 퇴사하였으므로, 정신적 고통을 주는 결과를 초래했습니다. 즉 고용노동부는 A씨가 직장 내 괴롭힘을 겪은 것으로 판단합니다.[86]

대한민국 일터에서 직장인이 육아휴직을 사용한 비율은 어느 정도일까요? 2019년 고용노동부 조사에 따르면, 육아휴직을 활용한 비율은 3.9%에 불과합니다.[87] 남녀고용평등법 제19조는 육아휴직을 근로자 권리로 명시하고, 육아휴직을 이유로 해고나 불리한 처우를 하지 못하도록 합니다.[88] 분명 법으로 보장된 근로자 권리인데, 왜 이렇게 사용하지 못하는 것일까요. 위 사례처럼 육아휴직을 다녀온 직원이 회사에 다시 적응하기가 쉽지 않기 때문이라 생각합니다. 서울시 서북권 직장맘지원센터는 아이가 있는 직장인을 대상으로 육아휴직 관련 조사를 시행했습니다. 그 결과, 육아휴직을 사용하지 못한 이유로 '회사 눈치(30.3%)' 때문이라 응답한 사람이 가장 많았습니다. 회사 눈치를 보는 이유는 '동료 대다수가 육아휴직을 사용하지 않아 부담된다(57.8%)'는 응답이 가장 높았습니다. 그리고 '육아휴직 후 복귀에 대한 보장이 불확실하다(22.7%)'는 응답도 높았습니다.[89] 직장인이 회사 눈치를 보는 것은 걱정이 현실로 이어졌기 때문입니다. 2020년 여성가족부 조사 결과, 실제로 여성은 10명 중 6명이 육아휴직 후 기존 일터에 복귀하지 못했다고 합니다.[90] 지금 대한민국은 유례없는 고령화와 저출산으로 미래를 걱정하고 있습니다. 그런데 아직 한국 사회는 '육아'를 여성 문제로 여기는 인식이 만연합니다. 육아는 가족과 사회가 함께 풀어야 할 문제입니다. 사회에는 당연히 직장도 포함됩니다. 일터에서도 일과 생활의 균형을 위해 적극적인 개선 노력이 필요합니다.

2 회사 대표가 본인 개인적인 일을 직원에게 지시한 경우

여러분이 근로자로 근로계약을 맺으면 일터에서 일해야 하는 것은 당연한 의무입니다. 그런데 회사 업무가 아닌 개인적인 일까지 해야 하는 경우, 정당한 업무 지시로 볼 수 있을까요? 한 회사 대표가 직원 A씨에게 본인의 개인적인 일을 시키고, 운전기사·수행 비서 역할까지 지시했습니다. 심지어 눈이 많이 온 날 대표 부인이 소유한 자동차에 눈을 치우라 지시하고, 대표 개인 소유 밭에 심어진 옥수수 수확까지 시켰다고 합니다.

고용노동부는 이러한 행위도 직장 내 괴롭힘에 해당한다고 판단합니다. 직장 내 괴롭힘 판단기준으로 살펴보면, 회사 대표로서 지위의 우위를 이용하였고, 대표 개인 일을 시키는 것은 업무상 필요성이 없는 행위로 업무상 적정범위를 넘은 것입니다. A씨는 대표가 업무와 무관한 개인적인 일을 지시하여 근무환경이 악화되었지요. 이렇게 괴롭힘 3요소에 모두 해당하기 때문에, 이 행위는 직장 내 괴롭힘입니다.[91]

직장 상사가 개인적인 일을 지시하는 행위, 직장인이라면 겪어봤을 이야기입니다. 과거에는 서로가 친밀한 관계이기 때문에 부탁한 것이라 통용될 수도 있었습니다. 그런데 직장 내 괴롭힘이 법으로 금지된 지금은 다릅니다. 판단기준 세 가지를 모두 충족한다면, 직장 내 괴롭힘에 해당할 것입니다. 직장은 일을 하는 곳이지, 개인적인 일을 당연히 부탁할 수 있는 곳이 아닙니다.

신상품 발표회를 앞둔 의류회사 디자인팀에서 벌어진 일입니다. 이 회사 디자인 팀장은 신상품 발표회를 준비하며 직원 A씨에게 제품 디자인 보고를 지시합니다. A씨가 수차례 디자인 시안을 보고했지만, 팀장은 회사 신제품 이미지 계획과 맞지 않는다는 이유로 계속 보완을 요구합니다. 이로 인해 A씨는 업무량이 늘어났고 스트레스를 받았습니다.

고용노동부는 이 사례를 어떻게 설명하는지 살펴보겠습니다. 첫 번째 요건인 '직속 관리자'라는 지위의 우위를 이용한 것은 해당한다고 봅니다. 그런데 두 번째 요건인 '업무상 적정범위를 넘은 것'으로 볼 수 있을까요? 디자인팀에서 팀장이 디자인 개선을 위해 부서원에게 업무 평가와 지시를 수차례 하는 정도의 행위는 업무상 필요성이 있다고 설명합니다. 그리고 업무 지시 형태가 폭언이나 조롱 등 일반인 상식을 넘어서는 '사회 통념상 상당하지 않은 행위'에 해당한다고 보기 어렵다고 합니다.[92]

앞으로 직장 내 괴롭힘 여부를 판단할 때, '업무상 적정범위를 넘었는지 아닌지'가 중요한 기준이 될 것입니다. 일반적인 업무 지시는 업무상 당연히 수반될 수밖에 없기 때문이지요. 그렇지만 폭언이나 조롱·모욕 등 일반인이 볼 때 비상식적인 행위로 업무 지시가 이루어진 경우는 '사회 통념상 상당하지 않은 행위'로 업무상 적정범위를 넘은 것으로 해석할 수 있습니다.

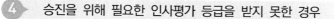

4 승진을 위해 필요한 인사평가 등급을 받지 못한 경우

승진 평가 기간인 한 회사에서 입사 동기 중 유일하게 영업소장으로 승진하지 못한 입사 10년 차 영업소 매니저 A씨가 있습니다. 다음 인사에서 승진하려면 인사평가에서 A등급이 꼭 필요한 상황입니다. 그런데 평가자인 본부장은 A씨 인사평가를 B등급으로 통보합니다. A씨가 소속된 영업지점을 담당하는 영업소장도 같이 본부장 평가에서 B등급을 받습니다. A씨 소속 지점이 다른 지점보다 실적이 떨어졌던 것이었지요. 그런데 A씨는 영업 실적이 떨어진 것은 사실이나, 승진을 앞둔 자신을 배려해주길 기대했습니다. 그런데 B등급이 나오자 '본부장이 자신의 승진을 고의로 막는 게 아닐까' 하는 생각에 괴롭다고 합니다.

이 경우, 본부장은 A씨를 괴롭힌 것일까요? 고용노동부 해석을 보겠습니다. 본부장은 인사평가 권한을 가진 사람으로 '지위의 우위'가 있는 사람이 맞습니다. 그런데 해당 지점 영업소 실적 부진에 대해 영업소 관리책임이 있는 영업소장과 매니저 A씨에게 최우수 등급인 A등급보다 한 단계 낮은 B등급을 부여한 것은 업무상 적정범위를 넘은 것으로 볼 수 없다고 판단합니다. '영업소 실적 부진'은 객관적 사실로, 인사평가는 실적 부진이라는 사실을 기준으로 부여된 것입니다. 따라서 평가자의 정당한 업무 범위에 속하는 사항이지요. 만약 A씨의 성과가 우수했음에도 평가를 낮추는 등 불합리한 평가가 있었거나, 의도적으로 A씨를 괴롭히고자 한 다른 사실관계가 존재했다면 판단이 달라질 수 있습니다.[93] 앞서 살펴본 통신사 사례처럼 직원을 괴롭히기 위한 다른 괴롭힘 사례가 있었다면 달리 볼 수 있습니다. 그렇지만 A씨는 불합리한 평가나 의도적 괴롭힘으로 볼 수 있는 다른 사실이 없었던 것이지요. 따라서 근로자 관점에서 승진하지 못해 괴로운 심정이 있더라도 정당한 인사평가 자체를 괴롭힘으로 보기는 어렵습니다. '인사평가'는 사용자 인사권의 하나로, 평가에 합리적인 이유가 있다면 인사평가 등급 자체만으로 직장 내 괴롭힘에 해당하지는 않습니다.

⑤ 언론 보도, 판례 등 실제 발생 사례를 토대로 괴롭힘으로 본 경우

마지막으로 고용노동부는 언론에 보도되었거나 법원 판단 등 실제 발생한 사례를 토대로 직장 내 괴롭힘으로 볼 수 있는 예시를 간략히 설명합니다. 그중에서 그동안 일터에서 일상적으로 행해져서 괴롭힘인지 명확히 구분이 어렵다고 생각한 사례를 살펴보겠습니다.

▌실제 발생 사례 토대로 본 직장 내 괴롭힘

구분	사례
1	대표가 일부 직원들에게 전 직원 앞에서 무엇을 잘못했는지 설명하라고 지시함. 이후 다른 직원들에게 쪽지를 나눠주면서 해당 직원들을 '권고사직, 생산직 발령 및 급여 강등, 6개월 감봉' 중 어떤 처분이 적절한지 적어 내라고 함. 그 결과를 직원들 모바일 메신저 단체 채팅방에 올려 공유하도록 지시하는 등 모욕하고, 수시로 막말을 함
2	피해자가 감기에 걸려 겉옷을 입거나 마스크를 착용하는 것에 대해 상사가 지속해서 비난함. 직원들 앞에서 "패딩은 세탁해서 입고 다니냐", "옷에서 냄새가 난다" 등 모욕적 발언을 함. 직원들 앞에 피해자가 입고 다니는 옷과 가방 등을 지적하며 "3천 원 주고 산 거냐", "시장에서 산 물건만 쓴다" 등 모욕감을 줌
3	회사 차장이 개인적인 일로 기분이 나쁘면 출근해서 아무나 트집을 잡아서 괴롭힘. 수시로 "주둥이가 그게 뭐냐, 쥐 잡아먹었냐", "너는 집에서 그렇게 하냐, 부모가 그렇게 가르치더냐", "내가 오빠 같아서 걱정돼

	서 그러니 남자 친구 만나면 꼭 콘돔을 써라" 같은 상식에서 벗어난 언행을 반복함. 상부에 보고해도 다시 보복성 공격을 퍼붓곤 함
4	회사에서 행사가 있을 때마다 직원들에게 장기자랑 준비를 강요함. 점심시간 등 휴식시간까지 연습을 지시하고, 복면가왕 같은 장기자랑을 준비하라며 가면이나 복장도 개인적으로 준비하게 함. 이사장, 국장, 직원들 앞에서 노래를 부르도록 강요함
5	동료 간 따돌림 사건. 피해자를 의도적으로 무시하고 바로 앞에서 비웃음, 비난, 욕설 등 수시로 언어폭력을 가함. 여름과 겨울에는 피해자에게 에어컨과 보일러를 제공하지 않고 가해자들끼리만 사용함(인권위 진정 사건: 16진정0186100)
6	상사가 대학원 박사학위 논문 작성을 직원에게 시키고, 개인적인 강의를 위한 자료 작성, 시험문제 출제, 채점 등을 지시함. 이로 인해 직원은 근무시간도 부족하여 일을 집으로 가져가서 해야 하는 일도 있었음
7	새로 부임한 상무는 피해자가 마음에 들지 않는다면서 피해자의 부하직원들을 포함하여 회사 직원들이 피해자를 따돌리도록 함. 이로 인해 피해자는 점심도 혼자 하게 되고, 사실상 자발적으로 퇴사하도록 압박하는 것으로 느끼게 됨
8	상사 지시로 흰머리 뽑기, 옥수수와 고구마 껍질 까고 굽기, 라면 끓이기, 안마 등 업무와 관련 없는 온갖 잡일을 해야 했음. 상사가 먹고 남은 음식을 모두 먹으라고 했고, 막내라는 이유로 음식을 남기지도 못하게 함
9	상사가 퇴근 이후 주말, 저녁 시간에 술에 취해 팀 모바일 메신저 단체 채팅방에 하소연하는 글을 올리고 대답하지 않으면 '왜 대답 안 하냐'며 답을 요구함. 상사 본인 의지대로 안 되면 직원들에게 소리를 지르고 윽박지르는 등 정신적 고통을 유발함
10	상사가 아침 일찍 모바일 메신저 단체 채팅으로 아무런 설명 없이 갑자기 ○시까지 조기 출근하라고 지시하여 직원들이 급하게 출근하고 있었음. 그런데 회사 도착 직전에 단체 채팅으로 그냥 다음에 하자며 정시 출근 시간에 출근하라고 함. 이처럼 아침, 점심, 퇴근 후, 밤 12시 할 것 없이 단체 채팅을 시도함. 대부분 급한 전달상황도 아니고 본인 감정이 상한 일을 하나하나 따지는 말이었음. 응답하지 않는 직원에게는 채팅을 통해 화풀이함

사례 탐구

___ 직장 내 괴롭힘 금지가 법으로 도입된 후,
실형 선고가 시작되고 있다

> 회사에서 일어난 직장 내 괴롭힘 사건, 이제는 내부 문제로 끝나지 않습니다.

"국회 국정감사, 고용노동부 특별근로감독, 법원 판결까지 이어집니다"

주류회사 사례

("길가서 "대가리 박아"…직장 괴롭힘 전무 · 회사 배상," KBS뉴스, 2019.12.11.)

직장 내 괴롭힘이 법으로 금지된 이후, 상습적으로 괴롭힘을 행한 회사 임원 A와 회사가 공동으로 정신적 피해에 대한 손해를 배상하라는 법원 판결이 나왔습니다. 임원 A는 자신이 담당한 권역 지점장들과 점심을 먹으러 가던 도중 길에서 "지난달 판매 목표를 다 하지 못한 팀장은 밥 먹을 자격도 없으니 여기서 대가리 박으라."라고 소리칩니다. 식사 자리에 앉으려던 특정 직원에게는 "넌 어디서 앉으려고 해, 반찬이나 가지고 와."라며 폭언을 퍼부었습니다. 야근하던 직원에게 지금 기분이 나쁘니 본인이 씹던 껌을 씹으라고 강요했고, "네가 씹어야 기분이 좋아질 것 같다."라고 수차례 말합니다. 이 외에도 상품 관련 보고를 하는 직원에게 발표 내용이 너무 빠르다는 이유로 욕설과 폭언을 퍼붓고, 성희롱적 표현을 사용하기도 했습니다.

이 회사 사장은 직장 내 괴롭힘 문제를 해결해 달라는 직원 요청에 "욕설 안 해본 사람 있으면 나와 보라"며, 욕설도 리더십이라고 두둔했다고 합니다. 이렇게 일터에서 해결 실마리가 보이지 않자 노동조합은 고용노동부와 국회에 이 사실을 알립니다. 이로 인해 국회 국정감사에서 쟁점이 되고, 고용노동부 근로감독까지 연결됩니다. 결국 고용노동부는 해당 회사에 과태료 400만 원을 처분합니다. 그런데도 회사는 변하지 않았고, 결국 피해자들은 해당 임원과 회사를 상대로 법원에 소송을 제기합니다. 결국 서울중앙지방법원은 임원 A와 회사가 공동으로 정신적 손해를 배상하라고 판결합니다. 구체적으로 살펴보면 재판부는 "직원에게 모멸감과 수치심을 느끼게 한 언행은 상급자가 직장에서의 지위의 우위를 이용해 업무상 적정범위를 넘어 다른 근로자에게 정신적 고통을 준 행위"라고 판단합니다. 동시에 재판부는 이러한 행위가 회사 업무시간이나 공적인 회식 자리에서 이뤄져 객관적으로 회사 사무집행행위와 관련되었다고 보았습니다. 따라서 임원 A를 고용한 사용자로서 회사도 손해배상책임을 부담해야 한다고 결정합니다. 임원 A와 회사가 공동으로 피해자들의 정신적 손해를 배상해야 한다는 것입니다. 이들이 배상해야 할 위자료는 총 800만 원으로 산정됩니다.

직장 내 괴롭힘이 법으로 금지된 지금, 일터에서 괴롭힘 사건을 제대로 해결하지 못하면 이렇게 국회에서 공개적으로 감사를 받을 수 있습니다. 고용노동부도 직장 내 괴롭힘 사건이 사회적으로 문제 되면 특별근로감독을 할 수 있습니다. 특별근로감독은 3년간 직장 내부 전반에 관한 판단으로 이어지는 중대한 경찰권 행사입니다. 그만큼 강도가 세지요. 법원에서 소송으로 판단할 경우, 회사와 행위자가 공동불법행위 책임을 질 가능성도 큽니다. 그래서 회사는 더욱 적극적으로 직장 내 괴롭힘을 예방하고 해결할 필요가 있습니다.

"징계해고 정당합니다"

아이스크림 회사 사례

(2019.11.21. 선고 2019구합57213 판결)

직장 내 괴롭힘이 법 언어로 공식적으로 인정되기 전, 여러분은 '갑질'이란 단어에 더 익숙하셨을 겁니다. 직장 내 괴롭힘이 법으로 들어오기 전에는 한국 사회에서 괴롭힘보다 갑질이 더 광범위하게 쓰였습니다. 그런데 명확히 구분하면 직장 내 괴롭힘과 갑질은 다른 개념입니다. 직장 내 괴롭힘은 해당 직장 내에서 일어나는 구성원 사이 괴롭힘을 의미합니다. 직장 내 괴롭힘 규정이 근로기준법에 들어왔기 때문에 원칙적으로 이 괴롭힘은 근로기준법상 소속 일터에 적용됩니다. 그런데 현실 일터는 근로기준법상 같은 소속 일터 구성원끼리만 일하는 경우가 많지 않습니다. 다른 회사 소속 사람도 같이 일하거나, 대리점주처럼 사업주이면서 동시에 근로자 성격을 같이 갖는 특수형태근로종사자 등 다양한 사람들과 함께 일하는 경우가 많습니다. 그래서 직장 내 괴롭힘이 근로기준법에 들어오면서 가장 먼저 한계로 짚어지는 점이 '다양한 노동 형태에 대한 포괄이 힘들다'는 것이었지요. 이 부분은 뒤에서 자세히 살펴보겠습니다.

이번에 소개할 사례는 아이스크림 회사 소속 A씨가 대리점주들에게 한 갑질 행위로, 회사가 A씨를 징계해고한 것이 정당하다는 판결입니다. 말씀드린 것처럼 갑질은 직장 내 괴롭힘과는 다른 개념입니다. 갑질은 같은 직장 소속일 필요가 없지요. 그런데도 설명하는 이유는 이렇게 다양한 사람들과 함께 일하는 직장에 있으면, 같은 직장 소속이 아니라는 이유로 괴롭힐 때도 법원은 갑질로 인정한다는 것입니다. 그리고 갑질을 이유로 한 징계해고는 정당한 해고 사유에 해당한다는 것이지요. 일하는 사람의 인격권 침해에 대한 법원 감수성이 높아졌다는 의미이기도 합니다. 따라서 직장 내 괴롭힘 사건을 다룰 때도 법원은 비슷하게 판단할 것이라 예상합니다. 그럼 사건을 자세히 알아보겠습니다.

A씨는 대리점을 통해 아이스크림을 유통하는 회사에서 일하는 사람이었습니다. 영업부에서 근무하며 대리점을 관리하는 것이 A씨의 일이었지요. 그런데 A씨는 한밤중 술에 취한 상태로 대리점주에게 전화를 걸어 욕설과 모욕성 발언을 쏟아내며 "계약을 해지하겠다."라는 협박을 합니다. 술 취한 A씨의 폭언에도 대리점주들은 대꾸조차 하지 못한 채 그저 "예"라는 대답만 반복할 뿐이었지요. A씨는 대리점주들에게 카카오톡 메시지로 욕설을 보내기도 합니다. 심지어 대리점주 부인까지 카카오톡 대화방에 함께 초대하여 저속하고 모욕적인 메시지를 보냅니다. 함께 간 해외여행에서도 폭언은 이어졌습니다. 여기서 끝이 아닙니다. 대리점 관계자들에게 고가의 선물도 요구합니다. 그래서 A씨는 미화 약 2천 달러 상당의 골프 클럽과 미화 300달러 상당의 시계를 받습니다. A씨의 이러한 갑질 행위를 알게 된 회사는 A씨를 징계해고합니다. 그러나 A씨는 부당해고라 주장하며 노동위원회에 구제신청을 제기했고, 결국 법원까지 오게 됩니다.

A씨는 어떻게 되었을까요? 결론부터 말씀드리면, 재판부는 대리점주에게 갑질한 A씨를 징계해고처분 한 것은 정당하다고 판단

합니다. 일반적인 사람의 생각인 사회 통념상 고용 관계를 계속할 수 없을 정도로 책임 있는 사유가 있다고 보았기 때문입니다. 법원은 A씨가 대리점주들에게 전화와 카카오톡 메시지 등을 통해 폭언·모욕을 한 것을 징계 사유로 타당하다고 인정합니다. 그러면서 A씨는 대리점 계약 유지 여부에 관해 사실상 영향력을 행사할 수 있는 지위에 있어, 권력 우위에 서 있다는 생각에 따라 이러한 행동을 한 것이라 해석합니다. 특히 대리점주들이 술에 취해 전화로 모욕성 발언을 쏟아내는 A씨에게 대꾸도 하지 못하고 "예"라는 대답만 반복한 모습 등에 비추어 A씨의 이러한 갑질 태도는 평소에도 크게 다르지 않았을 것으로 보았습니다. A씨가 대리점주들에게 사적인 선물을 받고, 해외여행 중 폭언도 이러한 맥락에서 이루어진 연속적인 일로 봤습니다.

법원은 이러한 A씨의 행위는 사회적으로 큰 문제가 된 '갑질'에 해당한다고 명시합니다. 그리고 '갑질' 행위는 상대방에게 경제적·정신적 피해를 유발하여, 갑질 행위자의 사업주인 회사가 피해자에게 사용자책임으로 손해배상책임을 지게 만들 수 있다는 점을 언급합니다. 또한 갑질 행위자가 징계해고되지 않고 계속 근무할 경우, 2차 피해가 우려된다고도 추가 설명합니다. 나아가 기업이 갑질을 한다는 여론이 형성될 경우, 기업 이미지 실추뿐만 아니라, 소비자 불매 운동으로 이어질 수 있고, 이 경우 기업 존립마저 위태로워질 위험성이 있다고 밝힙니다. 이러한 사정을 고려하면, 사용자가 갑질을 한 근로자에게 근로관계를 계속할 수 없을 정도의 책임이 있다고 보아 내린 징계해고처분은 객관적으로 명백히 부당하다고 인정되는 경우가 아닌 한 쉽게 징계권 남용으로

볼 수 없다고 판시합니다.[94]

실제로 이 사건 대리점주들은 회사에 갑질이 사회적으로 큰 문제가 되었던 다른 기업 사례를 들며 피해를 호소하였습니다. 그리고 A씨 해고를 요청하는 공식 견해를 밝히기도 하지요. 갑질로 인한 기업 손해가 현실화할 가능성이 상당히 컸던 것입니다. 법원은 대리점을 통해 아이스크림을 유통하는 회사로, 대리점과 우호적 관계유지는 사업의 중요한 부분을 차지한다고 보았습니다. 그런데 A씨와 대리점주 사이 관계는 이미 파국에 치달았고, 더는 신뢰 관계 회복이 어려워 보인다고 판단했습니다. 따라서 기업은 대리점주와의 관계를 악화시켜 사업에 큰 지장을 초래할 가능성이 큰 A씨를 다시는 신뢰할 수 없을 것으로 보고, 이는 건전한 일반인의 상식에서도 더는 고용 관계를 계속할 수 없는 상태에 이른 것이라 결론 내립니다.

이 판결은 재판부가 우리 사회 갑질 문화를 얼마나 심각한 문제로 보는지 알 수 있습니다. 근로기준법에 직장 내 괴롭힘이 규정되어 대리점주 등 같은 회사 소속이 아닌 사람에게는 괴롭힘 관련 법이 곧바로 적용되기는 어렵습니다. 그렇지만 법원은 이러한 갑질을 징계해고까지 가능한 문제 행위로 보고 있습니다. 직장 내 괴롭힘도 사회적으로 큰 문제가 되고 있습니다. 따라서 법원이 직장 내 괴롭힘 사건을 판단할 때도 이와 유사한 논리를 가져가리라 생각합니다. 괴롭힘 가해자에 대한 처벌, 징계해고까지도 가능할 것입니다.

"뒷담화와 소문, 사생활 유포
대법원이 인정한 정당한 징계해고 사유입니다"

○○공제회 사례
(대법원 2020.6.25. 선고 2016두56042)

직장 내 괴롭힘 금지 법 도입 후 최초로 대법원에서 뒷담화와
소문이 단순한 개인 간 문제가 아닌 직장 내 괴롭힘이라는 명확한
판결이 나왔습니다. ○○공제회 회계팀에서 벌어진 일입니다. 가
해자 A씨와 B씨가 있는 회계팀에 피해자 C씨가 새롭게 팀 직원으
로 들어옵니다. A씨와 B씨는 C씨의 상위 직급자였지요.

가해자 A씨는 C씨에게 "여자가 출납자리에 와서 버티겠느냐,
회계도 모르는 사람이 회계팀에 와서 회계팀 분위기를 흐린다"라
고 말했다고 합니다. 그리고 다른 직원들에게 "C가 업무할 때는
아무도 말 걸지 마라"는 지시를 합니다. 가해자 B씨는 "A과장님은
왜 아직까지 C에게 업무를 알려주느냐, 알려주지 마라"는 말을 하
고, B씨가 출력한 인쇄물을 C씨가 가져다주면 C씨 앞에서 출력물
을 찢거나 무시했습니다. 더불어 A씨와 B씨는 "C를 데리고 뭐 먹
으러 다니지 마라, C를 왜 회식자리에 참석시키느냐"는 말을 회계
팀 직원들에게 했다고 합니다. 모욕감을 유발하는 폭언과 따돌림
을 조장한 것입니다.

그런데 여기서 멈추지 않습니다. A씨는 회계팀장과 회계팀
직원에게 "다른 사람들이 C와 남직원이 커피를 마시고, 차를 같이

타고 다니는 것 같다. 불륜관계라는 소문이 도니 참고하라"는 말
을 합니다. 감사실, 비서실 직원에게도 "같이 야근하고 밥도 같이
먹고 하는 걸로 봐서 사귀는 것 같다"는 뒷담화를 하며 불확실한
소문을 조성하지요. 심지어 C씨의 사생활 정보가 담겨 있는 USB
자료를 무단으로 복사하여 회사에 제출하기까지 합니다. 이에 C씨
는 "피해자이지만 회사에 물의를 일으켜 죄송하다"며 회사를 그만
두게 됩니다.

회사에서는 이러한 행위를 한 A씨와 B씨를 징계해고 합니다.
그러자 A씨와 B씨가 본인들이 해고된 것은 '부당해고'라고 주장하
며 노동위원회를 거쳐 법원 판결까지 받게 된 것입니다. 2심인 고
등법원에서는 두 사람이 다른 직원에게 '사귄다는 소문이 도니 조
심하라'고 충고한 행위 등이 집단 괴롭힘에 해당하는 사생활 유포
라 단정하기 어렵다고 판단합니다.

그런데 대법원 판단은 달랐습니다. 두 사람이 벌인 행동은 직
장 내 괴롭힘으로 징계해고의 정당성이 인정된다고 판결한 것입
니다. 대법원은 판결문을 통해 직장 내 괴롭힘 판단 요건에 맞추
어 명확한 판결을 내립니다. 첫째, "지위 및 관계의 우위"를 모두
인정했습니다. 두 사람은 회계팀 내 상위 직급자이자, 재직기간,
나이 등이 더 많기 때문에 지위와 관계의 우위가 모두 인정된다는
것입니다. 둘째, "업무상 적정범위를 넘어서는 행위"를 한 것으로
판단했습니다. 두 사람은 회계팀에 신규로 전입한 C씨에 대해 1년
에 걸쳐 공개적으로 질책하고 무시하는 언동을 하였으며, 사생활
에 관해 확인되지 않은 사실을 유포하여 비방하고, C씨를 인간관
계에서 분리하고 신상 침해를 의도하였다고 보았습니다. 따라서

이는 업무상 적정범위를 넘어서는 행위라고 판시합니다. 셋째, 이러한 행위로 인해 C씨에게 "정신적 고통 및 근무환경 악화"가 발생했다고 판단합니다. 구체적으로 C씨는 하급자로서 상당한 정신적 고통을 받았고, 근무환경 악화로 인해 스스로 사직까지 하게 된 것으로 본 것입니다.

직장인에게 친한 동료들과 특정인에 대한 뒷담화를 하는 것은 자연스러운 일상일 수 있습니다. 그런데 이런 직장 내 뒷담화가 도를 넘을 경우, 위 사례처럼 소문의 피해자가 된 사람은 직장을 더는 다닐 수 없는 지경까지 이를 수 있습니다. 한번 소문이 시작되면, 그 말은 부풀려지고 왜곡되어 피해자 심장에 비수로 꽂혀 회복할 수 없는 상처를 남깁니다. 대법원도 이러한 소문과 뒷담화를 가벼운 직장인의 유희라고 보지 않음을 명확히 했습니다. 이제는 가볍게 뱉은 말 한마디, 뒷담화 하나가 눈덩이처럼 불어나 징계해고에까지 이르는 사유가 될 수 있습니다. 직장인 모두가 말 한마디를 할 때 더 신중해야 할 이유입니다.

"'산업재해'로 인정됩니다"

경비회사 사례
(서울고등법원 2020.06.24. 선고 2019누65629.
법률신문, "직장 내 갈등으로 공황장애 악화 '업무상 재해'", 2020.7.23.)

경비회사에서 기계팀장으로 일한 A씨 이야기입니다. A씨는 직장 상사로부터 업무와 관련하여 A씨가 알아야 할 사항을 잘못 전달받습니다. 그리고 마감 기한이 2~3일 여유가 있는 상황에서도 상사는 A씨에게 1~2시간 내로 일을 마무리하도록 종용합니다. A씨는 업무시간이 아닌 시간에 업무 관련 전화를 최대 40통까지 받았다고 합니다. 그리고 직장에서 해고됩니다. 결국, A씨는 공황장애 진단을 받고, 근로복지공단에 산업재해를 신청합니다. 그러나 근로복지공단에서는 산업재해를 승인하지 않습니다. 그 때문에 A씨는 산업재해를 인정받기 위해 법원에 행정소송을 제기합니다.

법원은 A씨의 공황장애를 어떻게 판단했을까요? 1심 법원은 A씨의 공황장애가 업무로 인해 발생한 것이라고 보기는 부족하다고 보았습니다. 근로복지공단이 합리적 처분을 했다고 판단한 것이지요. 그런데 고등법원은 달랐습니다. 재판부는 A씨가 공황장애 발작증상을 처음 보인 경위나 심리상태 등에 비춰보면 A씨가 직장 상사들과의 관계에서 스트레스를 받았다고 보았습니다. 이러한 스트레스가 공황장애를 악화시켜 발작증상이 나타나는 계기가 된 것으로 해석합니다.

한 발 더 나아가, 고등법원은 A씨가 해고 후 구제신청을 하며 겪게 된 스트레스도 고려하였습니다. 자세히 살펴보면, 직장에서 해고된 A씨가 노동위원회에 부당해고 구제를 신청합니다. 이에 회사는 A씨가 불량한 근무행태를 보였으며 근무 평가도 저조했다고 주장합니다. 더불어 직장 동료들도 A씨에 대한 부정적인 확인서를 작성하여 A씨가 이 말들을 그대로 보게 되지요. 고등법원은 부당해고 구제 신청 과정에서 A씨의 공황장애 증상이 더 악화한 것으로 해석합니다. 이러한 일련의 정신적 스트레스 등이 원인이 되어 공황장애가 자연적인 진행 경과 이상으로 악화된 것으로 추단한 것입니다. 또한, A씨가 업무를 수행하는 과정에서 그리고 회사와의 고용 관계에서 이러한 스트레스가 발생한 것이라고 볼 수 있는 이상, A씨의 업무와 공황장애 악화 사이에는 상당인과관계가 있다고 판단합니다. 즉 A씨의 공황장애는 산업재해라고 본 것이지요.

한국은 OECD 국가 중 자살률 1위 국가입니다.[95] 정신건강 자가평가 점수는 평균 68.1점에 그친다고 합니다.[96] 유엔이 매년 발표하는 '세계행복보고서'에 따르면 대한민국 행복지수는 OECD 34개 회원국 중 32위라고 합니다.[97] 꼴찌 수준이지요. 직장인도 예외는 아니지요. 직장인은 직장 생활을 하며 수많은 스트레스에 시달립니다. 직장인 10명 중 7명이 직장 내 괴롭힘을 겪은 적이 있다고 말하는 일터환경 속에서 우울증이나 공황장애 같은 불안장애는 빈번하게 볼 수 있는 질환입니다. 아직도 많은 일터에 수직적 서열문화가 만연하고, 이로 인해 참는 것이 전부인 직장인은 '화병'이 발생하고, 이 화병이 정신질환으로 이어지지 않을까 생각합니다. 그중에서도 직장 내 괴롭힘은 노동자라는 이유만으로 개인에게 씻을 수 없는 인격적 훼손을 가져오는 중대한 문제입니다.

이번 판결로 사법부가 직장 내 괴롭힘으로 인한 정신적 스트레스를 한층 더 깊이 바라보기 시작했다는 것을 알 수 있습니다. 이제 업무와 직접 연결된 정신질환이 아니더라도, 사법부는 근로계약이 가진 한계를 분명히 인식하며 전반적인 고용 관계 혹은 업무 전반에서 받을 수 있는 스트레스인지 심도 있게 볼 것입니다. 직장인 정신건강을 지키기 위해 대한민국 일터 전반에서 직장 내 괴롭힘, 갑질 문화가 자정되어야만 하는 이유입니다.

직장 내 괴롭힘 금지법 시행 1년, 국회는 일터 변화를 위해 어떤 입법 제안을 하고 있을까?

직장 내 괴롭힘이 법으로 금지된 지 벌써 1년이 지났습니다. 여러분의 일터는 얼마나 달라졌나요? 실제로 직장이 변화하는 느낌이 드시나요? 여러분이 몸담고 있는 직장이 달라지는 느낌이 드신다면, 여러분은 시대 흐름을 반영하는 깨어 있는 직장인으로 자부심을 품어도 좋겠습니다. 그러나 여전히 많은 일터 현장에서는 직장 내 괴롭힘이 줄어들지 않고 있습니다. 왜냐하면, 직장인을 대상으로 2020년 6월 기준 직장 내 괴롭힘 조사를 추진한 결과, 직장인들은 변화를 느끼지 못하고 여전히 괴로움을 호소하고 있기 때문입니다. 한국고용노사관계학회 조사에서 직장인 10명 중 7명은 법 시행 이후에도 직장 내 괴롭힘 행위 변화가 없다(71.8%)고 응답했습니다. 직장갑질119 조사에서도 절반 가까운 직장인이 직장 내 괴롭힘을 겪었다(45.5%)고 말합니다.

앞서 살펴본 것처럼 대한민국에서 아시아 최초로 직장 내 괴롭힘을 법으로 금지했으나, 현재 법은 변화의 시작점이기 때문에 보완해야 할 부분이 많습니다. 일터의 품격을 높이기 위해서는 직장 내 괴롭힘 금지법이 실질적인 효과를 가질 수 있도록 개선할 필요가 있습니다. 이렇게 법을 개선하려면 국회에서 적극적으로 움직이는 것이 중요하지요. 그래서 21대 국회는 일터 변화를 위해 어떤 입법 제안을 하고 있는지 살펴보겠습니다.

가장 먼저 21대 국회에는 '제3자 괴롭힘'을 새롭게 규정하고자 하는 움직임이 있습니다. 여러분 모두 최근 입주민 갑질로 인해 소중한 한 분이 세상을 떠나신 사건을 기억하시지요. 이렇게 최근 사회적 이슈로 떠오른 문제가 고객 등 제3자의 괴롭힘이었습니다. 현재 근로기준법은 계약관계인 사용자와 근로자 사이의 괴롭힘을 규정하고 있습니다. 이로 인해 제3자 괴롭힘은 근로기준법 적용을 받기가 사실상 어려웠습니다. 이러한 법의 한계를 보완하고자 한 것이지요(강은미의원, 임이자의원).

'직장 내 괴롭힘 예방교육 의무화 및 교육 미시행 시 제재조치(김경협의원, 최종윤의원, 신정훈의원)'도 눈에 띕니다. 많은 국회의원이 일터 구성원 모두의 근본적 인식 변화를 위해 적극적 예방조치 의무화 필요성에 공감하고 있습니다. 직장 내 괴롭힘 근절 노력은 장기적 과제이자 협력적 해결이 필요한 문제입니다. 우리 모두의 노력이 필요한 것이지요. 조직문화는 오랜 시간에 걸쳐 일상적 관행으로 자리잡으며 내면화된 것입니다. 이로 인해 하루 아침에 변화시키는 것은 쉽지 않으며, 지속적인 노력이 필요한 문제이지요. 관행화된 조직문화를 바로잡기 위해서는 지속적인 예방교육으로 일터 구성원 모두의 인식을 높이는 것이 필요합니다.

'직장 내 괴롭힘 가해자와 보호조치 하지 않은 사용자 제재조치(강은미의원, 한정애의원, 최종윤의원, 임이자의원, 이용호의원)'를 규정한 법률안도 돋보입니다. 현재 직장 내 괴롭힘 법률의 가장 큰 한계는 괴롭힘 법 위반 시 제재조치를 강제할 수 없다는 것입니다. 물론 지금도 직장 내 괴롭힘 피해를 신고한 피해자 등에게 불리한 조치를 할 경우에는 벌칙이 적용됩니다. 그러나 직접적인 괴롭힘 가해자나 보호조치를 하지 않는 사용자에 대해서는 강제 조치를 명할 근거가 없습니다.

마지막으로 '근로자가 국가인권위원회에 괴롭힘 조치를 요구

할 권리'를 부여하는 법률안(신정훈의원)이 혁신적입니다. 직장 내
괴롭힘 금지법이 도입된 후, 회사에서 괴롭힘을 확인하고 이후 조
치를 하더라도 형식적인 경우가 아직 많습니다. 피해자 입장에서
는 일터에서 안정을 찾을 정도가 아닐 수도 있지요. 이럴 때 피해
자는 국가인권위원회에 정식으로 직장 내 괴롭힘 진정을 신청할
수 있게 되는 것입니다. 실제로 2020년 8월, 국가인권위원회는 Z
병원 근로자가 제기한 인권침해 사건에서 직장 내 괴롭힘 가해자
징계를 권고하였습니다. 국가인권위원회는 피해자와 동료직원들
진술, 가해자 발언 녹음, 괴롭힘 발생 회사인 Z병원 조치 결과 등
을 검토하였지요. 그리고 가해자들의 언행과 업무방식 침해 정도,
피해자 규모 등을 토대로 '중대한 인권침해 행위'라 판단합니다.
특히 직장 내 괴롭힘 문제에서 고질적으로 언급되는 상황적 특성
에 대해 이야기한 부분이 인상적입니다. 경비직 특성상 긴급한 상
황에서 신속한 대응을 위해 기강이 중요하다고 주장한 부분에 대
하여 국가인권위원회는 이러한 특수성은 개선되고 폐지되어야 할
구시대적 문화라고 말합니다. 동시에 국가인권위원회는 병원의 접
근 방식도 지적합니다. 병원은 직장 내 괴롭힘을 신고한 피해자를
오히려 근무가 불량한 사람으로 해석했습니다. 그리고 피해자가
제기한 문제를 악의적 민원으로 보았지요. 국가인권위원회는 병원
의 이러한 시선에 문제가 있다고 해석했습니다. 더불어 병원이 이
러한 잘못된 시선을 바탕으로 조사와 처리과정을 미흡하게 한 것
으로 판단합니다. 결국 국가인권위원회는 Z병원장에게 가해자인
경비조장 3명을 징계하고, 인권교육과 피해자 보호조치를 할 것을
권고합니다.[98] 이렇게 지금도 국가인권위원회에 인권 침해로 진정

은 가능합니다. 다만, 법적으로 국가인권위원회에 직장 내 괴롭힘 사건을 처리할 권한이 부여된다면 보다 적극적인 행정이 이루어질 수 있을 것입니다. 그리고 회사에서도 가해자 조치를 판단할 때 보다 신중해질 수 있습니다. 더욱 적극적인 가해자 조치가 이루어지는 바탕을 마련하는 것이지요. 피해자의 고통을 공정하게 판단할 수 있는 다양한 채널이 만들어질 필요가 있습니다.

21대 국회 입법 제안을 아래 표로 정리해 보았습니다. 이러한 법률안은 '국회 의안정보시스템' 사이트[99]에 가시면 상세히 살펴볼 수 있습니다. 관심이 있는 분은 사이트에 접속하여 상세 법률 내용을 보시면 좋겠습니다. 그리고 검색한 법률안에 대한 여러분의 생각도 댓글로 남길 수 있습니다. 법률안 상세화면에 들어가면 아랫부분에 '입법예고 등록의견'이 있습니다. 여기에 적극적으로 생각을 담아주시기 바랍니다. 현재는 괴롭힘 법률안에 대하여 부정적인 의견 댓글이 너무나 많습니다. 1분만 투자해서 여러분의 목소리를 실어주시면 좋겠습니다. 여러분이 관심을 기울일수록 법률안에 힘이 실리고, 국회 논의 가속도도 붙기 때문이지요.

❚ 직장 내 괴롭힘 관련 국회 입법 제안: 노동법 개정법률안

구분	제안일자	대표 제안자	개정 법률안	주요내용
1	2020. 7. 9.	강은미 의원	근로 기준법	• 제3자에 의한 폭행금지 및 괴롭힘 금지 　－ 제3자: 직장과 이해관계가 있는 고객, 도급인, 건축물 소유자·사용인·입주민 및 건축물 관리 업무에 종사하는 자(경비, 청소 등) • 제3자 괴롭힘 발생 시 보호조치 의무화

				• 괴롭힘 신고를 이유로 한 계약 해지 금지
				• 괴롭힘 신고를 이유로 불리한 처우를 하거나 계약 해지 시 처벌
				− 3년 이하 징역 또는 3천만원 이하 벌금
				• 사용자가 괴롭힘 보호조치 미이행 시 처벌
				− 500만원 이하 과태료
2	2020. 7. 13.	김경협 의원	남녀 고용 평등법 · 근로 기준법	• 직장 내 괴롭힘 예방교육 연 1회 이상 시행의무 • 일터에 괴롭힘 예방교육 내용 게시 의무화 • 괴롭힘 예방지침 마련 및 일터에 항상 게시 〈예방지침에 필수적으로 포함되어야 할 사항〉 1. 상담 및 고충 처리에 필요한 사항 2. 조사절차 3. 피해자 보호절차 4. 행위자 징계 절차 및 징계 수준 5. 그 밖에 예방 및 금지를 위하여 필요한 사항 • 괴롭힘 예방교육 미시행 및 교육내용 게시의무 미이행 시 처벌 − 500만원 이하 과태료
3	2020. 7. 14.	한정애 의원	근로 기준법	• 직장 내 괴롭힘 가해자 처벌 − 2년 이하 징역 또는 2천만원 이하 벌금

4	2020. 7. 16.	최종윤 의원	근로 기준법	• 직장 내 괴롭힘 예방교육 매년 시행 의무화
				 • 일터에 괴롭힘 예방교육 내용 게시 의무화
				 • 직장 내 괴롭힘 발생 시 조치의무 이행하지 않은 사용자 처벌
				    − 2천만원 이하 과태료
				 • 직장 내 괴롭힘 예방교육 미시행 시 처벌
				    − 1천만원 이하 과태료

5	2020. 7. 20.	임이자 의원	근로 기준법	• 제3자에 의한 괴롭힘 금지 − 제3자 : 직장과 이해관계가 있는 도급인, 고객 사업주의 4촌 이내 친족 • 근로자가 제3자에 의한 괴롭힘 보호조치 요청

				시 보호조치 의무, 불리한 처우 금지 • 괴롭힘 발생 시 조치의무 이행하지 않은 사용자 처벌 − 1천만원 이하 과태료
6	2020. 7. 24.	이용호 의원	근로 기준법	• 직장 내 괴롭힘으로 다른 근로자에게 상해를 입히거나 사망에 이르게 한 가해자 처벌 − 3년 이하의 징역 또는 3천만원 이하의 벌금

7	2020.
	8. 7.
		신정훈
		의원
			근로
			기준법
				• 제3자에 의한 괴롭힘 금지
				  − 제3자 : 직장과 이해관계가 있는 도급인, 고객 사업주의 4촌 이내 친족
				• 국가인권위원회 진정권 부여
				  − 회사가 괴롭힘에 대한 조치를 했으나, 근로자가 조치에 불복할 경우, 국가인권위원회에 진정할 수 있음
				• 직장 내 괴롭힘 예방교육 매년 시행 의무화
				• 괴롭힘 발생 시 조치의무 이행하지 않은 사용자 처벌
				  − 1천만원 이하 과태료

참고문헌

1   박제성, "직장 내 괴롭힘," 국제노동브리프 제12권 제9호, 한국노동연구원, 2014, 2면.

2   "'직원들 극단적 선택에 책임'... 프랑스 통신사 전직 사장에 '징역형'", BBC 코리아, 2019.12.20.
"프랑스텔레콤 경영진, 구조조정 때 직원 '정신적 학대' 징역형," 한겨레, 2019.12.22.
KT 직장 내 괴롭힘 실태조사 보고서, KT사례로 보는 경영전략으로서의 직장 내 괴롭힘 조사·연구 프로젝트팀, 2014.

3   KT 직장 내 괴롭힘 실태조사 보고서, KT사례로 보는 경영전략으로서의 직장 내 괴롭힘 조사·연구 프로젝트팀, 2014년, (Cass. soc.28 mars 2012, 10-26363)

4   양승엽, "직장 괴롭힘 방지 입법에 대한 프랑스 법제의 시사점 - 노동의 지속 가능성을 위해," 성균관법학 제29권 제3호, 성균관대학교 법학연구소, 2017, 117면.

5   Woltes Kluwer(2016a)(éd.), §3947 - Sanction à l'égard du salarié harceleur.

6   Woltes Kluwer(2016a)(éd.), §3947 - Sanction à l'égard du salarié harceleur.

7   양승엽, "직장 괴롭힘 방지 입법에 대한 프랑스 법제의 시사점- 노동의 지속가능성을 위해," 성균관법학 제29권 제3호, 성균관대학교 법학연구소, 2017, 126면.

8   노동법전 L.1152-5조 "정신적 괴롭힘 행위를 한 모든 근로자는 징계를 받는다."

9   서유정·박윤희, "국내외 직장 괴롭힘 관련 법령 및 정책 분석," 비서학논총 (제26권 제1호), 2017, 189면.

10 노동법전 제4편 사업장의 보건안전에 관한 규정 L.4131-1조 "근로자는 합리적인 이유로 자신의 생명과 건강에 중대하고 급박한 위험이 있다고 생각하거나 예방체계 내 결함이 발생한 경우 사용자에게 즉시 알릴 수 있다. 근로자는 위와 같은 상황에서 대피할 수 있다."

11 François Gaudu et al, François Gaudu et Raymonde Vatinet, Droit du travail(5 éd.), Dalloz, 2013, 170면.

12 프랑스 노동법 L1152-2조: 정신적 괴롭힘의 행위들을 겪었거나 겪는 것을 거부한 것을 이유로, 뿐만 아니라 그러한 행위들을 증언하거나 기록한 것을 이유로 제재, 해고, 보수, 직업교육, 재배치, 배치, 직업자격, 직업등급, 승진, 배치전환, 또는 계약의 갱신 등 기타 직접적 또는 간접적인 차별적 조치의 대상이 될 수 없다.

13 프랑스 노동법 L1152-3조: 보복조치 금지의무에 위반된 모든 규정 또는 행

위를 무효로 본다.

14 1994년 Syros 출판사(공저)의 '노동에서의 고통과 불안정: 작업환경의학의의 발언', Heinz Leymann의 '괴롭힘, 노동에서의 학대', Marie-France Hirigoyen 의 '직장 괴롭힘, 일상의 사악한 폭력' 등

15 Commission nationale consultative des droits de l'homme.

16 경제사회위원회: 프랑스 노·사·시민단체의 협의기구. Conseil économique et sociale.

17 양승엽, "직장 괴롭힘 방지 입법에 대한 프랑스 법제의 시사점 – 노동의 지속 가능성을 위해," 성균관법학 제29권 제3호, 성균관대학교 법학연구소, 2017, 120 – 121면.

18 이준희, 「직장에서의 괴롭힘: 법적 쟁점과 과제」, 신조사, 2018, 210면.

19 신권철, "직장 내 괴롭힘의 법적 개념과 요건," 노동법학 제69호, 한국노동법 학회, 2019년, 7면.

20 Healthy Workplace Bill 2011, Crimes Amendment(bullying) Act 2001.

21 http://www.workplacebullying.org/multi/pdf/BrodiesLaw.pdf (Retrieved on 22 Jul 2016)

22 http://www.workplacebullying.org/multi/pdf/BrodiesLaw.pdf (Retrieved on 22 Jul 2016)

23 서유정·박윤희, "국내외 직장 괴롭힘 관련 법령 및 정책 분석," 비서학논총 (제26권 제1호), 2017, 189면.

24 괴롭힘을 당했다고 합리적으로 믿는 자는 공정근로위원회에 제기를 할 수 있고, 14일 이내에 심사개시가 가능하다. 이 경우 사내 분쟁해결절차가 완료되어 있을 필요는 없고, 공정근로위원회는 괴롭힘 중지를 위하여 적절하다고 판단되는 명령을 내리는 것이 가능하다. 또한 이 제도 도입전의 다른 법적인 구제절차와는 독립 및 병행하여 행할 수 있다.

25 Fair Work Act ss.789FC, 789FD(1), 789FD(3).

26 Work Health and Safety Act 2011.

27 Work Health and Safety Act s. 7(1).

28 Fair Work Acts s.789FD(2).

29 Safe Work Australia, "Guide for Prevention and Responding to the Workplace Bullying", 2016, 6면.

30 양승엽·박수경, "직장괴롭힘과 경영·인사관리의 한계: 노동 인격에 대한 존 중," 산업관계연구 제28호, 한국고용노사관계학회, 2018년, 81 – 82면.

31 guide for preventing and responding to workplace bullying

32 http://www.workplacebullying.org/multi/pdf/1994_Sweden.pdf (Retrieved on 22 Jul 2016)

33 서유정·박윤희, "국내외 직장 괴롭힘 관련 법령 및 정책 분석," 비서학논총 (제26권 제1호), 2017, 190면.

34 Per Norberg, "Country report Non-discrimination, Sweden(EC)," 2017, 5면.

35 www.av.se/globalassets/filer/publikationer/foreskrifter/engelska/violence-and -menaces-in-the-working-environment-provisions-afs1993-2.pdf

36 www.av.se/globalassets/filer/publikationer/foreskrifter/engelska/victimization -at-work-provisions-1993-17.pdf

37 Vittorio Di Martino/Helge Hoel/Carly L. Cooper, 「Preventing violence and harassment in the workplace」, EU, 2003, 50면.

38 서유정·박윤희, "국내외 직장 괴롭힘 관련 법령 및 정책 분석," 비서학논총 (제26권 제1호), 2017, 190면.

39 이준희, 「직장에서의 괴롭힘: 법적 쟁점과 과제」, 신조사, 2018, 199면.

40 Margaretha Strandmark K, "스웨덴의 직장내 괴롭힘: 예방 및 대처 방안," 국 제노동브리프 2014년 9월호, 한국노동연구원, 23-24면.

41 서유정·박윤희, "국내외 직장 괴롭힘 관련 법령 및 정책 분석," 비서학논총 (제26권 제1호), 2017, 189면.

42 서유정·박윤희, "국내외 직장 괴롭힘 관련 법령 및 정책 분석," 비서학논총 (제26권 제1호), 2017, 189면.

43 서유정·박윤희, "국내외 직장 괴롭힘 관련 법령 및 정책 분석," 비서학논총 (제26권 제1호), 2017, 190-191면.

44 서유정·박윤희, "국내외 직장 괴롭힘 관련 법령 및 정책 분석," 비서학논총 (제26권 제1호), 2017, 191면.

45 퀘벡 Labour Standards Act 2004, 서스캐처원 Occupational Health and Safety Act 2007, 온타리오 Occupational Health and Safety Act 2009, 매니토바 Workplace Health and Safety Regulation 2010, 브리티시 컬럼비아 Work Safe BC Bill 14 2012.

46 "KT 직장 내 괴롭힘 실태조사 보고서," KT 사례로 보는 경영전략으로서의 직 장 내 괴롭힘 조사·연구 프로젝트팀, 2014년; "직장 내 파워하라스먼트 실태 에 관한 실태조사보고서," 후생노동성, 2012년, 14-41면.

47 "직장 내 괴롭힘…日 미쓰비시전기 자살한 신입사원 유서 공개," 프롤로그 (Prolog), 2019.12.21.

48 나이토 시노, 2014; Guneri-Cangarli, 2016.

49 "일본, '직장 내 괴롭힘 판단 기준' 비판 수용해 수정안 발표," 월간노동법률, 2019.11.21.
"일본에서도 '직장 내 괴롭힘 금지법'이 시행됩니다," 희망을 만드는 법-공익 인권변호사모임, 2020.1.23.

"日, 직장 내 괴롭힘 '파와하라' 지침 만들었다," 머니투데이, 2019.11.21.

50 "일본에서도 '직장 내 괴롭힘 금지법'이 시행됩니다," 희망을 만드는 법－공익 인권변호사모임, 2020.1.23.

51 東京地裁判決 2008·10·21 労働経済判例速報 2029号 11頁 및 東京地裁判決 2009·10·15 労働判例 999号 54頁, 사이토 시노, 47면.

52 大阪地裁判決 2012·3·30 LEX/DB25480801, 사이토 시노, 47면.

53 양승엽·박수경, "직장괴롭힘과 경영·인사관리의 한계: 노동 인격에 대한 존 중," 산업관계연구 제28호, 한국고용노사관계학회, 2018년, 84면.

54 "일본에서도 '직장 내 괴롭힘 금지법'이 시행됩니다," 희망을 만드는 법－공익 인권변호사모임, 2020.1.23.

55 http://www.workplacebullying.org/multi/pdf/Britain.pdf (Retrieved on 22 Jul 2016)

56 서유정·박윤희, "국내외 직장 괴롭힘 관련 법령 및 정책 분석," 비서학논총 (제26권 제1호), 2017, 192면.

57 구해근 지음·신광영 옮김, 「한국 노동계급의 형성」, 창작과비평사, 2002, 책 자 전반 축약.

58 이준희, 「직장에서의 괴롭힘: 법적 쟁점과 과제」, 신조사, 2018, 230면.

59 "술 강압문화 줄었지만, 여전히 술 권하는 사회," 오늘경제, 2018.10.10.

60 "[기업분석] 엔론(Enron) 분식회계 비참한 종말, 종업원 2만명 안고 공중분 해⋯CEO 징역 24년 6개월," 글로벌이코노믹뉴스, 2018.11.15.

61 "타임 '올해의 인물'에 내부고발자 3인 선정," 한겨례, 2002.12.23.
    "[탐사보도－공익제보 끝나지 않은 싸움] 내부고발로 망한 해외 기업," 서울 신문, 2014.1.16.

62 서울행정법원 2002.8.14. 판결 2000구34224 판결; 서울고등법원 2003.7.18.선 고 2002누14593 판결(확정)

63 서울중앙지방법원 2008.2.15 선고 2006가단333765 판결.
    서울중앙지방법원 2008.12.4 선고 2008나11077 판결.
    대법원 2009.5.14. 선고 2009다2545 판결.
    "[내부고발] 당신은 어떠한 선택을 하시겠습니까?," 아시아경제, 2010.11.30.
    "[2018 기획_일터괴롭힘 이슈브리핑] 판례연재(1) 내부고발자 일터괴롭힘에 대한 손해배상 청구," 희망을 만드는 법 공익인권변호사모임, 2018.7.17.

64 "[내부고발] 당신은 어떠한 선택을 하시겠습니까?," 아시아경제, 2010.11.30.

65 근로기준법 제101조, 제102조, 제105조.

66 훈령 제291호, 2019.8.30. 시행 2019.9.1.

67 근로감독관 집무규정 제12조 제3호.

68 근로감독관 집무규정 제14조 제2항.

사례 탐구

69 근로감독관 집무규정 제21조 제1항.

70 "KT 직장 내 괴롭힘 실태조사 보고서," KT 사례로 보는 경영전략으로서의 직장 내 괴롭힘 조사·연구 프로젝트, 2014년, 126면.

71 "근로자에 대한 가학적 인사관리 등 관련 사례분석 및 입법례 연구," (사)노동법이론실무학회, 고용노동부, 2014년, 3-4면.

72 수원지법 2012나6377 판결, 2013.1.29.

73 "근로자에 대한 가학적 인사관리 등 관련 사례분석 및 입법례 연구," (사)노동법이론실무학회, 고용노동부, 2014년, 4면.

74 "근로자에 대한 가학적 인사관리 등 관련 사례분석 및 입법례 연구," (사)노동법이론실무학회, 고용노동부, 2014년.

75 "근로자에 대한 가학적 인사관리 등 관련 사례분석 및 입법례 연구," (사)노동법이론실무학회, 고용노동부, 2014년, 7면.

76 수원지법 선고 2012나6377 판결, 2013.1.29.; 선고 2013다22195 판결, 2015.06.24.

77 수원지법 선고 2012나6377 판결, 2013.1.29.; 선고 2013다22195 판결, 2015.06.24.

78 대법원 2006.10.13. 선고 2004다16280 판결.

79 2018.6.21.선고 2017가합539658 판결.

80 "직장 내 괴롭힘 신고, 두 달 만에 794건…절반은 '폭언'," 연합뉴스, 2019.10.4.

81 "직장 괴롭힘, 더 은밀하게…폭언·폭행 줄었지만 제보 여전," 뉴시스, 2020.2.2.

82 "직장갑질119측, 월 10회 이상 카풀 요청은 직장 내 갑질," 한국일보, 2019.12.18.

83 "노동부, 한국화이바 직장 내 괴롭힘 인정," 경남일보, 2020.1.21.

84 "부산산업과학혁신원 '직장 내 괴롭힘' 논란 시끌시끌," 연합뉴스, 2019.8.5.

85 "부하에게 '같이 일 못 해 먹겠다' 부산산업과학혁신원 간부 징계," 연합뉴스, 2020.1.7.

86 "직장 내 괴롭힘 판단 및 예방·대응 매뉴얼(소책자)," 고용노동부, 2019.5.14.

87 "일·가정 양립 실태 조사 결과(2017년)," 고용노동부, 2019.5.17.

88 남녀고용평등법 제19조.

89 "직장인 부모 10명 중 6명 '육아휴직 어려워'…30% '회사 눈치 때문'," 아시아투데이, 2019.7.1.

90 "2019년 경력단절여성 경제활동 실태조사," 여성가족부, 2020.2.12.

91 "직장 내 괴롭힘 판단 및 예방·대응 매뉴얼(소책자)," 고용노동부, 2019.5.14.

92 "직장 내 괴롭힘 판단 및 예방·대응 매뉴얼(소책자)," 고용노동부, 2019.5.14.

93 "직장 내 괴롭힘 판단 및 예방·대응 매뉴얼(소책자)," 고용노동부, 2019.5.14.

94 2019.11.21. 선고 2019구합57213 판결.

95 동아일보, "한국, OECD 국가 중 자살률 1위…하루 37.5명꼴," 2019.9.24.

96 세계일보, "누구도 행복하지 않은 한국사회…병들어가는 현대인의 정신건강," 2019.8.31.

97 중앙일보, "국민 5명중 1명 '행복 취약층'…OECD 행복순위 뒤에서 3등," 2019.2.9.

98 매일노동뉴스, "인권위, 경비직 직장내 괴롭힘 가해자 3명 징계권고," 2020. 8.13.

99 국회 의안정보시스템 사이트 주소 https://likms.assembly.go.kr/bill/main.do

3부

직장 내 괴롭힘 금지법
도입 과정과 의미

일터에서 어려움을 겪고 있을 당신에게

정부와 국회는 언제부터 관심을 가지고 어떤 논의를 거쳤나?

'아시아 최초'로 도입된 직장 내 괴롭힘 금지법의 의미

정부와 국회는 언제부터 관심을 가지고 어떤 논의를 거쳤나?

"

　직장 내 괴롭힘이 최근 더욱 가시화되고 있는 원인은 복합적일 것입니다. 일터 전반에서 살펴보면 서비스산업 중심으로 산업 구조가 개편되어 감정 노동이 많아졌습니다. 스마트폰 발달로 인해 앱 기반 노동, 플랫폼 노동 등 과거에 없었던 비전형적인 노동 관계가 급속히 팽창되면서 벌어지는 문제이기도 합니다. 기업이 성과주의 인사관리를 강조하면서 노동 강도가 높아지고 고용이 불안정해지는 등에서 오는 정신적 스트레스 급증도 하나의 원인입니다.[1] 이런 복합적인 문제로 직장인의 70% 내외[2]가 괴롭힘을 경험했다고 답할 정도로 우리 사회에 직장 내 괴롭힘이 광범위하게 발생하고 있습니다. 2018년, 이낙연 국무총리가 「직장 등에서의 괴롭힘 근절대책」[3]을 발표합니다. 이 대책에는 직장 내 괴롭힘 신고부터 가해자 처벌, 피해자 지원 등 전 과정에 걸쳐 6단계 21개 개선과제가 담겼습니다. 대한민국 19대 대통령인 문재인 정부가 직장 내 괴롭힘을 더는 내버려둘 수 없는 심각한 사회문제로 보고 적극적으로 금지하겠다는 정책 의지를 알린 것입니다.

직장 내 괴롭힘 금지 규정이 입법되기 전에는 폭행, 협박, 명예훼손 등 일부 특정 행위에 대한 제재규정[4]을 형법에 둔 것으로 대응해오고 있었습니다. 그러나 이러한 체계는 다양한 형태의 괴롭힘을 모두 포함하지 못한다는 한계가 있었지요. 더욱이 괴롭힘을 예방·감독하는 데도 한계가 있었습니다. 엄밀히 말하면 개인 간 사적 관계인 근로관계를 정부가 관여해서 예방의무를 부여하거나 감독을 할 수 있으려면 법적 근거가 있어야 하기 때문이지요. 이러한 한계 때문에 '직장 내 괴롭힘' 규율을 위한 법 개정이 적극적으로 논의되기 시작합니다.[5]

입법 과정을 살펴보면, 2015년부터 2016년까지 제출된 법률안은 대체로 근로기준법에 '직장 내 괴롭힘'을 규율하는 방법을 택했습니다. 직접적인 법률 규제보다는 기존 제도를 통한 해결이나 한국의 직장문화 이해를 바탕으로 실태조사와 대책 마련을 먼저 검토해야 한다는 의견도 강했습니다. 그러나 2018년부터 20대 국회에서는 직장 내 괴롭힘을 독자적인 단일 법률로 만들기 위해 제정 법률안도 제안되었습니다. 제정 법률안은 ⅰ) 직장 내 괴롭힘 개념 정의, ⅱ) 적용 범위, ⅲ) 국가와 사업주의 책무, ⅳ) 직장 내 괴롭힘 방지 기본계획과 실태조사, ⅴ) 직장 내 괴롭힘 예방 교육, ⅵ) 조사와 그에 따른 조치, ⅶ) 조치에 대한 이의제기와 감독기관

의 역할, viii) 불리한 처우의 금지, ix) 비밀유지, x) 벌칙 등으로 구성되었습니다.[6]

2018년 이후 사회적으로 직장 내 괴롭힘으로 인한 근로자 자살이 이어지고, 특히 양진호 사건이 이슈화되면서 국회에서도 즉각적 입법 필요성이 받아들여졌습니다. 다만 형식을 단일 법률로 할지 기존 노동법 개정으로 할지 여부[7]와 괴롭힘 관련 규정 내용을 어떤 것으로 할지 등이 쟁점이 되었지요.[8] 입법적 논의 끝에 최종적으로 채택된 입법방식은 새로운 법률 제정이 아니었습니다. 2018년 9월 12일 국회 환경노동위원회는 기존에 있던 법률인 '근로기준법·산업안전보건법·산업재해보상보험법'을 개정하는 방식으로 직장 내 괴롭힘을 법률로 도입합니다.[9] 특히 근로기준법 개정안은 정의규정 추상성을 둘러싼 논란 끝에 2018년 12월 21일 국회 법제사법위원회에서 의결되었습니다. 이 과정에서 근로기준법 개정안 제76조의2에서 직장 내 괴롭힘 정의가 일부 수정됩니다. 최종적으로 국회 환경노동위원회 심의를 거쳐 2019년 1월 15일 법이 개정됩니다. 이렇게 대한민국에서 최초로 '직장 내 괴롭힘' 개념이 법에 규정되었으며, 개정된 법은 2019년 7월 16일부터 시행되고 있습니다.

개정 근로기준법은 직장 내 괴롭힘을 법에 정의하고 금지하면서도, 행위자에 대한 직접적인 처벌규정은 두지 않고 있습니다. 단지, 직장별 상황에 따라 자율적으로 정하는 방향으로 규정합니다. 취업규칙을 통해서 말입니다. 이로 인해 사업주는 해당 일터 취업규칙에 직장 내 괴롭힘 예방 및 발생 시 조치 등에 관한 사항을 필수적으로 기재하도록 의무를 부여받습니다. 다만 조치사항에 가해자에 대한 직접적인 처벌규정이 의무화된 것은 아닙니다. 전반적인 조사와 조치사항에 대해 자율적으로 정하면 되는 것이지요. 법 시행에 앞서 고용노동부는 2019년 2월, 「직장 내 괴롭힘 판단 및 예방·대응 매뉴얼」[10]을 발표합니다. 문제 된 행위가 법상 직장 내 괴롭힘에 해당하는지 판단하고, 예방·대응 시스템을 구축하는데 혼란을 방지하기 위함이었지요. 매뉴얼은 직장 내 괴롭힘 개념을 분석하여 어떠한 행위가 괴롭힘에 해당하는지 판단하는 기준을 제시하고 있습니다. 그리고 예방 활동과 사내 해결절차를 마련할 때 고려해야 할 사항과 취업규칙 표준안도 담겨 있습니다. 4부에서부터 이러한 직장 내 괴롭힘 관련 개정 노동법과 정부 매뉴얼을 체계적으로 분석하여 법률 해석상 쟁점에 대해 짚어 보겠습니다.

'아시아 최초'로 도입된
직장 내 괴롭힘 금지법의 의미

66

여러분은 대한민국 사람으로 자부심을 가지면 좋겠습니다. 왜냐하면 대한민국은 한국 일터에서 벌어지는 괴롭힘의 특수성을 적극적으로 반영하여 "아시아 최초로 직장 내 괴롭힘을 법으로 금지한 나라"이기 때문입니다. 우리나라가 법을 도입한 이후에 두 번째로 일본이 법으로 직장 내 괴롭힘을 규정했습니다. 그런데 일본 사회 전체에 적용되는 시기는 2022년 4월부터입니다. 우리나라보다 한참 늦습니다. 그 외 아시아에서 직장 내 괴롭힘이 법으로 금지된 나라는 없습니다. 아시아 최초로 대한민국이 근로자에게 '일터에서 존중받을 권리'를 법으로 부여한 것입니다. 이는 대한민국이라는 국가가 근로자 인격권을 중요하게 보호할 가치로 보고 있다는 것을 뜻합니다. 아시아에서 근로자 인격권을 가장 선진적으로 확장한다는 뜻이기도 합니다.

대한민국이 직장 내 괴롭힘을 법으로 규율한 것은 한국 노동법 근로자 인격권 실현 과정에서 무형적 괴롭힘이 새롭게 보호 범위에 포함된 것으로 큰 의미가 있습니다. 이로써 직장에서 관행적으로 행하던 행위들이 괴롭힘에 해당할 수 있게 됩니다. 그리고 괴롭힘이 사회적으로 위법한 행위임을 사람들이 인식하게 했습니다. 일터에서 일어나는 온갖 말과 행동을 노동법의 인격권 보호 그물망에 포섭한 것입니다. 즉 직장의 모든 구성원이 상대방을 존중하며 무례하지 말아야 할 의무를 법적으로 부여받은 것이지요. 이제 노동법에서 보호하는 근로자 인격권이 폭력 없는 일터에서 더 나아가 괴롭힘 없는 일터로 확대되며 육체적 인격권에서 정신적 인격권까지 보호 범위가 확장되었습니다.[11]

또한, 개정 근로기준법은 직장 내 괴롭힘 적용 범위로 '직장' 개념을 도입합니다. 이를 통해 고정적이고 물리적인 장소 개념이 아닌, 관념적인 업무를 함께하는 유기적 형태로 적용 범위를 확대합니다. 이러한 변화 가운데 가장 의미 있는 핵심은 근로자에게 '말할 기회와 권리'를 부여한 것입니다. 괴롭힘은 일반적으로 위계적인 직장 질서와 부여된 권한 속에서 시작됩니다. 근로자가 직장에 소속된 이상 괴롭힘이 발생하더라도 묵묵히 받아들이는 것 외에 달리 탈출구가 없는 현실에서는 무형적 인격권이 실현되기 어렵습니다. 이러한 현실에서 개정법은 탈출구로 말할 기회를 제공한 것입니다. 법에서 규정한 괴롭힘 해결절차 모든 과정에서 피해자는 계속해서 말할 기회를 얻습니다. 직장 내 괴롭힘을 겪으면 신고할 수 있고, 본인 의사에 반한 조치를 당하지 않으며, 가해자 조치에서도 의견을 제시할 수 있습니다. 그리고 이 모든 말로 인해 불이익을 당하지 않도록 보호받습니다. 더불어 사용자는 그의 말에 귀기울일 의무를 부여받습니다.[12]

　산업안전보건법과 산업재해보상보험법 개정은 근로기준법에서 보호하지 못하는 근로자도 직장 내 괴롭힘 적용 논의를 이끄는 바탕이 될 수 있습니다. 산업안전보건법은 정부에 관리의무를 부여하여 안전보호의무 측면에서 직장 내 괴롭힘 조치를 명확하게 법제화합니다. 이로써 해당법이 적용되는 특수형태근로종사자와 플랫폼노동자 및 프랜차이즈 근로자 등도 직장 내 괴롭힘 보호가 이루어질 수 있을 것입니다. 산업재해보상보험법의 업무상 재해 인정은 산업재해 영역에서 인격권 보호를 위해 근로기준법의 직장 내 괴롭힘 판단구조를 가져옵니다. 따라서 근로기준법상 근로자가 아니더라도 산업재해보상보험법에서 업무상 재해로 인정될 수 있는 확장성을 부여한 것으로 의미 있는 변화입니다.

　다만, 이번 법 개정은 직장 내 괴롭힘 관련 단일 법률을 제정하는 것이 아닌 기존 노동법에 해당 내용을 추가하는 방식으로 이루어졌습니다. 이로 인해 직장 내 괴롭힘 단일 법률로 제정하는 것보다는 체계와 내용이 축소되었다는 점이 아쉽습니다. 또한 개정법은 사용자가 신고 수리·조사·조치 등 집행 기관으로서 역할을 부담하도록 합니다. 기본적으로 직장 내 괴롭힘을 조직 내부 분쟁 해결시스템으로 처리하는 방식을 선택한 것입니다.[13] 실제 현장에서는 사용자가 직접적인 직장 내 괴롭힘 주체가 되는 경우도 적지 않습니다. 이로 인해 사용자에게 자율권이 부여된다는 것은 괴롭힘 해결 중립성이 담보되기 힘든 구조라는 우려가 생깁니다. 이러한 아쉬움에도 불구하고 대한민국은 아시아 최초로 직장 내 괴롭힘을 법률로 도입했다는 선진적인 의미가 있습니다. 근로자 인격권 보호에 관심을 가지고 개선하고자 한다는 국가적 생각이 반영된 것이지요. 이제 여러분과 함께 직장 내 괴롭힘이 도입된 의미를 고려하여 개정법을 해석해 보겠습니다. 법 해석에 있어 문제가 될 수 있는 부분도 같이 살펴보겠습니다.

참고문헌

1 　김근주, "직장 내 괴롭힘의 법적 개념 검토," 제5차 직장괴롭힘 포럼 자료집, (사)여성노동법률지원센터, 2017.
2 　73.3%(국가인권위원회, 2017년), 66.3%(한국노동연구원, 2017)
3 　"직장 등에서의 괴롭힘 근절대책," 관계부처 합동, 2018.7.18.
4 　상해(형법 제257조), 폭행(형법 제260조, 근로기준법 제8조), 협박(형법 제283조), 명예훼손(형법 제307조), 모욕(형법 제311조), 강요(형법 제324조) 등.
5 　고용노동부, "직장 내 괴롭힘 판단 및 예방·대응 매뉴얼," 2019, 1면.
6 　신권철, "직장 내 괴롭힘의 법적 개념과 요건," 노동법학 제69호, 한국노동법학회, 2019년, 223면.
7 　국회사무처, "제363회 국회 환경노동위원회 회의록 제3호," 2018.8.28, 62면.
8 　국회사무처, "제364회 국회 환경노동위원회 회의록 제2호," 2018.9.12, 2-3면.
9 　신권철, "직장 내 괴롭힘의 법적 개념과 요건," 노동법학 제69호, 한국노동법학회, 2019년, 224면.
10 　고용노동부, "직장 내 괴롭힘 판단 및 예방·대응 매뉴얼," 2019.2.22.
11 　신권철, "직장 내 괴롭힘의 법적 개념과 요건," 노동법학 제69호, 한국노동법학회, 2019년, 247면.
12 　신권철, "직장 내 괴롭힘의 법적 개념과 요건," 노동법학 제69호, 한국노동법학회, 2019년, 247면.
13 　신권철, "직장 내 괴롭힘의 법적 개념과 요건," 노동법학 제69호, 한국노동법학회, 2019년, 225면.

4부

근로기준법 개정 내용의
올바른 이해

일터에서 어려움을 겪고 있을 당신에게

개정 근로기준법이 법률을 배치한 숨은 의도 분석하기

법에서 말하는 '직장'의 의미

'직장 내 괴롭힘' 명칭에서 '내'의 올바른 이해

'지위ㆍ관계의 우위'는 무엇을 이야기하는가?

'업무상 적정범위를 넘어'서는 행위란?

'근무환경'의 의미는?

피해자 범위는 어디까지 인정될까?

행위자 범위는 어디까지 인정될까?

직장 내 괴롭힘으로 인정되기 위한 요건에는 어떤 연관성이 있을까?

취업규칙 : 직장 내 괴롭힘 도입을 불이익변경으로 볼 것인가?

근로자와 사용자 모두 알아야 할 직장 내 괴롭힘 발생 시 대처방법

'직장 내 성희롱'은 직장 내 괴롭힘과 어떤 관계인가?

개정 근로기준법이 법률을 배치한 숨은 의도 분석하기

66

　대한민국 '직장 내 괴롭힘 관련 법규'는 별도로 직장 내 괴롭힘만을 규정하는 법으로 새롭게 만들어진 것이 아닙니다. 기존 노동법 중 "근로기준법, 산업안전보건법, 산업재해보상보험법"이라는 3가지 법에 직장 내 괴롭힘 관련 규정을 추가한 것이지요.

　과거 직장 내 괴롭힘이 법률로 도입되기 전부터 특별법으로 만들자는 목소리가 있었습니다. 이 목소리는 국회까지 이어져 직장 내 괴롭힘 특별법을 법안으로 만들어 올린 국회의원도 있었지요. 그렇지만 앞서 법이 통과된 배경을 보듯, 직장 내 괴롭힘이 모호하다는 것 때문에 법률로 다룰 문제가 아니라고 생각한 국회의원도 많았습니다. 그래서 국회에서 법률안이 몇 번이나 올라왔지만 결국 통과되지 못했던 것이지요.

　사실 직장 내 괴롭힘 법규는 이번에도 국회 마지막 문턱을 넘지 못할 수도 있었습니다. 직장 내 괴롭힘 관련 법안이 국회 심사 소위원회 중 2소위원회에 넘어갔고, 2소위원회로 넘어간다는 건 보통 '통과되지 못한다'라는 의미로 통용되었기 때문입니다. 그런데 논의 과정에서 양진호 사건이 터지고 우리는 분노하게 되지요. 그 분노는 국회까지 영향을 줍니다. 국회에서 직장 내 괴롭힘 법률을 반대했던 모 의원의 발언이 언론을 통해 밝혀졌고, 그는 분노한 사람들에게 여론적 뭇매를 맞았지요. 이렇게 사회적 사건과 우리의 분노가 국회를 움직였습니다. 그래서 사실 급하게 하다 보니 새로운 법률로 제정되지 못한 것이기도 합니다. 법률 개정이 아닌 '제정'에는 많은 논의 시간이 필요한데, 국회는 급하게 이 법률을 통과했어야 했으니까요. 그렇지만 의미는 있습니다. 특히 '근로기준법'에서 직장 내 괴롭힘을 구조화한 방식이 이전과는 다르기 때문입니다.

　근로기준법은 별도로 '괴롭힘' 장을 독립하여 만들고 법조문을 신설했습니다. 그렇게 신설된 것이 직장 내 괴롭힘 금지·발생 시 조치 등을 규정한 '제6장의 2 직장 내 괴롭힘의 금지' 장(章)입니다. 여기서 말하는 '장'은 보통 책을 구분하기 위해 쓰는 체계인 '제6장(章), 제6편(篇)'을 법률에서도 그대로 쓴 것입니다. 하나의 법률은 많은 조문으로 구성되어 있으므로 구분하지 않으면 이해하기 어렵기 때문이지요. 물론 이해만을 위해 체계화한 것은 아닙니다. '장'과 '편'은 법률의 성격을 구분해주는 중요한 장치이기도 합니다.

이렇게 근로기준법 법체계상 직장 내 괴롭힘을 기존 편제 안에 넣지 않은 것은 특별한 의미를 지니고 있습니다. 쉽게 이해하기 위해 근로기준법이 별도의 장이나 조문을 새롭게 만들지 않고, 기존 체계 중 어느 한 부분에 들어갔다고 가정해 보겠습니다. 근로기준법은 기본적으로 하나의 사업장에 속한 근로자와 사용자를 규율하는 법입니다. 따라서 일반적인 법 적용 역시 '사업장'이라는 공간적 개념에 한정됩니다. 별도로 구분하지 않고 기존 체계에 들어갔다면 사업장 안에서 이루어지는 괴롭힘만이 규율 대상에 포함되었을 것입니다.

근로기준법의 가장 기본 원칙인 '제1장 총칙'에 포함되었다면 어땠을까요? 국회는 직장 내 괴롭힘을 어떻게 추가할지에 대해 의견이 분분했습니다. 그중 근로기준법 제1장 총칙 중 제8조인 '폭행 금지' 규정에 직장 내 괴롭힘을 추가하자는 의견이 있었습니다. 만약 '폭행 금지' 규정에 추가되었다면 '폭행'이 의미하는 범위가 형법상 신체에 한정되는 것인지 정신적인 침해까지 포함하는 것인지 명확하지 않았을 것입니다.[1] 법이 명확하지 않으면 보통 처음에는 보호 범위를 좁게 해석합니다. 그리고 학계의 무수한 논쟁과 법원 판단을 거쳐 범위가 점차 확장되지요. 이 과정은 상당히 오랜 기간이 필요합니다. 결국 가장 피해를 받는 사람은 보호 범위가 축소된 근로자가 되는 것이지요. 또한 폭행에 직장 내 괴롭힘을 포함했다면, 폭행 금지법 자체가 사용자가 하는 폭행을 금지하는 규정이기 때문에 직장 내 괴롭힘 주체도 사용자에 한정된다는 한계가 명확했을 것입니다.[2]

따라서 개정 근로기준법이 직장 내 괴롭힘 관련 규정을 독립된 '조문'으로 만든 것은 괴롭힘 주체를 사용자에 한정하지 않겠다는 의지를 반영한 것이라 생각합니다. 사용자를 넘어서 한 직장에 속한 직장인 모두에게로 확장성을 부여한 것에 중요한 의미가 있습니다.

우리는 직장 내 괴롭힘은 쉽고 간편하게 판단할 수 있는 문제가 아님을 알고 있습니다. 따라서 직장 내 괴롭힘은 기존 근로기준법에서 규정하는 법률 해석 범위보다 넓은 차원에서 규정될 필요가 있지요. 따라서 근로기준법이 기존 체계 안에서 조문만 따로 만든 것이 아닌, 별도로 '직장 내 괴롭힘 금지' 장(章)을 만든 것도 의미가 있습니다. 법적으로 직장 내 괴롭힘을 새롭게 독립적인 개념으로 의미화하겠다는 뜻이기 때문입니다.

이렇게 새로운 조문을 만들고, 그 조문들을 묶어 하나의 장(章)으로 만들었다는 점에서 이번 근로기준법 개정은 직장 내 괴롭힘 특성을 고려한 흔적을 찾을 수 있습니다. 근로기준법이 법률을 배치한 숨은 의도는 직장 내 괴롭힘을 기존보다 훨씬 더 넓게 바라보겠다는 뜻이 담겨 있는 것이지요. 단순해 보이던 법률에 숨은 뜻을 알고 나니 법을 해석하는 것이 좀 더 흥미롭지 않나요?

법에서 말하는 '직장'의 의미

"

    앞서 살펴본 것처럼 근로기준법은 직장 내 괴롭힘을 별도의 '장'으로 만들고, 법조문도 새롭게 추가했습니다. 이러한 작업으로 직장 내 괴롭힘 금지법의 핵심이 근로기준법이 되었지요. 새롭게 만들어진 법률은 "직장에서의" 지위 또는 관계 등의 우위를 이용한 직장 내 괴롭힘을 금지하고 있습니다. 여기서 우리가 유심히 살펴보아야 할 단어는 '직장'입니다. 일반적으로 근로기준법은 개별 근로자와 사용자 사이를 규정하는 법입니다. 따라서 법 적용 범위도 원칙적으로 소속 직장 내부에서 일어나는 문제에 한정되지요. 이러한 적용 범위를 근로기준법상 용어로 '사업 또는 사업장'이라 합니다.

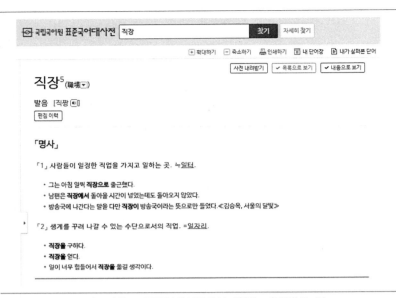

국립국어원 표준국어대사전에서 말하는 '직장'의 뜻

그렇다면 왜 직장 내 괴롭힘에 대해서는 근로기준법 일반원칙을 적용하지 않고 '직장'으로 규정한 것일까요? '직장' 개념 도입으로 법 적용 범위가 넓어지는 것일까요, 아니면 오히려 한정되는 것일까요? '직장'이란 장소 개념을 의미할까요, 직무 개념을 의미할까요? 법률에 명확하게 '직장'이 명시된 것은 '직장'이란 단어가 법률 용어가 되었다는 것을 의미합니다. 따라서 '직장'이란 무엇인지 알아보아야 우리가 어디까지 보호받을 수 있는지 명확히 알 수 있습니다.

표준국어대사전을 통해 '직장'의 단어적 의미를 먼저 살펴보겠습니다. 사전은 직장을 '사람들이 일정한 직업을 가지고 일하는 곳'이란 뜻과 '생계를 꾸려나갈 수 있는 수단으로서의 직업'이라 설명합니다. 즉, 직장은 일하는 곳인 '일터'로서 장소 개념과 직업으로써 '맡은 일'을 뜻하는 직무 개념을 동시에 가진 단어라는 것이지요.

그렇다면 근로기준법에서 말하는 직장도 사전적 의미와 같이 해석하면 되는 것일까요? 단순히 사전과 같은 뜻이라면 이렇게 길게 이야기하지 않을 것을 여러분은 짐작하고 계실 겁니다.

모든 법은 그 법이 적용되는 범위가 있습니다. 하나의 법이 모든 사람과 경제활동에 무한 적용된다면 생활에 제약범위가 너무 커지기 때문이지요. 그중 노동법은 일반적으로 '사업 또는 사업장' 개념을 적용 범위로 자주 사용합니다. 따라서 노동법상 '사업 또는 사업장'과 '직장'이 어떻게 다른지 알아볼 필요가 있습니다.

근로기준법상 근로자가 노동을 제공할 때, 이 노동의 본질은 사용자가 지시하는 범위 안에서 이루어진다는 것입니다. 이를 법률 용어로 사용자 지시권에 구속된다고 말합니다. 과거 근로자 대부분은 눈에 보이는 실물 제품 생산을 위한 노동에 투입되었습니다. 장소적 공간 개념인 '사업장'에 소속되어 노동을 제공하는 형태였던 것이지요.[3] 이러한 노동의 특성으로 '사업 또는 사업장'이 근로기준법 적용 범위로 오랜 시간 구축되어 온 것입니다.

노동조합법 변화 역사에서도 이러한 특징을 찾아볼 수 있습니다. 대한민국에서 최초로 만들어진 제정 노동조합법[4] 제35조[5]와 제40조에서는 단체협약 적용 범위를 '공장, 사업장 기타 직장 단위'로 명시하였습니다. 1953년 법 제정 당시 노동자 개념은 일반적으로 공장에서 유형적 제품을 생산하는 형태일 경우(공장)와 그외 일반 사무직(사업장) 및 전문직 등 특수한 경우(직장)로 분류한 것으로 유추할 수 있습니다. 법문 체계도 '공장'보다는 '사업장'이, '사업장'보다는 '기타 직장'이 보다 넓은 개념임을 알 수 있지요. 이렇게 최초로 만들어진 노동조합법이 지속적인 변화를 거치면서 공장과 직장 개념을 삭제하고, '사업 또는 사업장'으로 개념을 단순화한 것입니다.

그러나 오늘날 사회는 AI, 증강현실 등 전문화·기술화가 빠른 속도로 진행되고 있습니다. 이로 인해 사용자가 근로자에게 지시하는 내용도 당사자 합의에 따라 달라지고 있지요. 예를 들어 근로계약에서 특정한 장소에 출근하지 않아도 되도록 자율권을 주면서 근로시간만 정할 수 있습니다. 더 나아가 노동 방법도 근로자에게 일임하여 자유롭게 일하는 형태도 많아지고 있지요.

출근 장소가 자유로워지고 일할 수 있는 범위도 넓어지면서 근로자에게 자율권이 생긴 것입니다. 그런데 이러한 변화는 사용자 지시권 확대로도 해석할 수 있습니다. 사용자는 특정한 일터 장소에 한정하지 않았기 때문에 어디서든 지시할 수 있게 됩니다. 업무 범위도 넓으므로 지시할 수 있는 업무 내용도 확대 가능합니다. 사소한 예로 개인 휴대전화가 생기고, 카카오톡 등 메신저 시스템이 발달하면서 직장인들은 밤에도, 주말에도 업무 연락을 실시간으로 주고받게 되지요. 기술과 사회 변화가 사용자 지시권을 확대한 것입니다. 이러한 사용자 지시권 확대는 직장 내 괴롭힘 적용 범위 확대로 이어집니다. 즉 직장 내 괴롭힘 적용 범위는 시대 변화에 맞추어 '사업장'이라는 정형화된 물리적 공간 개념에서 '직장'이라는 관념적인 범위로 확장되었다고 보아야 합니다. 따라서 '직장(일터)'이라는 것은 이제 정형화된 공간적 개념이 아닌 비정형화된 업무를 하는 관념적 영역으로 유연하게 해석함이 바람직합니다.

직장 내 괴롭힘도 노동법 규정이기 때문에 일반적인 법 적용 범위인 '사업 또는 사업장'으로 해석해야 한다는 주장도 있습니다. 그렇지만 노동법 적용 범위로서 '사업 또는 사업장' 개념은 명확하게 확정되어 있지 않습니다. 그저 법 적용단위로 '사업 또는 사업장'을 반복적으로 이용하고 있을 뿐이지요. 따라서 이 개념은 온전히 해석에 맡겨져 있습니다. 특히 근로기준법상 '사업 또는 사업장' 개념만 집중적으로 논의되었을 뿐입니다. 근로기준법 적용 '사업'은 사회생활상 지위에서 하는 일로서, 계속하는 작업조직 또는 유기적인 조직 아래에서 '업'으로서 계속 일할 것을 요구합니다. '사업장'이란 사업 일부분으로 업무·노무관리·회계를 독자적으로 수행하는 것 또는 독자성이 없더라도 장소로 분리된 것을 의미합니다.

'사업'과 '사업장'이 같은 것인가에 대해서도 명확하지 않습니다. 근로기준법이 말하는 '사업장'인지와 관련하여 법원 판례6는 "하나의 활동 주체가 유기적 관련 아래 사회적 활동으로서 계속해서 행하는 모든 작업이 이루어지는 단위 장소 또는 장소로 구획된 사업체 일부분에 해당하는지에 달려 있으므로, 사업 종류를 한정하지 않고 영리사업 여부도 불문하며, 일회적이거나 사업 기간이 일시적이라 하여 근로기준법 적용대상이 아니라 할 수 없다"라고 하여 개념을 구분하지 않고 있는 것으로 보일 뿐입니다. 계속 말씀드리는 것처럼 판례 문구는 문장이 길고 굉장히 모호하지요. 단순히 판례 문장을 읽는 것만으로 바로 이해하기 어렵습니다. 특히 이 '사업 또는 사업장'은 개념이 명확하지 않아 더더욱 모호한 문장이 사용된 것으로 보입니다.

더욱이 '사업 또는 사업장' 개념이 근로기준법에 국한된 것인지, 아니면 다른 노동법에도 같게 적용되는 것인지도 불분명합니다. '근로자' 개념도 법에 따라 다른 의미가 있다는 점을 고려한다면, '사업 또는 사업장' 역시 법률 목적과 적용 취지에 따라 다르게 해석할 필요가 있습니다. 그런데 노동에 관한 사무를 관장하고 노동법을 해석하는 중앙행정기관인 고용노동부는 근로기준법상 사업·사업장을 판단하는 기준으로 '장소성(공간특성)'을 판단지표로 보고 있습니다.[7] 따라서 노동법 적용 범위로 '사업 또는 사업장'은 원칙적으로 장소적 개념으로 이해할 수 있습니다.

그렇다면 '직장'은 어떨까요? 직장도 장소적 개념으로 한정해야 할까요? '직장'에 대해 알아보기 위해 먼저 「남녀고용평등과 일·가정 양립 지원에 관한 법률」(이하 '남녀고용평등법')을 살펴보겠습니다. 남녀고용평등법[8]은 '직장 내 성희롱 금지'를 규정하고 있는 법입니다. 여기서 직장 내 성희롱을 "사업주·상급자 또는 근로자가 직장 내 지위를 이용하거나 업무와 관련하여 다른 근로자에게 성적 언동 등으로 성적 굴욕감 또는 혐오감을 느끼게 하거나 성적 언동 또는 그밖의 요구 등에 따르지 아니하였다는 이유로 근로조건 및 고용에서 불이익을 주는 것"이라 정의하고 있습니다. 남녀고용평등법에서도 '직장'이란 용어를 쓰고 있는 것이지요. 그런데 여기서도 직장에 대한 정의를 따로 규정하고 있지 않습니다. 동시에 남녀고용평등법의 적용 범위도 근로기준법과 같이 근로자를 사용하는 모든 '사업 또는 사업장'으로 정의[9]합니다.

남녀 고용 평등과 관련한 남녀차별 문제나 일·가정 양립에 관한 문제는 장소적 개념인 '사업 또는 사업장'에서 이루어지는 경우가 대다수이기 때문에 일반적 적용 범위로 해석하는 것에 특별한 문제가 없을 것입니다. 그러나 성희롱의 경우, 직장을 다니는 근로자에게 언제 어디서든 벌어질 수 있는 문제이지요. 즉 장소적 범위를 벗어나 어느 곳에서든 지위·업무와 관련하여 동반될 가능성이 큽니다. 이 때문에 특별히 성희롱 규정에만 직장이라는 광의의 표현을 추가한 것이라 해석할 수 있습니다.

법원 판례도 직장 내 성희롱은 업무와 관련하여 동반되는 모든 행위를 인정하고 있습니다. 이를 직장 개념 해석에 유추 적용해 보겠습니다.[10] 법원은 사업주, 상급자 또는 근로자가 직장 내 지위를 이용하거나 업무와 관련이 있는 것이라면 사업장 밖이나 근무시간 외에 일어난 행위라도 직장 내 성희롱 성립을 인정합니다. 행위과정이 사업주 지배·관리하에 있다고 볼 수 있는 경우로 넓게 해석하는 것이지요. 예를 들어 회사가 비용을 지원한 공식 회식이나 야유회, 체육대회 등에서 일어난 성희롱을 직장 내 성희롱으로 보고 있습니다.[11] 따라서 직장 내 성희롱 법률 해석상 '직장'은 장소 개념과 직무 개념이 동시에 내포된 법률 용어로, 성희롱의 특수성을 반영하여 적용 범위를 확장한 것으로 해석함이 바람직합니다.

고용노동부도 직장 내 괴롭힘은 적용 범위를 확대하여 제시하고 있습니다. 고용노동부 직장 내 괴롭힘 매뉴얼에서 '행위장소'를 직장 내 괴롭힘 성립요건을 충족한다면 발생하는 장소는 반드시 사업장일 필요가 없다고 제시하기 때문입니다. 외근 출장지,

회식이나 기업 행사뿐 아니라 사적 공간에서 발생한 경우라도 직장 내 괴롭힘으로 인정 가능하다고 설명합니다. 예를 들어 사내메신저, 카카오톡 등 온라인에서 발생하더라도 직장 내 괴롭힘에 해당할 수 있습니다. 다만 익명성이 보장되는 게시판 등에서 특정 인물에 대해 폭언하는 행위는 행위자 특정도 어렵고, '우위성'을 이용한 행위라고 보기 어려운 측면이 있어 법상 직장 내 괴롭힘에 해당한다고 보기는 곤란하다고 합니다.

근로기준법의 직장 내 괴롭힘에서 말하는 '사업 또는 사업장'은 반드시 사용자의 지정된 공장, 사업소나 영업소 등과 같은 내적 장소만을 의미하는 것은 아니라고 보는 학계 의견도 있습니다. 사용자의 사업이 이루어지는 장소는 종사자의 일하는 장소라는 점에서 반드시 사업장에 한정되지 않으며, 사실상 노무가 제공되는 외적 장소 개념이 포함되는 것으로 보아야 한다는 것입니다.[12] 외근 장소, 출장 중, 사용자에 의해 주도되는 회의, 회식, 야유회, 체육대회, 교육, 훈련, 각종 행사 참석을 대표적인 예로 말할 수 있겠습니다. 또한 반드시 사용자에 의해 주도되는 행사가 아닌 사적인 전화 등과 같은 개인의 사적 공간에서 발생한 경우라도 그것이 '업무와 관련되어 나타난 경우'에는 사업장 내에서 발생한 것으로 볼 수 있다고 해석하는 견해도 있습니다.[13]

이렇게 직장 내 성희롱 법과의 비교 및 법원·고용노동부, 학계 의견 등 관련 판단 법리를 분석해 보았습니다. 분석 결과를 종합하면 근로기준법의 일반적 법률문제 해석 시 원칙적 적용 범위는 '사업 또는 사업장'이지만, 직장 내 괴롭힘은 장소적 개념을 떠나 근로자가 해당 직무를 수행한다면 어디서든 발생할 수 있는 문제라는 점을 법률, 법원, 정부에서 모두 인정하고 있다는 것입니다. 따라서 직장 내 괴롭힘의 적용 범위는 장소와 직무 개념을 동시에 내포하는 특수성을 지닌 '직장'으로 보는 것이 법률을 도입한 취지를 이해한 합리적 해석일 것입니다.

'직장 내 괴롭힘' 명칭에서 '내'의 올바른 이해

❝

직장에서 일어나는 괴롭힘에 대해 우리 법률은 "직장 내 괴롭힘"으로 개념 정립을 추진하였습니다. 왜 직관적으로 이해하기 쉽고 발음도 쉬운 '직장 괴롭힘'이 아닌, '직장 내 괴롭힘'으로 '내'를 붙였을까요?

왜 직장 내 괴롭힘으로 법률이 규정된 것인지 알아보기 위해 법 개정 논의 당시 국회 회의록과 정부 연구자료 등을 살펴보았으나, 명확한 이유가 나와 있지 않았습니다. 그저 기본적인 연구나 논의 자체가 직장 내 괴롭힘이란 단어로 출발한 것으로 비추어 볼 때, 해당 명칭에 대한 깊은 고민은 없었던 것으로 추정됩니다. 새로운 법 개념을 도입하는 데에 가장 중요한 부분이 고민되지 않은 것이 의아할 따름입니다.

　이로 인해 직장 내 괴롭힘이 왜 당연하게 대한민국 법률 용어
화되었는지는 당시 상황적 배경을 분석하여 유추할 수밖에 없습
니다. 분석해 보자면 첫 번째 가설은 외국 용어를 번역할 때 사용
한 단어가 그대로 인용되었다는 가설입니다. 과거 우리나라는 괴
롭힘 관련 법률이 없었기 때문에 학계에서 다른 나라 언어가 재사
용되어 왔습니다. 예를 들어 '직장 내 괴롭힘(Bullying)'이란 용어로
사용되거나, 'Harassment in the workplace'를 주로 '직장 내'로 번
역하여 사용하였던 것이지요. 이 때문에 이번 개정법률에도 '직장
내'란 단어가 쓰였을 수 있습니다.[14]

　두 번째는 일본 용어를 인용했다는 가설입니다. 우리나라 법
체계가 일본과 유사하다는 점에서 일본 개념을 인용한 것으로 유
추할 수 있지요. 일본 후생노동성은 2012년 '직장 내 괴롭힘 문제
에 관한 원탁회의'를 통해 직장에서 벌어지는 괴롭힘을 이렇게 정
의했습니다. '같은 직장에서 일하는 자에게 직무상 지위나 인간관
계와 같은 직장 내 우위를 바탕으로 업무의 적절한 범위를 넘어
정신적·신체적 고통을 주거나 업무환경을 악화시키는 행위 등'으
로 말이죠. 일본은 이러한 행위를 '직장 내 괴롭힘'이란 용어를 사
용하여 직장 장소 안(內)에서 발생하는 상황으로 범위를 제한하여
정의했습니다. 그러나 일본 외에 직장 괴롭힘 법률을 도입한 주요
국에서는 업무와 관련하여 발생하는 모든 상황에서 벌어지는 괴
롭힘 행위로 광범위하게 보고 있습니다. 물론 일본도 우리나라가
직장 내 괴롭힘 법률을 도입한 이후 시점인 2019년 겨울에 법률로
규정화하며 범위를 확대하고 있습니다. 다만 우리나라 정부와 국

회가 괴롭힘 법률 논의를 한 시점에는 2012년 원탁회의 기준이 일본의 괴롭힘 규정이었지요. 그래서 대한민국 법률 개정 시 가장 많이 참고되는 참고서인 일본 규정을 인용한 것으로 추측할 수 있는 것입니다.

문제는 명칭에 대한 깊은 고민 없이 사용된 '직장 내 괴롭힘'이란 용어 때문에 개념도 일본과 유사하게 해석될 수 있다는 점에 있습니다. 대한민국 노동법에서 정의하는 '직장 내'에서 '내'의 의미가 일본과 같이 '사업장에 한정되어, 사업장 안에서(內)'라는 공간적 요소로 오해되기 쉽다는 것이지요.[15] 대한민국 노동법에서 말하는 직장 내 괴롭힘의 '내'의 의미는 단순히 공간적 장소 개념인 '사업장 내'를 의미하는 것이 아니라, 직장에서의 '관계성'을 의미하는 것으로 해석함이 법 제정 목적에 부합한다고 생각합니다.

앞서 논의한 바와 같이 '직장'이라는 용어 자체가 사업장 등 특정 장소를 뜻하는 물리적 개념이 아닌 비물리적인 질적 개념으로 본다면, '직장 내'의 의미도 공간과 장소에 한정되지 않는 '관념적인 직장 조직상 네트워킹이 연결되는 경우'로 보는 것이 타당합니다.

현대사회는 노동환경의 급속한 변화로 업무 수행이 고정된 장소에서만 이루어지지 않습니다. 우리는 카카오톡 실시간 보고, 전화, 이메일, 사내전산망 등 네트워킹으로 연결된 수많은 매체를 통해 일합니다. 그리고 그 안에서 괴롭힘이 발생할 수 있지요. 따라서 '직장 내'의 의미는 종속적 관계에서 지휘·명령을 받는 유·무형적 관계 모두에 해당하는 개념으로 이해함이 바람직합니다. 급격한 기술 변화와 '코로나19' 재난에 따른 재택근무 확산 등으로 노동 역시 탈공간화가 빠르게 진행되는 현재, 노동법 해석 법리도 변화가 시급한 시점입니다. 이러한 새로운 관점은 변화를 거듭하는 노동환경에서 일하고 있는 여러분을 보호할 때 더욱 탄력적으로 기능할 수 있습니다.

'지위·관계의 우위'는 무엇을 이야기하는가?

66

    개정법은 "지위 또는 관계 등의 우위를 이용"하는 경우 직장 내 괴롭힘을 인정합니다. 그렇다면 '지위 또는 관계의 우위'란 무엇을 이야기하는 것일까요? 과연 여기서 말하는 '지위 또는 관계의 우위'는 어떠한 역학관계가 있을까요?

    우리나라는 이제 막 괴롭힘을 법으로 도입하였기 때문에 아직 '지위 또는 관계의 우위'에 대해 명확한 법원 판단이 없습니다. 그래서 프랑스 사례를 먼저 살펴보고자 합니다. 프랑스 법원은 '우위'에 대해 가해자와 피해자의 우열관계를 요구하지만, 이는 사실상의 우열관계라고 보고 있습니다. 프랑스 직장인 A씨는 부하에게 괴롭힘을 받고, 결국 자살하게 됩니다. 이 사건에 대해 프랑스 고등법원은 부하직원은 근로조건 악화를 목적으로 하거나 결과적으로 초래할 위치에 있지 않다고 하여 직장 내 괴롭힘 개념 요건에 맞지 않다고 보았습니다. 그래서 직장 내 괴롭힘으로 보지 않았지요. 그렇지만 대법원은 달랐습니다. 프랑스 대법원은 직장 내 괴롭힘 법 조항이 요건으로 포함하지 않은 개념을 고등법원이 추가하였다고 판단합니다. 즉 프랑스 대법원은 '우위'를 '사실상 서열 우위'가 있으면 되는 것이지, 그것이 반드시 '직장 직위'를 말하는 것이 아니라고 판결한 것입니다.[16]

그렇다면 대한민국은 어떨까요? 노동법에 관한 일을 담당하는 정부 행정부처인 고용노동부도 '우위성'을 피해 근로자가 저항 또는 거절하기 어려울 개연성이 높은 상태로, 행위자가 이러한 상태를 이용해야 한다고 해석하고 있습니다. 동시에 '지위의 우위'와 '관계의 우위'를 분리합니다. '지위의 우위'란 기본적으로 직접 지시하거나 명령할 수 있는 위치를 뜻합니다. 이를 법적 용어로 '지휘명령 관계에서 상위에 있는 경우'라 말합니다. 직장에서 같은 부서나 팀에 소속 팀장님·부장님으로 생각하시면 쉽습니다.

그렇지만 일터에서 우리는 같은 부서 상사처럼 직접 지시하거나 명령하는 위치가 아닌 사람에게도 소위 '업무협조'란 명목 등으로 지시나 명령을 받는 것이 일상적입니다. 그렇다면 이러한 경우도 인정될 수 있을까요? 결론부터 말씀드리면, 인정될 수 있습니다. 직접적인 지휘명령 관계에 있지 않더라도, 해당 직장에서 직위·직급 체계상 상위에 있는 사람이 이러한 지위를 이용한다면 지위 우위성 인정이 가능합니다. 대한민국은 아직 직장 내 괴롭힘에 대한 법원 판결이 없지만, '직장 내 성희롱'과 관련된 법원 판결은 많이 축적되었습니다. 고용노동부는 이러한 직장 내 성희롱 판례[17]를 인용하여 직장에서 사용자로 볼 수 있는 사람이 행위자인 경우, 지위의 우위성을 쉽게 인정하겠다고 합니다.

이렇게 '지위의 우위'는 현실에서도 해석이 어렵지 않습니다. 문제는 '관계의 우위'입니다. 법에서 말하는 '관계'란 무엇을 의미할까요? 그리고 '관계의 우위'는 어떤 것을 뜻할까요? 관계의 사전적 의미를 살펴보면, 둘 또는 여러 대상이 서로 연결되어 얽혀 있음을 뜻한다고 합니다. 이를 일터에 대입하면 직장에서 연결된 모든 사이가 포함됩니다. 따라서 '관계의 우위'는 사실상 우위가 있다고 판단되는 모든 관계를 뜻한다고 보는 것이 바람직합니다. 매우 광범위한 요소이지요. 그렇다고 마냥 인정될 수는 없을 것입니다. 이에 정부는 어느 정도 예시를 들고 있습니다. '수적인 측면'으로 집단이 개인을 괴롭힐 경우, 집단이 괴롭힘 주체로 관계의 우위성이 인정됩니다. 나이·학벌·성별·출신 지역·인종 등 '인적 속성'이 일터에서 우위로 작용하는 경우, 이러한 인적 속성을 가진 사람이 상대방을 괴롭히면 관계의 우위에 있는 자가 될 수 있습니다. 근속연수·전문지식 등과 같이 '업무역량'이 상대적으로 높은 사람도 해당할 수 있습니다. 예를 들어 20년 차 과장이 15년 차 부장을 괴롭히면 관계의 우위 인정이 가능합니다. '근로자 조직 구성원 여부'도 관계의 우위로 포함되는데, 이는 노동조합 위원장이나 대의원, 노사협의회 대표 등 집단에서 역할을 부여받은 사람을 떠올리면 이해가 쉽습니다. 또한 감사부·인사부 등 '업무에서 직장 내 영향력을 가진 부서'에 있는 사람도 관계의 우위에 있는 사람으로 인정될 수 있습니다. 정부는 '정규직 여부'도 관계의 우위요소로 보고 있는데, 정규직이 비정규직 직원을 괴롭히면 관계의 우위를 이용한 것으로 볼 수 있습니다. 이러한 예로 말씀드린 해당 요소를 진정한 관계적 우위성으로 볼 것인지 아닌지는 법적으로 '사업장 내 통상적인 사회적 평가'를 토대로 판단합니다. 쉽게 말하면 직접 일터에서 우위를 가진 것으로 평가하는지 실질을 보고 판단하는 것입니다. 다만 관계의 우위성은 상대적일 수 있습니다. 그래서 판단을 잘해야 하는 부분이지요. 이로 인해 행위자와 피해자 간에 혹시 다르게 평가해야 하는 특별한 사정이 있는지도 함께 판단합니다. 앞서 살펴본 프랑스에서 벌어진 부하의 괴롭힘으로 상사가 자살한 사례를 우리나라 법에 대입하면 '관계의 우위'를 인정해준 것으로 이해할 수 있습니다.

이러한 '지위'와 '관계'의 우위는 여러 요소가 복합적으로 우위성을 형성할 수 있으며, 명확히 구분되지 않을 수도 있습니다. 따라서 우위성 요소는 중복 성립이 가능합니다. 다만 지위든 관계든 '우위성'을 이용한 것이어야 인정될 수 있습니다. 또한 '지위의 우위'와 '관계의 우위'는 우위성에서 대등한 요건으로 해석하는 것이 타당합니다. 즉 괴롭힘 행위자가 지위 또는 관계 중 어떠한 것을 선택하더라도 그 행위가 우위성을 이용한 행위라면 인정되는 것입니다.

'업무상 적정범위를 넘어'서는 행위란?

"

근로기준법은 직장 내 괴롭힘을 '업무상 적정범위를 넘어'서는 행위로 정의합니다. 그럼 여기서 '업무'란 무엇일까요? 그리고 어떠한 행위가 '업무상 적정한 범위를 넘어서는' 것으로 인정될 수 있을까요? '업무상 적정범위를 넘는 행위'는 앞으로 직장 내 괴롭힘인지 여부를 판단할 때 가장 중요한 요소로 작용할 것입니다. 따라서 여러분이 겪은 괴롭힘이 법상 괴롭힘에 해당하는지를 판단하기 위해 의미를 정확히 이해할 필요가 있습니다.

먼저 직장 내 괴롭힘 관련 법이 국회에서 논의된 과정을 살펴보며 의미를 찾아보겠습니다. 국회에서 '법안'이 진정한 법적 효력을 가지는 '법률'이 되기까지는 여러 단계를 거칩니다. 간략히 말씀드리면 정부나 국회의원이 국회에 심의할 법안을 제출합니다. 그 후 관련 법을 담당하는 상임위원회에서 법안 통과 여부를 결정합니다. 노동법은 '환경노동위원회'가 대한민국 국회에서 상임위원회 역할을 합니다. 그런데 이 상임위원회로 바로 법안이 올라오지는 않습니다. 법안이 올라가도 될지를 심사하는 '법안심사소위원회'에서 먼저 검토를 시작하지요. 법안심사소위원회가 첫 번째 관문입니다. 그리고 가장 중요한 단계이기도 합니다. 해당 법안이 문제가 있는지 확인하고 수정하는 논의가 가장 활발하게 이루어지기 때문입니다. 법안심사소위원회에서 통과된 법안은 상임위원회 전체회의에 올라가고, 전체회의에서도 통과되면 법제사법위원회로 넘어갑니다. 법제사법위원회까지 통과하면 드디어 본회의에 상정되고, 본회의를 통과하면 법안은 '법률'이 됩니다. 법안이 법으로 만들어지는 과정이 생각보다 복잡하고 많은 논의 과정을 거치지요? 그래서 이 논의 과정에서 검토한 사람들이 어떤 이야기를 나눴는지 살펴보면, 왜 법이 해당 문장으로 표현됐는지 알 수 있습니다. 이 과정 중 법안심사소위원회를 통과한 법안은 국회 본회의에서 '법'으로 통과될 확률이 높으므로 소위원회 논의 내용을 살펴보겠습니다. 법안심사소위원회를 통과하지 못한 법안은 그대로 사라질 확률이 높습니다. 그래서 담당 공무원은 정부가 바라는 법안을 통과시키고자 정부 입장을 설득하기도 합니다.

이 단계에서 고용노동부는 '업무상 적정범위를 넘어'라는 표현에 대해 자세히 설명합니다. 이 표현은 상사가 부하에게 업무상 지시를 했을 때 그것이 스트레스를 준다고 곧바로 직장 내 괴롭힘이 되는 것을 막고자 한 것이라 말합니다. 그래서 '적정범위를 넘어'라는 표현이 직장 내 괴롭힘의 핵심이라고 밝힙니다. 두 번째로 열린 법안심사소위원회에서 '업무상 적정범위'를 빼자는 의견이 있었습니다. 그러자 고용노동부는 다시 한 번 이 부분을 버리면 너무 사소한 경우까지도 직장 내 괴롭힘이 될 수 있어서 '적정범위를 넘어'라는 표현을 넣어 주기를 요청합니다.[18] 이를 기반으로 유추해볼 때, 앞으로 고용노동부는 직장 내 괴롭힘 사건을 판단할 때 '업무상 적정범위를 넘어서는지' 여부를 중요한 기준으로 볼 것이라 예상합니다.

법 통과 후, 고용노동부는 직장 내 괴롭힘 매뉴얼을 발표하며 '업무상 적정범위를 넘어서는 행위' 요건을 다시 한 번 제시합니다. 먼저 한 가지 전제를 둡니다. 사용자가 모든 직장 관계 속에서 벌어지는 갈등상황을 근로기준법에 맞추어 조치해야 하는 것은 아니라는 것이지요. 따라서 괴롭힘을 가한 사람이 피해자보다 지위 또는 관계의 '우위성'이 있더라도, 문제 된 행위가 '업무 관련성이 있는 상황'에서 발생한 것이어야 인정된다고 설명합니다.

여기서 정부가 말하는 '업무 관련성'이란 '포괄적인 업무 관련성'을 의미합니다. '포괄적인'이란 표현은 명확히 업무와 관련이 있는 경우 외에도 넓은 차원에서 업무와 연결되어 있는지를 살펴보겠다는 뜻으로 이해하면 되겠습니다. 상당히 모호한 표현이란 생각이 드시지요? 그래서인지 고용노동부는 문제 된 행위가 괴롭힘으로써 업무상 적정범위를 넘는 것으로 인정되기 위한 두 가지 요건을 다시 제시합니다. 1) 그 행위가 일반적인 사람들의 상식에 비추어 볼 때 업무상 필요성이 인정되지 않거나, 2) 업무상 필요성은 인정되지만, 그 행위 형태가 일반적인 사람들의 상식에 비추어 볼 때 상당하지 않다고 인정되어야 한다는 것입니다. 고용노동부는 상황별 행위를 예시로 설명하고 있습니다. 해당 예시는 표로 정리했습니다. 그리고 정부는 '업무상 필요성이 있는지'를 해당 직장에서 근로자와 사용자가 맺은 근로계약, 단체협약, 취업규칙 등을 보며 판단하겠다고 밝힙니다.

직장 내 괴롭힘이 법으로 통과되기 전 가장 논란이 많았던 부분은 '개인 간 사적인 갈등상황'과 '정당한 업무 지시'였습니다. 이 두 가지 부분에 대해서도 고용노동부는 매뉴얼로 대략적인 가이드를 제시합니다. '개인적 용무 중에 발생한 갈등상황'은 특별한 이유가 없는 경우 개인 간 사적 갈등이므로 직장 내 괴롭힘에 해당하지 않는다고 설명합니다. 개인 간 사적인 상황에서 발생하는 갈등은 직장 구성원 간에 벌어진 일이라 하더라도 업무 수행에 편승하여 이루어졌거나 업무 수행을 빙자하여 이루어졌다는 특별한 사정이 없으면 개인 간 갈등일 뿐, 조직 내 괴롭힘이 아니라는 것이지요. 또한 일터에서 일상적으로 발생하는 '업무상 지시, 주의 명령'은 일반적인 조직 구성원이 보기에 업무상 필요성이 인정되는 경우 직장 내 괴롭힘이 아니라고 설명합니다. 단순히 지시나 명령으로 개인이 불만을 느낀다는 것 자체로 괴롭힘이 성립하지는 않는다는 것입니다.

그렇지만 업무상 필요성이 인정되는 지시·명령이 정당한 방식으로 일어나는 경우가 아니라면 직장 내 괴롭힘에 해당할 수 있다는 단서도 제시합니다. 지시하면서 폭행이나 폭언을 하여 일반적인 상식에서 용인될 수 없는 수준으로 지시 방식이 적정하지 않았다면 업무상 적정범위를 넘었다고 볼 수 있습니다. 즉 직장 내

┃ 고용노동부의 상황별 행위 예시[19]

구분	세부 내용
폭행·협박	신체에 유형력을 행사하는 폭행행위나 협박하는 행위는 사실관계만 인정되면 업무상 적정범위를 넘어선 행위로 인정 가능
언어적 행위	• 폭언, 욕설, 험담 등 언어적 행위는 공개된 장소에서 이루어지는 등 제3자에게 전파되어 피해자 명예를 훼손할 정도라 판단되면 업무상 적정범위를 넘어선 행위로 인정 가능 • 지속 반복적인 폭언 욕설은 피해자의 인격권을 심각하게 해치며 정신적 고통을 유발할 수 있으므로 업무상 적정범위를 넘어선 행위로 인정 가능
사적 용무 지시	반복적으로 개인적인 심부름을 시키는 등 인간관계에서 용인될 수 있는 부탁 수준을 넘어 행해지는 사적 용무 지시는 업무상 필요성이 없는 행위이므로 업무상 적정범위를 넘어선 행위로 인정 가능
의도적 무시·배제	집단 따돌림, 업무수행과정에서 의도적으로 무시·배제하는 행위는 사회 통념상 상당하지 않은 행위로서 업무상 적정범위를 넘어선 행위로 성립 가능
근로계약상 업무와 무관한 지시	근로계약 체결 시 명시했던 업무와 무관한 일을 근로자의 의사에 반하여 지시하는 행위가 상당 기간 반복되고 그 지시에 정당한 이유가 인정되지 않는다면 업무상 필요성이 없는 행위로서 업무상 적정범위를 넘어선 행위로 인정 가능
과도한 업무 부여	업무를 과도하게 부여하는 행위는, 그렇게 하도록 지시하지 않으면 안 되는 업무상 불가피한 사정이 없음에도 불구하고 해당 업무에 대하여 물리적으로 필요한 최소한의 시간마저도 허락하지 않는 등 상당성이 없다고 인정되면 인정 가능
원활한 업무 수행 방해	• 업무에 필요한 주요 비품(컴퓨터, 전화 등)을 제공하지 않거나, 인터넷 사내 인트라넷 접속을 차단하는 등 원활한 업무 수행을 방해하는 행위는 사회 통념상 상당성이 없는 행위로서 업무상 적정범위를 넘어선 행위로 인정 가능 • 그러나 모든 근로자에게 비품 제공을 하지 못하고 있는 사정이 있거나 일시적인 경영 악화 등으로 인하여 발생한 상황이라면 업무상 적정범위를 넘어선 행위로 보기 어려움

괴롭힘에 해당한다는 것이지요. 또한 문제 된 행위 자체는 업무상 필요성이 인정되더라도 해당 직장에서 같은 종류의 일을 하거나 유사한 일을 하는 다른 동료 근로자보다 합리적 이유 없이 과도하게 이루어진 것이라면 달리 보겠다고 합니다. 이 경우도 일반적인 사회 통념상 상당하지 않은 행위로 보아 직장 내 괴롭힘이 인정될 수 있다는 것입니다. 즉 일반인의 상식에서 인정될 수 있는 합리적인 업무 지시와 인사행위는 직장 내 괴롭힘에 해당하지 않습니다. 직장 내 괴롭힘을 가장 강력하게 규정하는 호주도 합리적 인사행위는 직장 내 괴롭힘에 해당하지 않는다고 명시하고 있는 것을 보면 타당한 해석입니다.

그럼, 여기서 질문 하나 드리겠습니다. '업무상 적정범위를 넘어서는 행위'인지 여부를 판단할 때 괴롭힘을 행한 행위자의 인식이나 의도가 고려될까요?

당연히 행위자의 인식이나 의도는 고려되지 않습니다. 행위자가 업무상 적정범위를 넘어서는 행위를 할 때, 이 행동이 피해자에게 고통이 될 줄 몰랐다는 감수성 결여나 인격권 침해인지 몰랐다는 호소는 인정되지 않는 것이 바람직합니다. 직장 내 괴롭힘 판단요소에도 행위자 의도는 고려대상이 아닌 것을 분명히 하고 있기 때문입니다. 직장 내 성희롱과 마찬가지로 직장 내 괴롭힘도 피해자가 느끼는 괴로움이 가장 중요한 부분이며, 고용노동부도 행위자 의도는 고려하지 않겠다고 명시하고 있습니다. 프랑스 대법원도 직장 내 괴롭힘은 피해자를 괴롭히겠다는 악의나 의도 없이 인사관리 목적에서 행한 조치더라도 괴롭힘이 성립한다고 판단합니다.[20]

이렇게 입법 과정에서의 논의와 정부 행정해석·프랑스 법원 판단을 살펴보며 업무상 적정범위를 넘는 행위에 대해 알아보았습니다. 그럼 '업무상 적정범위를 넘어'서는 행위를 정리해 보겠습니다. '업무상 적정범위를 넘어'서는 행위란 업무상의 모든 범주를 뜻하는 것이 아닙니다. 이는 업무상이라 하더라도 일반인의 상식 차원에서 적정한 범위를 넘어서 유·무형으로 압력을 가하는 경우로 해석할 수 있겠습니다.

'근무환경'의 의미는?

66

　근로기준법 제76조의2는 직장 내 괴롭힘 환경 범위를 '근무환경'을 악화시키는 행위로 설정합니다. 그런데 직장 내 괴롭힘을 정의한 해당 법조문이 처음 국회에서 논의될 당시 원래 단어는 '업무환경'이었습니다. 원안이 '업무환경'이라 규정한 이유는 직장 내 괴롭힘은 실제 근무하는 환경을 넘어서 외부에서도 나타날 수 있으므로 포괄적 범위로 설정하고자 한 것이었다고 생각합니다. 실제 근무환경이라고 하면 여러분이 매일 출근해서 일하는 사무실과 같이 직접적인 장소로 국한되는 문제가 있습니다.

　이런 문제가 있는데도 왜 국회는 원안대로 '업무환경'이라 정의하지 않고 '근무환경'으로 바꾼 걸까요? 이유를 알기 위해 다시 국회 입법 논의 과정을 살펴보겠습니다. 국회는 「환경노동위원회 법사위 체계 자구검토」에서 '업무환경[21]'이 '업무를 수행하는 물리적인 시설과 같은 환경'뿐만 아니라, '그 업무를 수행하는 사회적인 환경' 같이 다의적인 해석이 가능하다고 해석합니다. 따라서 '업무환경을 악화시키는 행위'는 의미가 불명확한 측면이 있다고 검토 보고서를 제출합니다. 그러면서 이와 관련하여 "~한 근로환경 조성을 위한 노력" 같이 업무환경과 유사한 용어인 '근로환경' 개선 책무를 규정하는 입법례[22]는 다수 있다고 언급합니다. 사실상 근로환경으로 단어 교정을 제안한 것이지요. 다만 자율적 입법 여지도 남겨둡니다. 상임위원회인 환경노동위원회에서 해당 법안을 논의한 취지가 괴롭힘 행위에 대한 문제를 인식하고 직장 내부에서 자율적인 방식으로 조치하고자 했기 때문에, 환경노동위원회의 입법 정책적 결정[23]도 고려하여 판단할 사항이라는 것이었지요.[24] 더욱이 법안이 처벌규정을 포함할 때는 법 해석이 모호하면 처벌의 적정성 여부 문제로 이어집니다. 그런데 직장 내 괴롭힘 법 조문은 위반에 대해 직접적인 처벌을 규정하지 않았다는 점도 고려되었습니다.

　그러나 고용노동부는 법사위 심사결과를 바탕으로 '업무환경'을 '근로환경'으로 수정합니다. 그 후 환경노동위원회 법안심사 제2소위원회 입법 논의 과정에서 괴롭힘 정의규정이 너무 포괄적이라는 일부 의원[25] 지적으로 인해 다시 '근무환경'으로 수정하기에 이릅니다. 당시 고용노동부 임수정 차관은 이러한 수정 근거로 사회복지사업법, 장애인활동지원법 등 13개 법률에서 '근무환경'이라는 용어를 쓰고 있다고 설명합니다. 차관은 '근무환경'은 일하고 있는 장소적 개념이 강하며, '업무환경'은 장소적 개념을 넘어 외부 업무환경까지 고려하는 의미로 해석하였습니다.

그렇지만 입법 과정에서 모두가 '근무환경'으로 변경하는 것에 동의하진 않았습니다. 백혜련 의원은 '직장 내 괴롭힘'이란 용어 자체가 새로운 사회 환경에 따라 발생한 용어이기 때문에 원안인 '업무환경' 그대로 가는 것이 나을 수 있다고 말합니다. 여기에 두 가지 근거를 제시합니다. 첫째, 직장 내 괴롭힘과 관련된 유사 판례[26]를 보면 괴롭힘이 적용되는 환경을 근무환경으로 보기 어렵다는 점입니다. 둘째, 일반적인 국어 개념으로 봤을 때 근무환경이라는 개념에 직장 내 괴롭힘이 포함되기 어렵다는 점이었습니다. 채이배 의원은 직장 내 괴롭힘 정의규정에 '업무상 적정범위를 넘어선다.'라는 문구가 앞에 있는데, 여기에 다시 범위가 더 작은 '근무환경'을 넣는다는 게 앞뒤가 맞지 않다고 보았습니다. 따라서 법문 명확화를 위해 '업무환경' 원안으로 가는 게 옳다고 말합니다. 입법 심사 과정에서 괴롭힘 법 도입 반대 의사를 밝혔던 장제원 의원조차 '근무환경'이라고 하면 직장에서 일할 때만 괴롭히면 안 되는 것으로 해석될 것을 우려했습니다. 직장 밖에서도 괴롭힘을 당할 수도 있으므로, 일할 때를 벗어나서도 업무라는 규정으로 가는 것이 포괄적이며 합리적이라 지적합니다.

이러한 논의 과정에서 고용노동부는 '근무환경'은 일하고 있는 장소, 종사자가 지금 있는 그 근무 장소를 중심으로 고민한 것이라고 설명합니다. 또한 「소방공무원보건안전법」에서 말하는 '업무환경'은 근무 장소를 벗어나서 추가로 소방 활동이 광범위하게 이루어지기 때문에 업무환경으로 규정한 것이므로 직장 내 괴롭힘과 성격이 다르다고 해석했습니다.

이렇게 국회 환경노동위원회에서 많은 의원이 '근무환경'이 직장 내 괴롭힘을 적용하는 환경 범위로 적정하지 못하다는 논의를 이어갔으나, 결론적으로 개정 근로기준법은 '근무환경'으로 규정됩니다. 이러한 입법에 어떠한 명확한 근거 또는 다수의 의견 취합이 있었는지 의문이 드는 것이 사실입니다. 그렇지만 정부의 생각대로 '근무환경'으로 입법된 이상, 고용노동부는 환경적 판단 범위를 근무 장소에 따른 범위 내로 한정 해석할 것입니다.

고용노동부는 직장 내 괴롭힘 매뉴얼을 통해 다시 '근무환경을 악화시키는 것'에 대해 상세히 설명합니다. 근무환경 악화란 그 행위로 인하여 피해자가 능력을 발휘하는 데 간과할 수 없을 정도로 지장이 발생하는 것을 뜻한다고 말이지요. 예시로 '면벽 근무'를 듭니다. 드라마나 영화에 종종 나오는 장면이지요. 2017년 방영되며 화제를 일으킨 드라마 '김과장'에서도 나온 장면입니다. 해당 드라마에서 회사는 자발적 퇴사 제안을 거부한 오부장에게 많은 직원이 오가는 화장실 앞 복도에 1인용 책상을 놓고 일하라고 지시합니다. 화장실 앞에서 벽만 바라보며 일하는 자신의 모습을 수많은 동료가 보면서 그는 수치심과 모멸감을 느낍니다. 결국 그는 회사 옥상에서 투신자살을 시도합니다. 이렇게 근무공간이 일반 상식선에서 이해할 수 없는 곳으로 지정할 경우 '근무환경 악화'에 해당한다는 것이지요. 사용자의 인사권 행사범위에 해당하더라도, 사실적으로 볼 때 직장 내부에서 근로자가 업무를 수행하는 데 적절한 환경 조성이 아닐 경우 근무환경 악화로 보겠다는 뜻입니다. 직장 내부에서 벌어지는 비인격적 조치에 대한 경종이 될 수 있겠습니다.

그렇지만 고용노동부는 동시에 사용자의 인사조치가 모두 직장 내 괴롭힘에 해당하는 근무환경 영역이 아님을 분명히 합니다. 해고, 전보, 전환배치 명령 등의 인사조치는 직장 내 괴롭힘이 아닌 근로기준법 제23조(해고 등의 제한)로 판단한다는 것이지요. 근로기준법 제23조는 사용자의 인사조치를 제한하는 법률입니다. 해당 조문은 제1항에서 "사용자는 근로자에게 정당한 이유 없이 해고, 정직, 전직, 감봉, 그 밖의 징벌(이하 "부당해고"라 함)을 하지 못한다."라고 하며 일반적인 사용자 인사조치에 정당한 이유가 있어야 함을 규정합니다. 이렇게 사용자의 인사권 전반에 대해서는 직장 내 괴롭힘이 아닌 근로기준법 제23조의 위법·부당한 조치인지 여부로 판단하여야 함을 명확히 하였습니다. '근무환경'에 대한 정부 해석은 장소적 범위를 기준으로 판단할 때는 합리적 해석으로 보입니다.

다만, 앞서 채이배 의원의 지적과 같이 직장 내 괴롭힘 법 조문은 '업무상 적정범위를 넘어'라는 개념을 앞에 두고 있으므로, '업무상 적정범위'에 대한 개념과 '근무환경'에 대한 개념의 법적 범위가 일치하지 않는 문제가 있습니다. 따라서 적정범위를 넘어선 괴롭힘 결과 중 하나로 '근무환경'을 악화시키는 행위가 발생한 경우라 해석함이 바람직합니다. 즉 원인이 아닌 결과로서 하나의 예시라 보는 것이 타당합니다. 이렇게 보면 근무환경은 결과적 예시로서 특별한 기능을 하지 못한다고 볼 수 있습니다. 따라서 환경 역할도 기능할 수 있게 하기 위해서는 '근무환경'을 '업무환경'으로 정정할 필요가 있습니다. 법체계 차원에서도 법적 범위를 일치시키기 위해 개정 작업이 필요합니다.

피해자 범위는 어디까지 인정될까?

"

근로기준법은 개별 직장에서 사용자와 근로자를 한정하여 규율하는 법입니다. 따라서 근로기준법에 직장 내 괴롭힘 금지가 규정된 이상, 피해자는 개별 직장에 소속된 '근로자'가 됩니다. 고용노동부도 직장 내 괴롭힘 매뉴얼을 통해 피해자인 근로자를 고용형태, 근로계약 기간 등을 불문하고 '근로자'인 경우로 설명하고 있습니다. 즉, 해당 일터에 소속된 근로자라면 기간직이든 정규직이든 상관없이 피해자로 인정받을 수 있습니다.

여기서 문제는 개별 직장에 직접 소속되지 않은 사람들입니다. 도급계약이나 파견계약을 맺은 협력업체 근로자, 보험설계사나 학습지 교사 같은 특수형태근로종사자가 여기에 해당합니다.

고용노동부는 이러한 협력업체 근로자나 특수형태근로종사자도 괴롭힘 행위로부터 보호할 수 있도록 개별 직장에서 자율적으로 규율하라고 제안합니다.[27] 그런데 여기서 도급·파견업체 근로자의 경우, 개별 기업에서 보호하기에는 법률상 여러 문제가 있습니다. 파견법과 2020년 1월에 고용노동부가 직접 발표한 근로자 파견 판단기준을 보면, 개별 기업에서 도급업체 근로자에 대해 인사권을 행사할 경우 파견으로 볼 가능성이 큽니다. 그런데 직장 내 괴롭힘으로부터 해당 근로자를 보호하기 위해서는 적정한 보호조치가 필요합니다. 법과 기준이 충돌하는 것입니다. 특수형태근로종사자도 마찬가지입니다. 개별 기업이 직접 보호 조치를 취하기에는 아직 법적 기반이 모호합니다.

괴롭힘은 사용자, 동료와의 관계에서 발생하는 것이 대부분이므로 근로기준법은 직장 내부에서 괴롭힘을 방지하는 임무를 수행할 것입니다. 그러나 서비스산업 확대와 플랫폼 노동 등장 등 노동의 다변성으로 인해 업무와 직접 관련이 없는 제3자에 의해 괴롭힘이 발생하기도 하는 것이 오늘날 일터환경이지요. 특히 과거 인간관계에서 발생하는 괴롭힘은 주로 서비스, 돌봄, 교육, 민원, 간호·사회복지 업무 등과 같이 공동체 영역에서 이루어진다고 보았습니다. 그런데 현재는 조직 내 불평등을 전제한 관계에서의 무례함, 정보통제와 감시, SNS 등을 통한 사적 영역 접근 등 공·사적 영역에서 동시에 나타나는 것이 일반적입니다.[28]

오늘날의 이런 사회 현상에 비추어 피해자 범위를 공간적 장소 개념에서 벗어나 어떠한 형태로든 '근로자'인 경우 가능하다고 확장할 수 있도록 법을 적극적으로 변화시킬 필요가 있습니다. 앞서 직장 내 괴롭힘 금지 법문 속 '직장 내'에서 '내'의 의미를 일본처럼 '사업장 내(內)'라는 공간적 요소로 보지 않고 확장할 수 있다고 말씀드렸습니다. 그런데 현행 근로기준법 체계는 개별 근로관계를 규율하는 법률이기 때문에, 이러한 확장에도 불구하고 개별 기업에서 직접 근로관계를 맺고 있는 근로기준법상 근로자에 한정될 수밖에 없다는 한계가 있습니다.

　　직장 내 괴롭힘 금지 규정에서 '직장 내'의 의미를 직장에서의 '업무 관계성'을 의미하는 것으로 확장할 필요가 있는 것이지요. 즉 직장에서 업무 관계성이 있는 경우 누구라도 피해자가 될 수 있도록 괴롭힘 법률 적용을 확대할 필요가 있습니다. 이를 위해서는 근로기준법을 넘어 새로운 법적 방안 모색이 필요합니다.[29] 나아가 직장 내 괴롭힘은 근로기준법 외에도 산업안전보건법, 산업재해보상보험법에서 다루고 있습니다. 따라서 산업안전보건법과 산업재해보상보험법에서 말하는 근로자도 직장 내 괴롭힘 피해자로 인정할 수 있도록 해석 장치 마련을 고려해야 합니다. 기본적인 직장 내 괴롭힘 금지 법률이 근로기준법에 들어가면서 벌어진 이 한계를 해소할 수 있도록 국회에서 재논의가 필요합니다.

행위자 범위는 어디까지 인정될까?

"

　직장 내 괴롭힘 금지는 근로기준법에서 규정하고 있습니다. 따라서 원칙적으로 근로기준법상 사용자와 근로자가 직장 내 괴롭힘 금지 규정이 적용되는 행위자입니다. 고용노동부 역시 「직장 내 괴롭힘 판단 및 예방·대응 매뉴얼」에서 근로기준법상 사용자[30] 와 근로자[31]가 법상 직장 내 괴롭힘 행위자가 될 수 있다고 해석합니다. 따라서 하나의 직장에 소속된 사용자와 근로자 사이, 근로자와 근로자 사이 등에서 괴롭힘이 발생한 경우 직장 내 괴롭힘 금지 규정이 적용됩니다. 여기서 근로자와 근로자 사이에 발생한 괴롭힘의 경우, 같은 직장에서 피해자와 가해자가 같은 사용자와 근로관계를 맺고 있는 자일 것이 원칙이라 밝히고 있습니다.[32]

고용노동부의 이러한 해석은 근로기준법 특성을 반영한 것입니다. 근로기준법은 개별적인 근로관계를 규율하는 법률로, 하나의 직장에 소속된 사람(사용자, 근로자)에게 적용되기 때문이지요. 여기서 계약 형태는 중요하지 않습니다. 즉 계약직인지 정규직인지는 문제 되지 않고 모두 적용됩니다.

　그렇지만 오늘날 여러분이 일하는 일터 대부분은 이렇게 근로기준법이 적용되는 사람으로만 이루어져 있지 않습니다. 노동 형태가 다변화되면서 하나의 일터에도 소속이 다양한 사람들이 함께 일하고 있지요. 그들은 협력업체 근로자라 불리기도 하며, 비정규직 근로자라 불리기도 합니다. 언론에서는 보통 비정규직 근로자라 지칭하지요. 그런데 비정규직 근로자는 법률로 명확하게 분류된 용어가 아닙니다. 법적으로 정확하게 분류해 보겠습니다. 먼저 특정한 일을 완성할 것을 목적으로 일의 결과에 대해 보수를 지급하는 계약인 '도급계약'에 따라 일을 하는 도급업체 소속 근로자가 있습니다. 그리고 특정한 일을 하기 위해 근로자만 파견하는 '근로자 파견계약'에 따라 일을 하는 파견업체 소속 근로자도 있습니다. 이러한 도급업체 소속 근로자와 파견업체 소속 근로자는 어떠할까요? 일하는 장소가 같으므로 하나의 일터에서 직장 내 괴롭힘 금지 규정이 적용될까요? 원칙을 먼저 말씀드리면, 하나의 직장에서 일하더라도 일하는 곳 기준으로 현행법이 적용되는 것은 아닙니다. 물론 소속 도급업체나 파견업체 안에서는 적용됩니다. 이들의 직장은 도급업체나 파견업체이기 때문에 원칙적인 법 적용 범위는 도급업체나 파견업체가 되는 것이지요. 근로기준법의 핵심은 근로관계를 맺고 있는 곳이 어디인지이기 때문입니다.

다만, 파견근로자는 「파견근로자보호 등에 관한 법률」 (이하 '파견법')에서 안전 보호 의무를 규정하고 있으므로 좀 더 넓은 법 적용이 가능하다고 생각합니다. 고용노동부도 사용사업주 또는 사용사업주 소속 근로자와 파견근로자 사이에서 직장 내 괴롭힘이 발생할 경우, 사용사업주도 근로기준법에 따른 조치의무 등을 부담한다고 판단하고 있습니다. 고용노동부는 「파견법」 제34조 제1항 본문에서 파견 중인 근로자에 대하여 파견사업주와 사용사업주를 「근로기준법」에 따른 사용자로 보고 있다는 점을 근거로 듭니다. 법원도 사용사업주가 파견근로자 보호 의무를 부담한다고 보는 입장이라는 점에서도 타당한 해석입니다. 실질적으로 파견근로자가 일하는 곳은 사용사업주의 사업장이고, 이렇게 사용사업주 소속 일터에서 근로를 제공하던 중 발생한 사안인 만큼 해당 사업장 예방·대응 체계에 따라 처리하는 것이 타당하다고 보고 있습니다.[33]

따라서 하나의 일터에서 사용사업주 소속 사용자나 근로자가 파견근로자를 괴롭힌 경우, 사용사업장 규정에 따라 가해자인 사용사업주 소속 사용자나 근로자에 대한 적절한 조치는 가능합니다. 다만 피해자인 파견근로자에 대한 보호조치는 사용사업장에서 할 수 없는 문제입니다. 사용사업주는 파견근로자에 대한 인사권이 없기 때문이지요. 만약 사용사업주가 파견근로자에 대해 작업장 이동이나 휴가를 부여하는 등 인사권을 행사할 경우, 이는 파견법을 위반한 조치에 해당할 수 있습니다. 따라서 피해자인 파견근로자 보호조치는 파견사업주 소속 기업에서 해결해야 할 조치입니다. 한편 고용노동부는 파견근로자가 괴롭힘 행위자인 경우,

사용사업주는 파견근로자에 대하여 징계 등 인사권이 없으므로 파견사업주에 해당 사실을 알리라고 합니다. 그리고 사용사업주 소속 피해자 보호를 위해 적절한 조치를 하도록 파견사업주에게 요구할 필요가 있다고 해석하고 있습니다.[34]

파견 관계에서는 파견법 제34조[35]에 의해 사용사업주에게도 근로기준법상 '묵시적 안전보호의무'가 부여됩니다. 이러한 사용사업주 의무가 어떠한 의미인지에 대해서는 논란이 있습니다. '사업주 지위'가 인정된다고 보는 견해와 '사용자 책임'으로 보아야 한다는 의견이 충돌하고 있지요. 그렇지만 현재 노동법 학계에서는 사용사업주에게 '책임'을 부여한 것으로 해석하는 의견이 많습니다. 따라서 사용사업주에게 묵시적 안전보호의무가 책임으로 부여됨으로써, 사용사업주가 근로기준법상 직장 내 괴롭힘에 대한 조치의무를 부담하는 것은 자연스러운 법 해석이라 판단됩니다. 따라서 법적 책임 주체는 당연히 사용자에게 주어지는 것이지만, 괴롭힘 행위자는 반드시 법적 책임 주체에 한정될 필요는 없다고 생각합니다. 앞서 살펴본 것처럼 피해자 범위가 확대됨에 따라 자연스럽게 행위자 범위도 연동하여 해석하는 것이 법적 정합성을 높이는 길이겠지요. 노동 형태가 다변화되고 있는 현실을 반영하여 향후 업무 관련성 범주에서 행위자를 규제할 방안이 모색되기를 바랍니다. 여러분의 생각은 어떠한가요?

직장 내 괴롭힘으로 인정되기 위한 요건에는 어떤 연관성이 있을까?

"

근로기준법은 직장 내 괴롭힘 금지 법규를(제76조의2) 통해 행위요건을 규정하고 있습니다. 법상 행위요건은 3가지입니다. 첫째, '직장에서의 지위 또는 관계 등의 우위를 이용할 것', 둘째, '업무상 적정범위를 넘을 것', 셋째, '신체적·정신적 고통을 주거나 근무환경을 악화시키는 행위일 것'입니다. 이러한 3가지 행위요건은 모두 충족되어야 하는 필수요건일까요, 아니면 3가지 중 하나만 해당하면 되는 것일까요? 고용노동부는 3가지 행위요건을 모두 충족해야 직장 내 괴롭힘으로 인정한다고 명시합니다. 즉 3가지가 행위요건을 성립시키는 필수 요소라고 판단한 것이지요. 이는 개정 근로기준법의 괴롭힘 행위 금지 규정에 포함된 정의 내용상 타

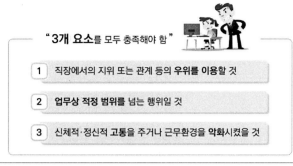

"**3개 요소**를 모두 충족해야 함"

1 직장에서의 지위 또는 관계 등의 **우위를 이용**할 것

2 **업무상 적정 범위를 넘는** 행위일 것

3 신체적·정신적 **고통**을 주거나 근무환경을 **악화**시켰을 것

직장 내 괴롭힘 판단요건

당한 해석입니다.

　3가지 행위요건이 모두 필수 요소임은 분명합니다. 그렇다면 세 요소는 어떤 관련성을 가질까요? 여러분은 앞서 첫 번째 요건과 두 번째 요건을 어떻게 해석해야 하는지 알아보셨습니다. 한 번 더 짚어보자면, '직장에서의 지위 또는 관계 등의 우위를 이용할 것'이란 지위 또는 관계의 '우위성'을 이용할 것을 요구합니다. '업무상 적정범위를 넘을 것'은 포괄적인 업무 관련성이 있다는 전제하에 일반적인 사람 관점에서 적정한 업무 범위를 넘어서는 것을 의미합니다. 따라서 첫 번째와 두 번째 요건은 특정한 범주에서 인정 여부가 결정되는 요건입니다. 그리고 첫 번째 요건인 '우위성 이용'이 인정되지 않으면, 두 번째 요건을 판단할 필요가 없는 단계적 요건이기도 합니다. 그런데 세 번째 요건은 다르게 해석해야 한다고 생각합니다. 세 번째 요건인 '신체적·정신적 고통을 주거나 근무환경을 악화시키는 행위일 것'은 결과적 요건으로 해석하는 것이 바람직합니다. 지위나 관계의 우위성을 이용하여 업무상 적정범위를 넘은 괴롭힘을 겪은 사람은 당연히 신체적·정

신적 고통을 겪을 수밖에 없습니다. 다만 고통은 개인마다 정도의 차이가 있습니다. 따라서 일반적인 사람이 이러한 괴롭힘을 겪었을 때 비슷한 고통을 느끼는지에 따라 판단될 수 있습니다. 근무환경 악화의 경우, 앞서 살펴본 것처럼 법에서 직장 내 괴롭힘을 업무상 범위를 기반으로 판단하는데 그 후단에 근무환경 악화가 나오는 구조입니다. 따라서 근무환경 악화 상황은 괴롭힘 행위로 인해 자연스럽게 나오는 결과라 해석하는 것이지요. 다만 고용노동부 판단기준은 직장 내 성희롱 판례를 기반으로 하고 있어, '반복성'과 '평균적인 사람의 입장'임을 고려해야 한다고 전제합니다. 따라서 직장 내 괴롭힘과 직장 내 성희롱 두 개념 간 관계에 대해 살펴볼 필요가 있습니다. 「'직장 내 성희롱'은 직장 내 괴롭힘과 어떤 관계인가?」 부분에서 자세히 살펴보겠습니다.

취업규칙

: 직장 내 괴롭힘 도입을 불이익변경으로 볼 것인가?

▶

"

직장 내 괴롭힘 관련 법률이 도입되면서 변화된 부분 중 하나는 '취업규칙'입니다. 취업규칙이란 일터에 적용되는 노동조건이나 직장 규율을 의미합니다. 일반적으로 사용자가 정하는 규칙으로 임금, 근로시간, 기타 복무규정을 정한 것이지요. 직장 내 괴롭힘 금지가 법으로 도입되면서, 근로기준법(제93조)은 취업규칙에 필수적으로 '직장 내 괴롭힘 예방 및 발생 시 조치사항'을 추가하도록 하였습니다. 근로기준법은 상시 10명 이상 근로자가 일하는 직장에서는 반드시 법에서 정하는 내용을 포함하여 취업규칙을 작성하도록 의무화하고 있습니다. 또한 취업규칙을 작성하거나 변경할 경우, 고용노동부 장관에게 신고하도록 규정합니다. 현실적으로

기업에서 취업규칙을 변경하면 담당 고용노동부 지청에 신고하는 절차를 추가한 것이지요. 이렇게 취업규칙 필수적 기재사항으로 직장 내 괴롭힘 예방 및 조치사항을 추가하여 사내 규범으로 규율하고자 한 이유는 무엇일까요? 직장 내 괴롭힘을 선진적으로 도입한 해외사례에서 최고경영자의 적극적 의지와 직장 내 자체규범 마련이 중요하다고 강조하기 때문입니다.

취업규칙은 법으로 규율하는 것이기 때문에, 작성·변경 시 일정한 요건을 갖출 것을 요구합니다. 근로자 다수에게 일괄적으로 적용되는 규칙이기 때문에 사용자가 일방적으로 변경할 수 없도록 조치한 것이지요. 일반적인 작성·변경 시에는 사용자가 해당 기업의 과반수 노동조합이나 근로자 과반수의 '의견'을 들어야 합니다. 그런데 만약 해당 내용이 근로자에게 불리한 경우라면 절차는 달라집니다. 이를 '취업규칙 불이익변경'이라 하며, 불이익변경에 대해서는 과반수 노동조합이나 근로자 과반수의 '동의'를 받도록 의무화하고 있습니다. 이러한 동의 절차는 사용자가 일방적으로 근로자에게 불리한 내용을 손쉽게 규정하지 못하도록 하는 근로자 보호 장치입니다.

그런데 고용노동부는 직장 내 괴롭힘 관련 취업규칙 작성·변경 시 행위자에 대한 징계 규정을 신설하거나 강화할 경우 취업규칙 불이익변경으로 해석하였습니다. 즉 행위자 징계 규정이 포함되면 과반수 노조 또는 근로자 과반수의 동의를 얻어 변경하여야 한다고 판단합니다. 여기서 질문드리겠습니다. 행위자 징계 규정이 포함된 취업규칙 변경이 여러분에게 불이익한 변경이라 생각하십니까? 근로자 보호를 위해 직장 내 괴롭힘 금지를 법으로 규정하고, 취업규칙에도 필수적으로 추가하여 명확히 사내 법규화하도록 한 것이 개정법 취지라 말씀드렸습니다. 피해자 보호와 재발 방지를 위해서라도 가해자에 대한 조치는 필수적이지요. 그런데 직장 내 괴롭힘 가해자에게 명확한 조치를 하기 위해서는 직장 내부에 근거 규정이 필요합니다. 근거 규정에 기반하지 않은 징계 시 오히려 해당자가 부당징계라 주장할 수 있기 때문이지요. 현실에서는 명확한 근거로 징계를 받으신 분이 노동위원회에 부당징계를 주장하는 경우도 많습니다. 그래서 징계에 있어 명확한 근거 규정이 중요하지요. 따라서 일터에서 벌어지는 괴롭힘을 금지하고 여러분을 보호하고자 만들어지는 법 테두리 안에서 변경하는 취업규칙이 '불이익변경'에 해당하는지 살펴볼 필요가 있습니다.

판례는 취업규칙 변경이 근로자에게 불리한지는 그 변경 취지와 경위, 해당 사업체의 업무 성질, 취업규칙 각 규정의 전체적인 체제 등 제반 사정을 종합하여야 한다고 판시합니다.[36] 이미 작성된 취업규칙에서 정한 사항을 근로자에게 불리하게 변경하는 경우뿐만 아니라, 취업규칙 작성 이전에 벌써 근로자에게 적용하고 있는 내용을 불리하게 변경하는 때도 포함됩니다.[37] 직장 내 괴롭힘 개정법에 따른 취업규칙 변경도 이러한 판례의 판단기준에 따르겠지요.

개정법은 직장 내 괴롭힘 관련 내용을 취업규칙에 필수적으로 반영하여 기업이 괴롭힘을 체계적으로 관리하도록 의무화하고 있습니다. 가해자 징계는 기업이 직장 내 괴롭힘을 관리하기 위해 필수적으로 반영될 필요가 있는 내용입니다. 그런데 이러한 징계를 포함한 취업규칙 변경이 기본적으로 불이익변경에 해당한다고 해석할 경우, 과반수 노동조합이나 근로자 과반수의 동의를 얻지 않는 한 괴롭힘 가해자 징계 규정을 추가하기가 어려워집니다. 물론 과반수 노동조합이나 근로자 과반수가 취업규칙 불이익변경에 반대해도 '사회 통념상 합리성'이 인정되면 변경된 취업규칙 효력을 인정하는 판례법리가 유지되고 있으므로 가능하다고 말하는 분도 계실 수 있습니다. 그러나 이 법리는 강행법규 적용을 배제하는 예외적인 해석인 만큼 매우 엄격하게 해석하고 있는 게 현실입니다. 정부에서 제시한 직장 내 괴롭힘 관련 취업규칙 표준안에도 가해자 징계 사항이 포함된 것을 보면, 법 해석과 현실 반영이 동떨어져 있다는 생각이 듭니다. 이러한 정부 행정해석으로 인해 많은 기업이 징계 규정을 추가하지 않고, 일반적인 직장 내 괴롭힘 금지 규정만 추가하여 취업규칙을 변경하고 있습니다. 징계 규정을 포함하여 규정하고자 한 기업 중에서는 과반수 노동조합 반대로 취업규칙 변경이 통과되지 못한 경우도 많았습니다. 앞서 다른 기업에서 노동조합 반대로 어려움을 겪는 것을 보며 징계 규정을 삭제한 곳도 있었습니다. 여러분이라면 괴롭힘 가해자를 징계하도록 규정하지 못하고 일반적인 금지 규정만 포함된 취업규칙 적용을 받고 싶으신가요? 아니면 징계 규정이 명확히 포함된 취업규칙 적용을 받는 곳에서 일하고 싶으신가요?

직장 내 괴롭힘 관리는 오늘날 일터에서 시급히 해결되어야 할 문제 중 하나로, 노사가 합의를 통해 원만하게 해결하는 것이 바람직합니다. 그러나 노사가 논의했음에도 불구하고 가해자 징계에 대해 합의하지 못한 경우, 이러한 취업규칙 변경은 불이익변경에 해당하여 과반수 노조나 과반수 근로자의 동의가 필요한 것일까요?

　　직장 내 괴롭힘 가해자에 대해 새로운 징계 규정을 설정할 경우, 기존 근로조건보다 제재조건이 추가되는 것으로 불이익변경으로 볼 수도 있습니다. 그러나 개정법 직장 내 괴롭힘 관리의 핵심은 노사가 개별 일터 여건을 고려하여 사내 규범을 마련하여 자율적으로 관리하도록 규정한 것입니다. 이에 비추어 반드시 기존 근로조건 유지를 전제로 한 것이라 해석하는 것은 너무나 법문을 제한적으로 풀이한 것이라 봅니다. 따라서 기존에 정하지 않은 내용을 보충하거나 추가한 것이라면, 애초에 근로조건을 정한 바가 없어 취업규칙 변경이 아닌 작성 또는 제정에 해당하는 것으로 해석될 여지도 있습니다.

　　취업규칙으로 직장 내 괴롭힘 가해자에 대한 징계가 도입될 경우, 징계기준 강화에 따라 근로조건 변화는 일어나게 되는 것이 사실입니다. 그러나 이러한 징계 규정 도입은 사용자 보호의무 강화로 연결되고, 이를 통해 직장 근로환경의 안정성이 확대된다고 해석할 수 있습니다. 따라서 직장 내 괴롭힘 관련 징계 규정 도입은 고정적으로 취업규칙 불이익변경으로 연결되는 것이 아닌, 종합적 판단이 이루어져야 할 범위에 있다고 생각합니다. 또한 근로관계 내용상 기득의 권리 및 이익에 관계된 문제라고 볼 경우, 불이익변경에 해당하는지는 사업장별로 여러 요소를 종합적으로 판단해야 할 것입니다. 단편적으로 징계 규정이 포함되었다는 사실만으로 불이익변경으로 보는 것은 합리적이지 않습니다. 결론적으로 직장 내 괴롭힘 관련 징계 규정 도입이 취업규칙 불이익변경에 해당하는지는 개정 근로기준법(제93조 제11호) 취지를 어떻게 해석할 것인지에 따라 달라질 수 있다고 생각합니다. 또한 징계가 구체적으로 어떤 내용인지에 따라 유불리 여부가 달라질 수 있음에도 유의할 필요가 있습니다.

근로자와 사용자 모두 알아야 할
직장 내 괴롭힘 발생 시 대처방법

▶

66

직장 내 괴롭힘 대처방법을 알아야 하는 이유

여러분이 직진 신호에 따라 차를 운전하고 있습니다. 신호는 분명 초록불입니다. 그런데 우회전 차량이 신호를 제대로 보지 못했습니다. 그래서 충돌사고가 일어납니다. 이때 우리는 어떻게 할까요? 사고를 겪고 당황하겠지만, 이내 보험사를 부르고 사고처리를 할 겁니다. 사고를 목격하셨다면 경찰을 부르겠지요. 직장 내 괴롭힘도 사고와 비슷하다고 생각합니다. 한 사람의 잘못으로 겪게 되는 일이 아닌, 예기치 못한 사고 같은 것이지요. 그럼 일터에서 벌어진 괴롭힘은 어떻게 대처해야 할까요? 여러분이 직장 내 괴롭힘을 겪었다고 가정해 보겠습니다. 대부분은 당황하며 어떻게 해야 할지 몰라 인터넷 검색을 해보시겠지요. IT 강국 대한민국에서 지식인, 블로그 같은 인터넷사이트를 통해 기본적인 방법은 찾으실 수 있습니다. 그런데 이렇게 찾은 정보는 대부분 일반적인 법규 나열에 불과하거나, 노무법인에 자문하거나 고용노동부에 신고하라는 내용입니다. 물론 괜찮은 방법입니다. 그렇지만 그전에 법적인 공식 대처방법을 알고 계신다면, 여러분은 선택지를 두 가지 이상 가질 수 있습니다. 직장 내부에 신고하여 내부 지원을 받을 수 있고, 고용노동부에 신고해서 처리하거나, 법원에 소를 제기할 수도 있겠지요. 기본적인 대처방법을 스스로 알고 계시면, 어떤 방법을 선택하든 중간 과정에서 놓치는 부분이 줄어들 수 있습니다. 아는 만큼 보이는 것이지요. 특히 자신의 보호권을 위해 더욱 알고 있어야 합니다. 법에서 조치사항으로 규정하고 있는 핵심은 '피해 근로자 또는 피해를 주장하는 근로자 의견을 존중할 것'입니다. 근로기준법은 직장 내 괴롭힘 조사과정에서, 그리고 조사 후 괴롭힘이 확정된 상황에서 여러분 스스로가 보호받을 수 있도록 권리를 주장할 때 보호의무가 발생하도록 명시하고 있기 때문이지요.

그런데 법에서 공식적으로 규정한 직장 내 괴롭힘 처리방법은 일반 사고처리처럼 간단하지 않습니다. 공식적으로 신고를 해야 하며, 조사를 받아야 하고, '직장 내 괴롭힘이 맞다'라는 판단까지 받아야 합니다. 그 후에 가해자에 대한 조치가 이루어지지요. 사고와 비슷한 직장 내 괴롭힘을 법은 왜 이렇게 까다로운 절차를 거치도록 했을까요? 직장 내 괴롭힘은 특성상 괴롭힘이 성립하는지 판단하기가 쉽지 않기 때문입니다. 현장에서 사건을 검토하다

○ 근로기준법에서 규정한 직장 내 괴롭힘 대처방법

제76조의3(직장 내 괴롭힘 발생 시 조치)

① 누구든지 직장 내 괴롭힘 발생 사실을 알게 된 경우 그 사실을 사용자에게 신고할 수 있다.

② 사용자는 제1항에 따른 신고를 접수하거나 직장 내 괴롭힘 발생 사실을 인지한 경우에는 지체없이 그 사실 확인을 위한 조사를 실시하여야 한다.

③ 사용자는 제2항에 따른 조사 기간 동안 직장 내 괴롭힘과 관련하여 피해를 입은 근로자 또는 피해를 입었다고 주장하는 근로자(이하 "피해근로자등"이라 한다)를 보호하기 위하여 필요한 경우 해당 피해근로자등에 대하여 근무 장소의 변경, 유급휴가 명령 등 적절한 조치를 하여야 한다. 이 경우 사용자는 피해근로자등의 의사에 반하는 조치를 하여서는 아니 된다.

④ 사용자는 제2항에 따른 조사 결과 직장 내 괴롭힘 발생 사실이 확인된 때에는 피해근로자가 요청하면 근무 장소의 변경, 배치전환, 유급휴가의 명령 등 적절한 조치를 하여야 한다.

⑤ 사용자는 제2항에 따른 조사 결과 직장 내 괴롭힘 발생 사실이 확인된 때에는 지체 없이 행위자에 대하여 징계, 근무 장소의 변경 등 필요한 조치를 하여야 한다. 이 경우 사용자는 징계 등의 조치를 하기 전에 그 조치에 대하여 피해근로자의 의견을 들어야 한다.

⑥ 사용자는 직장 내 괴롭힘 발생 사실을 신고한 근로자 및 피해근로자등에게 해고나 그 밖의 불리한 처우를 하여서는 아니 된다.

보면 괴롭힘이 명확한 때도 있지만 일로 인해 수반되는 현상도 많습니다. 제대로 조사하고 판단하지 못하면 억울한 새로운 피해자를 만들 수도 있는 것입니다. 그래서 철저한 조사와 정확한 판단이 어떤 사건보다 필요한 것이 직장 내 괴롭힘 사건입니다. 근로자 여러분은 자신의 권리 보호와 인권침해 방어를 위해 대처방법을 알아야 합니다. 사용자 여러분도 신중한 판단을 통해 명확한 조치를 할 의무가 있으며, 나아가 괴롭힘으로 발생하는 인재유출과 조직문화 저하를 방지하기 위해 제대로 된 대처방법을 알 필요가 있습니다. 그럼 법규에 따라 일터 현장에서 어떻게 괴롭힘에 대처할지 알아보겠습니다.

직장 내 괴롭힘 신고 접수

근로기준법 제76조의3 제1항은 "누구든지 직장 내 괴롭힘 발생 사실을 알게 된 경우 그 사실을 사용자에게 신고할 수 있다"라고 규정합니다. 법문에 "누구든지"라는 말은 직장 내 괴롭힘 사실을 알게 된 '모든 사람'이 신고할 수 있도록 주체적 권리를 부여한 것으로 해석할 수 있습니다. 신고 주체는 직접 괴롭힘을 겪은 피해 근로자뿐만 아니라 주변에서 괴롭힘을 목격한 동료 근로자도 가능합니다. 그럼 여기서 말하는 신고 주체인 '모든 사람'에 해당 일터에 소속되지 않은 제3자도 포함할 수 있을까요? 앞서 말씀드린 것처럼 직장 내 괴롭힘을 규정하는 '근로기준법' 적용 범위는 해당 일터 장소를 뜻하는 '사업 또는 사업장'입니다. 법을 지켜야 하는 수범자도 해당 일터의 '사용자'이지요. 따라서 근로기준법 기본 원칙을 적용하면 제3자는 근로기준법 적용대상이 아니라고 해석할 수도 있습니다. 그렇지만 해당 법문에서 "누구든지"라고 명시하고 있으며, 임의규정인 규정 특성을 반영하여 제3자도 신고 가능하다고 해석하는 것이 합리적입니다. 물론 제3자라도 전혀 해당 일터와 관계없는 사람은 괴롭힘을 목격할 가능성이 낮습니다. 여기서 말하는 대부분의 제3자는 해당 일터와 거래 관계에 있는 다른 직장 구성원일 것입니다.[38]

그렇다면 이러한 신고 접수를 받는 주체는 누구일까요? 해당 법규는 "사용자에게 신고할 수 있다"라고 규정하고 있습니다. 즉 해당 직장 '사용자'가 법상 신고 접수 주체입니다. 근로기준법에서 말하는 '사용자'는 해당 일터 근로자와 직접 근로계약을 맺은 당사자인 사용자를 원칙으로 합니다. 다만 근로기준법이 적용되는 특수한 예도 있습니다. 바로 파견근로 관계입니다. 근로기준법은 파견근로 관계에서 '사용사업주'도 사용자로 일정 의무를 인정하고 있습니다. 여기서 말하는 '사용사업주'는 파견근로자가 파견 나가 일하는 일터를 관장하는 사업주를 의미합니다.

그럼 직접 신고 접수 주체인 사용자 여러분은 가장 먼저 어떻게 해야 할까요? 직장 내 괴롭힘을 접수할 창구를 만들어야 합니다. 직장에 공식적인 접수창구를 만드는 것이 의무는 아닙니다. 그렇지만 접수창구를 만들지 않을 경우, 근로자는 해당 일터에서 괴롭힘을 해결할 방법을 찾기 어렵게 됩니다. 그러면 다른 방법을 찾을 것이고, 이 방법은 고용노동부를 통한 정식 사건접수로 연결될 가능성이 큽니다. 만약 일터에 노동조합이 있다면 조합으로 찾아갈 수도 있겠지요. 최근 괴롭힘 사건 경향을 보면, 회사가 적극적으로 조치하지 않으면 사건은 외부화되어 언론에 공개적으로 보도되는 경우가 많습니다. 이렇게 직장 내 괴롭힘으로 물의를 빚은 일터의 경우, 앞서 살펴본 것처럼 고용노동부는 '특별근로감독'에 나설 가능성이 큽니다. 특별근로감독을 받게 되면 기업은 3년간 해당 일터에서 일어난 노동법상 위반 여부를 전체적으로 점검받게 됩니다.[39] 그리고 특별근로감독을 통해 적발된 위법사항은 즉시 범죄를 인지한 것으로 보거나 과태료 부과 조치를 의무화하고 있습니다.[40] 굉장히 강도 높은 감독이 이루어지는 것입니다.

해당 일터에 공식적인 창구만 있었다면 직장 내부에서 충분히 해결할 수 있는 사건이 큰 문제로 번지는 것이지요. 근로자도 직장 내에서 해결 가능한 문제를 외부 조직인 고용노동부로 신고하는 경우 비밀보장의 어려움을 겪게 될 가능성이 큽니다. 이렇게 신고하는 근로자는 조직을 떠날 생각까지 하며 신고하는 경우가 대다수이므로 인재 이탈 문제로도 연결될 수 있습니다. 접수창구라는 작은 문만 열려 있다면 이러한 극단적인 문제를 서로 피할 수 있습니다.

괴롭힘 사건은 언제든 접수할 수 있어야 합니다. 괴롭힘 사건 그 자체의 특징도 언제든 일어날 수 있다는 점에 있으므로 접수창구는 상시 활동 조직이어야 합니다. 일터에서 일반적으로 접수할 수 있는 기존부서로는 인사팀, 감사팀 등을 들 수 있습니다. 상시 30명 이상 근로자를 사용하는 일터는 「근로자참여 및 협력증진에 관한 법률」에 따라 '고충처리위원' 제도를 활용할 수도 있습니다. 고충처리위원은 노사를 대표하는 3명 이내 위원으로 구성됩니다. 고충처리위원이 있는 기업에서는 기존 고충처리위원이 접수하도록 하면, 고충처리위원회를 통해 공식절차를 밟을 수 있습니다. 다만 고충처리위원이 접수한 경우, 법규에 따라 10일 이내 조치사항과 처리결과를 해당 근로자에게 통보해야 합니다. 이로 인해 조사 기간이 촉박할 수 있다는 단점이 있지만, 처리결과를 조사 결과로 해석하지 않고, 접수 후 조사추진 그 자체를 결과로 통보할 수 있습니다. 직장 내 괴롭힘을 적극적으로 관리하고자 한다면 전담팀을 만들 수도 있겠습니다. 이러한 접수창구는 하나의 방법을 택할 수도 있지만, 여러 창구 병행도 가능합니다. 접수창구 다양화는 근로자에게 선택권을 부여하게 되고, 더욱 적극적인 신고를 이끌 수 있습니다.

신고 접수와 관련하여 종종 받았던 질문이 있습니다. "신고 접수를 무기명으로 받아도 되는지"에 대한 문의였지요. 현재 법규에는 신고 접수 방식을 특정하지 않고 있습니다. 따라서 무기명으로 받더라도 법에 위반되는 것은 아닙니다. 고용노동부도 무기명으로 접수 가능하다고 설명합니다. 다만 신고 접수 이후 기업이 사건을 처리하는 과정을 반영하면, 무기명은 바람직한 신고방식이라 할 수 없습니다. 직장 내 괴롭힘 사건 신고가 들어오면, 기업은 의무적으로 조사하여야 합니다. 이러한 조사과정에서 일차적으로 기업이 조사하여야 하는 사람은 '신고자'입니다. 피해를 주장하는 당사자가 아닌 '제3자'가 신고를 할 경우, 기업은 제3자인 신고자를 먼저 조사해야 하지요. 이는 고용노동부에서 안내한 조사방법입니다. 당사자가 아닌 제3자가 신고한 경우 신고자를 먼저 조사하도록 말이지요. 조사 공정성을 높이기 위해 꼭 필요한 절차이기 때문입니다. 객관적으로 현장을 목격한 사람의 진술은 직장 내 괴롭힘 성립요건 중 세 번째 요건인 '신체적·정신적 고통을 주거나 근무환경을 악화시키는 행위'와도 연결됩니다. 이러한 고통과 근무환경 악화는 개인의 주관적인 판단이 아닙니다. 일반적이고 평균적인 사람의 관점에서 고통이나 근무환경 악화가 인정될 수 있어야 함을 의미합니다. 여기서 제3자인 신고자는 객관적인 시선으로 이러한 고통과 근무환경 악화를 판단할 수 있는 사람이 될 수 있습니다. 따라서 실명으로 직장 내 괴롭힘 신고 접수를 하는 것이 조사 공정성을 높이는 올바른 방식입니다. 익명게시판을 운영하는 회사의 경우, 익명게시판에 제보된 괴롭힘을 누가 쓴 것인지 파악하기 어렵습니다. 피해자나 가해 행위자도 특정되지 않는 경우가 많지요. 이때는 일터 구성원이 모두 볼 수 있는 사내게시판 등에 괴롭힘에 해당할 수 있다는 것을 공지하거나, 교육을 통해 안내하는 방법을 활용할 수 있습니다.

신고 접수 주체는 기본적으로 "사용자"이지만, 현장에서 접수 주체가 사용자로 한정된 것은 아닙니다. 행정관청인 고용노동부 근로감독관에게 사건을 접수할 수도 있지요. 최근 노동조합이 직장 내 괴롭힘 신고를 접수하거나 사건을 인지하여 공식적인 문제 제기가 이루어지는 경우를 흔히 볼 수 있습니다. 해당 일터에서 사용자는 직장 내 괴롭힘 문제 해결과 피해자 보호 등을 할 수 있는 최적의 지위를 가진 주체입니다. 그러나 동시에 가장 강력한 괴롭힘 가해자가 되기도 합니다. 양진호라는 사용자가 근로자들을 가학적으로 괴롭힌 것이 직장 내 괴롭힘 관련 법이 만들어진 발단이 된 것처럼 말이지요. 양회장은 부하직원을 갑질·폭행한 혐의 등으로 결국 1심에서 징역 7년을 선고받았습니다.[41] 이처럼 가장 강력한 괴롭힘 가해자가 될 수 있는 사용자에게 직원들이 괴롭힘을 신고하기는 어렵습니다. 적극적인 내부문제 파악과 신고를 위해서는 가장 먼저 사용자가 깨어 있어야 합니다. 사용자가 괴롭힘 가해자가 아니더라도, 가해자를 지지하는 태도를 보이는 경우 사용자에게 신고하는 것은 무의미할 수 있습니다.[42] 따라서 사용자가 해당 일터에서 적극적인 접수창구를 두고 개선하고자 의지를 보이는 경우, 내부에서 사건이 조사되고 조치가 이루어집니다. 그러나 해당 일터에서 제대로 된 접수창구를 두지 않고 적극적인 절차를 갖추지 않고 있다면, 노동조합은 고용노동부 근로감독관 등 사법경찰관에 신고하는 방식을 선택하는 것이 현명합니다. 최근 언론을 통해 이슈화된 사건들은 대부분 후자의 경우이지요. 근로기준법 제76조의3이 강행규정이기 때문에 고용노동부 근로감독관에게 신고하는 것은 당연히 가능합니다. 다만 사법기관을 통한 사건접수 시 노사 갈등은 높아질 수밖에 없습니다. 직장 내 괴롭힘이 노사 갈등 요인이 되는 것이지요. 노사 갈등을 줄이고 상생의 노사문화를 만들기 위해서도 기업은 스스로 적극적이고 신속한 직장 내 괴롭힘 사건 처리 절차를 갖추어야 합니다. 피해근로자 여러분이 직접 신고를 할 경우에는 몇 가지 사항을 미리 준비할 것을 권유합니다. 첫째, 녹음이나 목격자 진술 등 미리 증거를 수집해 두시면 좋겠습니다. 둘째, 사건을 육하원칙에 따라 정리하여 기록해 두고, 종합하여 신고 시 활용하시기 바랍니다. 셋째, 신고 전 본인의 괴로움을 입증할 수 있도록 정신과 상담을 받아 진단서를 첨부하시면 효과적입니다.

사실 확인 조사의무

근로기준법은 사용자에게 직장 내 괴롭힘 사실 확인 조사의무를 부여합니다.[43] 이 법에 따라 사용자는 직장 내 괴롭힘 신고를 접수하게 된 경우 또는 괴롭힘 발생 사실을 인지한 경우에 바로 조사하여야 합니다. 신고를 받은 경우는 당연하며, 괴롭힘 사실을 어떠한 경로로든 알게 되면 조사의무가 부여되는 것이지요. 여기서 중요한 것은 '곧바로' 조사하여야 한다는 것입니다. 사실 확인 조사의무는 기본적으로 신고 사항이 사실인지 아닌지를 확인하고 구체적 사실관계를 조사하는 것입니다. 더불어 가해자와 피해 근로자의 인적 사항, 괴롭힘 피해 정도와 가해행위가 계속된 기간, 피해 근로자 보호와 회복을 지원할 수 있는 효과적인 방안, 가해자 처리방안 등에 관하여 종합적으로 확인하는 것을 의미합니다.[44] 기업이 조사할 때 가장 문제가 되는 것은 '조사의 공정성과 신뢰성' 문제입니다. 따라서 면밀한 조사가 이루어져야 이러한 문제를 방지할 수 있습니다.

여기서 주의해야 할 점은 괴롭힘 사건에 대한 조사가 끝나기 전에는 괴롭힘 행위자로 지목된 사람을 '가해자'로 부르지 않아야 한다는 것입니다. 괴롭힘 사실이 확정된 것이 아니므로 명확히 가해자에 해당하는 것이 아니기 때문입니다. 따라서 괴롭힘 조사 중에는 '행위자'로 지칭해야 합니다. 조사가 끝난 후, 직접적인 괴롭힘 가해행위를 한 것으로 확인되면 그때 비로소 '가해자'라 지칭하는 것이 바람직합니다.

또한 직장 내 괴롭힘 사건의 진위를 적극적으로 판단하기 위해서도 조사과정에 신경을 써야 합니다. 만약 사건이 고용노동부 등 외부로 넘어갈 경우, 사용자가 조사의무를 적극적으로 이행했는지 판단하는 요소로 작용할 가능성이 큽니다. 따라서 기업은 직장 내 괴롭힘 사실을 알게 되면 긴급히 전담팀을 지정하여 조사하고, 조사기록을 남겨야 합니다.

특히 면접 조사의 경우, 면접 당사자의 동의를 받아 녹음자료를 남기는 것이 바람직합니다. 면접 조사를 기록으로 변환할 때 사건이 왜곡되는 일도 있으므로 객관성 확보를 위해 공식 녹음 기록을 남길 필요가 있습니다. 물론 녹음 전에 조사 대상자에게 동의를 구해야 할 것입니다. 면접 조사 시 구체적인 진술을 위해 질문하는 사람과 전반적인 과정을 기록하는 사람으로 역할을 분리하면 신뢰성을 높일 수 있습니다. 따라서 면접 조사 시 2명 이상의 조사자가 들어감이 바람직합니다. 이렇게 면접 조사를 통해 확보한 구체적 진술 내용과 수집된 증빙자료 등은 문서로 만들어 보관할 필요가 있습니다.

괴롭힘 사실 확인을 위해 조사에 필수적으로 들어가야 하는 항목은 피해를 주장하는 근로자와 가해 행위자·목격자·신고자 등의 인적 사항, 괴롭힘 발생 시기·지속기간·장소·내용 등 구체적인 사실관계, 괴롭힘 발생 배경·원인, 동료 근로자들이 괴롭힘 발생을 인지했는지 여부, 목격자 진술이 가능한 경우 목격자 진술서, 피해를 주장하는 근로자의 구체적인 괴롭힘 입증자료, 가해 행위자로 지목된 사람이 제출하는 반증 자료 등입니다. 이러한 조사 필수 항목은 내부에서 신고를 받을 때부터 제출하도록 하거나, 당장 제출할 수 없더라도 가능한 항목은 정리하여 접수함이 바람직합니다.

조사 순서는 「신고자 → 피해자 → 참고인 → 가해자」 순으로 이루어지는 것이 보다 바람직한 방향입니다. 가해자를 먼저 조사하면 왜곡된 사실을 기준으로 조사가 이루어질 가능성이 있기 때문에, 피해사실을 먼저 조사하고 마지막으로 가해자 조사를 시행하는 것이 좋습니다. 구체적으로 직장 내 괴롭힘을 판단하기 위해 조사 순서를 지키는 것이 좋습니다. 이러한 조사는 2회 이상 반복하여 당사자 진술이 번복되는지 확인할 필요가 있습니다. 또한 조사과정에서 피해자에게 어떤 보호조치가 필요한지를 파악하여 지원

224

계획도 함께 세우는 것이 피해자 보호에 도움이 될 것입니다. 그럼 순서에 맞추어 세부적으로 어떤 내용을 확인해야 하는지 알아보겠습니다.

가장 먼저 '신고자 조사'입니다. 신고자가 사건 당사자가 아닌 제3자인 경우, 신고자가 동시에 목격자일 가능성이 크므로 면밀한 조사가 필요합니다. 두 번째로 '피해자 조사'가 이루어져야 합니다. 먼저 피해를 주장하는 근로자를 조사하여 괴롭힘이 발생한 시기와 장소, 가해행위자, 관련 입증자료, 목격자 여부 등을 확인합니다. 피해를 주장하는 근로자를 조사할 때 해당자에 대한 보호가 필요한지를 동시에 검토하는 것이 바람직합니다. 피해자 상담 시 대화법도 중요합니다. 피해자는 심리적으로 취약해진 상태로 객관적인 진술을 못 할 가능성이 있기 때문이지요. 따라서 조사자가 피해자의 이야기를 잘 들어주고 공감해줄 수 있어야 합니다. 피해 상황을 정확히 파악하기 위해 피해자의 말을 추정하거나 지레짐작하지 않는 것도 중요합니다. 불명확한 점이 있다면 메모한 후 다시 물어보는 것도 방법입니다. 이때 피해자에게 자책감을 줄 수 있는 조사자 개인의 판단이나 언동을 주의해야 합니다. 가능하면 피해 상황과 실제 있었던 괴롭힘 행위를 구체적으로 이야기할 수 있도록 질문하는 것이 좋습니다. 피해자가 취조당하는 느낌이 들지 않도록 질문해야 하지만, 피해자를 너무 의식하여 구체적인 상황과 사건 내용을 묻지 않고 대충 넘어가는 것은 피해자를 보호하는 길이 아닙니다. 정확한 사건 파악에도 도움이 되지 않습니다. 따라서 조사자는 피해자가 하는 말을 경청하고 개방적인 열린 질문을 통해 상세한 정보를 파악하는 것이 좋습니다.[45]

○ 개방적인 열린 질문 예시

- <u>언제</u> 그런 일이 있었나요?
- <u>어디</u>에서 일어난 일인가요?
- 상대(행위자)가 <u>어떻게</u> 했는지 구체적으로 설명해주시겠어요?
- 그때 <u>어떤 생각</u>을 하셨어요?
- 그때 <u>심경</u>이 어땠어요?
- 그 당시 상황에 <u>함께 있던 동료</u>가 있었나요?
- 상대(행위자) 괴롭힘 행위에 대해 <u>어떻게</u> 하셨어요?
- 그 뒤로 또 <u>그런 일이 있었나요</u>?

▌닫는 질문과 열린 질문 예시[46]

닫는 질문	열린 질문
"그리고 그 사람이 괴롭혔나요?"	"그러고나서 무슨 일이 있었나요?"
"그래서 하지 말라고 하셨나요?"	"그에 대해 본인은 무슨 말이나 행동을 하셨나요?"
"그래서 괴로우셨나요?"	"그런 행동에 대해 어떻게 느끼셨나요?"
"그래서 근무환경이 나빠지셨나요?"	"그 이후 일을 할 때 어떠셨나요?"

▌피해자 조사 시 유의사항[47]

바람직한 방향	피해야 할 방향
• 피해자 보호원칙 및 비밀보장 약속·확인 • 직접 경험한 사건 개요 진술하도록 　예 어떤 일이 있었는지 말씀해주세요 • 직장 내 괴롭힘으로 인해 겪고 있는 고충 진술하도록 　예 어떤 표현이나 행위가 있었는지 말씀해주세요 • 심리적 상태에 따라 진술 범위·속도 조절	• 괴롭힘 성립 여부에 대한 자의적 판단 • 행위자에 대한 이해와 관용 베풀도록 유도 • 피해자 책임을 묻는 발언 • 사건과 무관한 내용에 대한 질문 • 호기심에서 비롯된 질문

피해자 조사 이후, 동료·목격자 등 당사자가 아니지만, 사건과 연관된 '참고인조사'를 실시합니다. 참고인조사는 괴롭힘 발생사실을 알고 있었는지, 피해자가 주장하는 사실이 진위인지, 참고인 등에도 추가적인 괴롭힘이 있었는지 등을 조사할 필요가 있습니다. 직장 내 괴롭힘 사건은 특히 참고인조사가 자세히 이루어져야 합니다. 일반적이고 평균적인 제3자 입장에서 괴롭힘이 있었는지가 판단의 중요요소로 작용하기 때문이지요. 직장 내 괴롭힘 판단요소 중 '업무상 필요성이 있는 행위인지' 판단하기 위해 상급자나 행위자로 지목된 사람의 일에 대해 잘 알고 있는 사람을 조사하는 것도 필요합니다.

참고인 조사 시 유의사항[48]
- 피해자 보호를 최우선으로 하여 피해자를 지원하도록 조력
- 사건이 왜곡·확대되지 않고 비밀유지에 주의 기울이도록 조력
- 확인되지 않은 정보에 대해 말하지 않도록 조력
- 피해자에 대한 악의적인 소문이 들릴 때 즉시 중지시키도록 조력
- 상급자 조사 시 1차적 해결 열쇠는 상급자임을 인식하도록 조력
- 행위자를 동정하는 게 행위자에게 도움이 되지 않음을 인식하도록 조력

그 후 가해자로 지목된 '행위자 조사'를 하여 피해자가 주장하는 사실과 이에 대한 의견, 반증 자료 등을 받아야 합니다. 행위자 조사 시에는 행위자는 자신을 보호하고 방어하고자 자신의 행동을 최소화하거나 정당화하는 경향이 있음을 미리 인지할 필요가 있습니다. 일반적으로 보이는 행위자의 잘못된 태도는 본인은 괴

롭히려는 의도가 없었고, 피해자가 지나치게 예민하다고 비난하는 것입니다. 혹은 심각한 사건이 아닌데 피해자가 불순한 의도를 가지고 자신을 모함하는 것이라 주장하는 때도 많습니다. 따라서 조사를 시작하기 전에 행위자에게 피해자의 신고 내용을 진지하게 경청하게 하고, 사실을 솔직하게 말하고 피해자를 존중해야 사건이 더 원만히 해결될 수 있음을 안내하는 것이 좋습니다. 이러한 전반적인 조사과정은 피해자와 행위자 진술이 서로 불일치하는 부분을 확인하여 괴롭힘 사건에 대한 통합적 관점을 확보하기 위해 꼭 필요한 절차입니다. 동시에 조사 단계에서 사건 관계자의 신원 등 비밀로 유지해야 할 내용이 유출될 가능성이 있으므로 조직 차원에서 비밀유지에 적극적인 노력을 기울여야 합니다.

행위자 조사 시 유의사항[49]

- 직장 내 괴롭힘 행위로 지목된 경우, 의도가 중요한 것이 아니라 객관적 사실 행위 여부가 중요하다는 것을 안내
- 조사에 성실히 임할 의무가 있음을 안내
- 피해자에게 유·무형의 보복이나 압력을 행사하지 않아야 함을 고지
- 만약 행위자에 의해 피해자 신원 공개, 악소문, 2차 가해가 이루어질 경우, 추가로 조사 및 처벌될 수 있음을 안내

조사와 관련하여 고용노동부에서는 피해자가 조사를 원하지 않고, '분리'만을 원할 때는 조사를 생략할 수 있다고 설명합니다. 그런데 이렇게 조사를 생략하는 것은 문제가 있습니다. 피해를 주장하는 근로자가 겪은 피해 경험이 실제 사실인지 파악하지 못하

기 때문입니다. 근로기준법에서도 직장 내 괴롭힘을 신고받거나 인지한 경우, 바로 조사하도록 조사의무를 부여하였습니다. 즉 법에서 조사를 의무사항으로 규정하였는데, 행정해석으로 조사를 하지 않아도 된다고 해석하는 것은 문제가 있습니다. 따라서 일터에서는 조사를 필수적으로 하여 괴롭힘 사실 여부를 확인하고 조사의무를 충실히 이행할 필요가 있습니다.

만약 피해를 주장하는 근로자가 직장 내 괴롭힘을 신고하고 곧바로 회사를 그만두거나, 가해 행위자로 지목된 근로자가 퇴사한 경우에는 어떻게 해야 할까요? 피해자가 퇴사한 때도 회사는 조사를 시행하는 것이 바람직합니다. 피해자가 인턴이나 계약직 등 고용이 불안정한 비정규직이거나 연차가 낮을 경우, 직장에 있는 동안에는 신고하지 못하는 경우가 많습니다. 피해자의 조직 내 지위가 취약할수록 지위의 우위를 이용한 괴롭힘을 겪을 가능성이 크기 때문입니다. 회사 차원에서는 이러한 억압적 상황, 권력 남용, 행위자에 대한 조직 구성원들의 온정주의 등 잘못된 조직문화를 개선하기 위해서라도 오히려 더 철저하게 조치해야 합니다. 동시에 일터에서 직장 내 괴롭힘이 일어났는지 아닌지를 조사하는 것은 '법상 의무'이며, 행위자가 다른 근로자에게도 괴롭힘을 지속할 수 있으므로 반드시 조사하는 것이 바람직합니다.

직장 내 괴롭힘 인정 여부 판단

최종적으로 조사가 완료되면, 괴롭힘으로 인정되는 행위인지 아닌지를 판단하여야 합니다. 괴롭힘인지 여부가 판단되어야 확정된 피해자에 대한 보호조치 및 가해자 처벌조치가 심의될 수 있기

	단계	주요 내용	역할
직장 내 괴롭힘 판정위원회	개최	○ 개최 및 진행 절차 알림 ○ 주의 사항 전달 　• 개최 목적, 비밀유지의무 고지 등	위원장
	사건 보고	○ 사건 조사 결과 보고 　• 조사 결과는 구체적으로 보고할 필요가 있으며, 당사자가 진술을 번복한 경우 중요사항으로 보고 　• 당사자 외 추가 피해자가 있는 경우 보고	조사자
	직장 내 괴롭힘 판단	○ 직장 내 괴롭힘 여부 판단 　• 위원 간 충분한 의견 교환 필요 　• 의견 합치에 이르지 못하면 투표 고려	위원
	피해자·가해자 조치 결정	○ 직장 내 괴롭힘으로 판단된 경우 조치 결정 　• 피해자 보호조치 필요사항 결정 　• 가해자 조치사항 결정, 징계 필요 여부 결정 　• 재발방지대책 수립	위원

가해자 징계 필요 시 판정위원회에서 '인사위원회'로 사건 이송
↓

	단계	주요 내용	역할
인사위원회	가해자 징계 결정	○ 회사에서 규정하는 적법한 징계 절차를 거쳐 가해자 징계 수위 결정	인사위원회 위원

때문이지요. 특히 기업이 가해자에게 징계 조치를 하려면 '인사위원회'를 개최하여 정당한 징계 절차를 밟아야 합니다. 따라서 그 이전 단계인 직장 내 괴롭힘 판단이 확정될 필요가 있습니다. 일터에서는 직장 내 괴롭힘을 판단하는 독립된 '직장 내 괴롭힘 판정 위원회'를 만드는 것을 고려할 수 있습니다. 물론 위원회 구성

이 노동법상 의무사항은 아닙니다. 그러나 판단의 객관성을 확보하기 위해서는 다수의 위원이 함께 괴롭힘 여부를 심사하는 것이 바람직합니다. 일부 회사의 경우, 인사팀 등 조사를 수행한 부서에서 내부적으로 판단하는 예도 있습니다. 이 경우 조사자의 주관이 개입될 수 있으며, 외부에서 직장 내 괴롭힘이 문제 되었을 때 괴롭힘 판단이 객관적으로 된 것인지 문제 제기가 있을 수 있습니다. 따라서 공정한 판단을 위해 외부전문가를 판정위원으로 영입하는 것도 좋은 방법입니다. 위원회를 만들 경우, 일반적인 심의위원회 과정을 간략히 축소하여 운영하는 것도 가능합니다. '직장 내 괴롭힘 판정위원회'에서 괴롭힘 사건을 처리하는 단계는 「사건 조사 → 위원회 개최 → 괴롭힘 사건 조사결과 보고 → 괴롭힘 판단 → 괴롭힘 확정 시 피해자 보호조치 논의 → '가해자' 처벌조치 판정 위해 「인사위원회 개최」로 운영할 수 있습니다. 위원회에서 괴롭힘으로 확정 후 가해자에 대한 조치사항으로 징계가 필요한 경우에는 따로 '인사위원회' 등 일터 내 정해진 징계 절차에 따라 진행되어야 할 것입니다.

피해자 보호 조치 의무

사용자는 직장 내 괴롭힘 사실 확인 조사 기간 동안 피해 근로자 등을 보호하기 위해 적절한 조치를 할 의무가 생깁니다. 또한 조사가 완료되고 직장 내 괴롭힘이 사실로 확인된 경우에도 보호 의무가 발생합니다. 근로기준법 제76조의3 제3항과 제4항에서 법적으로 사용자가 피해 근로자 보호 조치를 취하도록 의무를 부여하였기 때문입니다. 직장 내 괴롭힘은 사실관계를 명확히 조사

후 판단하여야 하는 특성이 있으므로 조사 기간이 길어질 수 있습니다. 이렇게 조사 기간이 길어지면 피해자는 괴롭힘 상황에 그대로 방치될 수 있지요. 만약 방치된다면 피해는 계속 이어질 것입니다. 신고 그 자체로도 2차 피해를 받을 가능성이 큽니다. 이러한 위험에서 피해 근로자 등을 보호하기 위해 법으로 사용자에게 보호 조치 의무를 부여한 것입니다. 그럼 기업은 어떤 조치를 검토해야 할까요? 기본적으로 사용자가 검토할 사항은 격리조치입니다. 해당자를 문제 행위 공간에서 벗어나도록 하는 것이 괴롭힘 상황 자체에서 차단하여 추가 피해를 막고, 동시에 보호하는 조치입니다.

사용자의 조치 의무는 두 가지입니다. 첫 번째 조치는 괴롭힘이 있었는지 조사하는 기간에 보호 필요성을 검토하는 것입니다. 법에서는 근무 장소 변경이나 유급휴가 명령 등을 제시하고 있습니다. 이는 조사가 완료될 때까지 피해 근로자 등을 행위자와 격리하여 보호하는 임시 조치입니다. 다만 조치 검토 시 피해 근로자 등에게 먼저 의사를 물어보아야 합니다. 만약 해당자가 조치를 거부할 경우, 강제로 조치할 수는 없습니다. 직장 내 괴롭힘 관련 법규의 가장 중요한 취지는 피해 근로자 보호와 의사 존중에 있으므로, 조치에도 피해 근로자 의사 존중이 가장 중요한 것이지요. 그렇다면 법에 규정된 예시 외에 '배치전환'은 가능할까요? 직장 내 괴롭힘이 사실로 확정되지 않은 조사 상태이기 때문에 법에서는 배치전환이 명시적으로 규정되지 않았습니다. 그렇지만 배치전환도 가능하다고 보는 것이 합리적입니다.[50] 일터 현장에서 괴롭힘 조사는 2주 이상의 기간이 필요하고, 복잡한 사건은 그 이상도 소요됩니다. 이렇게 긴 조사 기간 전체에 대해 유급휴가를 부여하는 것은 현실적으로 쉽지 않습니다. 이런 현장을 반영하여 법에서도 근무 장소 변경을 예시로 들고 있으므로, 배치전환도 근무 장소 변경의 목적으로 가능하다고 보는 것이 바람직합니다. 더욱이 법이 '등'으로 규정하여 명시적 예시 외에 다양한 조치방법이 활용될 수 있습니다. 해당 일터 특성에 맞춰 자율성을 부여한 것이지요. 다만 기본적으로 해당 조치가 필요한 당사자에게 의사를 물어보고, 당사자가 거부하는 경우 강제하지 않는 것이 바람직합니다. 만약 여러분이 당사자가 된다면 적극적으로 보호조치가 필요하다고 말씀하시기 바랍니다. 그리고 기업이 제시한 조치를 검토하여 활용할 필요가 있습니다. 만약 기업이 제시한 조치가 적절하지 않다면 거부하는 것도 가능하다는 점 꼭 기억하시기 바랍니다.

두 번째 조치는 조사 후 직장 내 괴롭힘이 사실로 확인된 경우에 취할 조치입니다. 조사 결과 괴롭힘 사실이 확인된 경우에 취하는 이 조치는 확정적 성격을 가집니다. 법에서는 근무 장소 변경, 배치전환, 유급휴가 명령 등을 적절한 조치로 규정합니다. 여기서 중요한 부분은 '피해 근로자가 요청'할 때 조치 의무가 부여된다는 것입니다. 괴롭힘이 진실로 밝혀지더라도, 기업이 사실 그 자체로 곧바로 조치 의무를 부과받는 것이 아닙니다. 괴롭힘 피해 근로자 여러분이 스스로 직장에 요구해야 한다는 이야기이지요. 이렇게 숨어 있는 법 논리를 잘 알고 계셔야 여러분이 자신을 적극적으로 보호할 수 있습니다. 독일 법학자 루돌프 폰 예링(Rudolf von Jhering)은 "권리 위에 잠자는 자는 보호받지 못한다."라고 말합니다. 여러분이 자신의 권리를 주장하지 않고 지키려고 노력하지 않으면, 당연히 누릴 수 있는 권리도 침해당할 수 있다는 말이지요. 법은 스스로 움직이지 않습니다. 여러분이 일터에서 보호받을 수 있는 법적 권리를 주장해야만 법에서 규정한 자신의 권리를 지킬 수 있는 것입니다. 사용자 여러분도 피해 근로자 의사에 반하는 조치를 할 수 없으며, 피해 근로자가 요청하면 그에 따른 조치를 해야 합니다. 근로기준법에서 명시적으로 피해 근로자 보호 조치를 체계적으로 규정한 이유는 일터에서 적극적으로 보호하지 않으면 괴롭힘은 지속할 가능성이 크기 때문입니다. 괴롭힘 재발과 2차 피해 방지에서 나아가 적극적으로 보호 조치를 하는 일터에서 직원들은 안심하고 적극적으로 내부에 피해를 알릴 수 있습니다. 근로자 소리에 귀기울이는 일터는 직장 내 괴롭힘 문제를 해결하고 건전한 조직을 만들 수 있습니다.

가해자 조치 의무

사실관계 조사 결과 직장 내 괴롭힘 발생 사실이 확인된 경우, 사용자는 가해자를 조치하여야 합니다. 이러한 가해자 조치 의무는 근로기준법 제76조의3 제5항에서 명확히 명시한 법적 의무입니다. 해당 규정에서는 징계, 근무 장소 변경 등을 조치사항으로 규정하고 있습니다. 그리고 괴롭힘 사실 확인 시 '지체 없이' 조치할 것을 명합니다. 따라서 괴롭힘이 사실로 확인되고 가해자가 특정된 경우, 기업은 곧바로 가해자에 대한 조치사항을 검토해야 합니다.

조치사항 중 근무 장소 변경은 피해자와 가해자 분리를 위해서라도 필수적으로 시행할 필요가 있습니다. 조직 내부에 괴롭힘

234

이 허용되지 않는다는 문화 확산을 위해 징계도 적극적으로 이루어지는 것이 바람직합니다. 현장에서 가해자에 대한 징계 조치가 제대로 이루어지지 않는 경우, 피해 근로자는 해당 일터에서 괴롭힘을 적극적으로 대응하지 않는다고 생각하게 됩니다. 이로 인해 고용노동부나 법원을 통한 문제 해결을 선택할 수밖에 없습니다. 내부에서 적극적인 개선 노력을 보였다면 일어나지 않을 문제가 외부화되는 것이지요. 이는 사용자나 근로자 모두에게 소모적인 일이 됩니다. 따라서 기업은 적극적인 징계 조치를 검토하여야 합니다. 다만 근로기준법 제23조에서 징계는 요건에 맞추어 적법하게 이루어지도록 엄격하게 규정하고 있습니다. 따라서 비위행위 정도에 대한 적절한 조치인지 여부인 '징계 양정' 적정성 검토와 '적법한 절차'를 거친 조치로 이루어져야 합니다.

이와 함께 유의해야 할 점은 해당 규정은 '피해 근로자 의견 청취'를 의무화하고 있다는 것입니다. 따라서 사용자는 가해자 조치를 시행하기 전에 미리 해당 조치에 대한 피해 근로자 의견을 들어야 합니다. 피해 근로자에게 조치 종류와 실시할 기간, 범위 등을 세부적으로 안내할 필요가 있습니다. 원칙적으로 정당한 징계 조치는 사용자의 전적인 인사권한에 해당합니다. 하지만 직장 내 괴롭힘은 가해자가 피해자를 추가로 괴롭힐 가능성이 큰 행위에 해당합니다. 이러한 특성으로 인해 가해자 조치 후 피해 근로자에게 예상치 못한 2차 피해가 이루어질 수 있습니다.[51] 이 법의 취지는 피해 근로자에게 가해자 조치사항을 사전에 알리고, 피해 근로자와 조치사항을 조율하도록 함에 있다고 생각합니다. 여러분이 피해자가 된다면 가장 궁금한 사항이 회사가 가해자에게 어떤 조치를 할지 여부일 것입니다. 따라서 이러한 의견 청취 의무가 있다는 점을 기억하시고, 회사에서 결정하는 조치사항에 적극적으로 의견을 말할 필요가 있습니다. 다만, 이러한 피해 근로자 의견에 사용자 조치가 구속되는 것은 아니라고 해석함이 바람직합니다. 이 법의 취지는 사전에 충분히 피해 근로자 의견을 듣는 과정 그 자체가 필요한 것이지요. 이 해석을 보고 의견을 말하는 게 의미가 없다고 생각하실 수도 있겠습니다. 그렇지만 현장에서 사건을 다루어보면 당사자 의견을 듣고 조율된 조치와 회사가 일방적으로 정한 조치는 분명히 다르다는 점을 강조하고 싶습니다. 만약 회사에서 적극적인 가해자 처벌이 이루어지지 않을 경우, 여러분은 모욕죄, 폭행죄, 명예훼손죄 등으로 법원에 가해자 처벌을 요구할 수 있습니다. 따라서 회사가 가해자를 어떻게 조치하는지 먼저 확인한 후에 다시 한 번 여러분의 목소리를 낼 기회가 생긴 것입니다.

불이익 취급 금지 의무

직장 내 괴롭힘 신고를 고려하며 상담하는 분이 공통으로 꺼내는 질문이 있습니다. "신고하면 회사가 저에게 불이익을 주지 않을까요?"라는 걱정이지요. 당연히 염려되는 문제입니다. 근로기준법은 이러한 걱정에서 근로자를 보호하고자, 사용자가 직장 내 괴롭힘 발생을 신고한 근로자나 피해 근로자를 해고하거나 불리한 처우를 하지 못하도록 금지하고 있습니다(제76조의3 제6항). 만약 사용자가 신고한 근로자나 피해 근로자에게 불리한 처우를 하거나 해고하면 어떻게 될까요? 이 규정을 위반한 사용자는 3년 이하의 징역 또는 3천만 원 이하의 벌금에 처해질 수 있습니다(제109조). 법은 단순과태료 규정이 아닌, 벌금과 징역으로 매우 강력히 규정합니다. 이렇게 강력히 규정한 취지는 대한민국 일터에서 일어날 수 있는 2차 피해 중 사용자가 행하는 불이익조치가 가장 근로자를 불안하게 할 수 있음을 고려한 것입니다. 현재 직장 내 괴롭힘 금지 관련 법률에서 가해자를 직접 처벌하는 조항이 없습니다. 따라서 여러분이 신고 후 불이익을 겪었다면, 이 처벌규정을 기억하고 활용하시기 바랍니다. 사용자 여러분도 앞으로 직장 내 괴롭힘 신고 이후 불이익조치가 일어나지 않도록 유의할 필요가 있습니다. 정당한 인사권은 사용자가 가진 권한이지만, 불리한 조치까지 정당한 인사권으로 인정되진 않습니다.

사용자 여러분은 이 조항이 부담스럽게 느껴지실 수 있지만, 현실에서 분명히 필요한 조항이며 제대로 작동될 필요가 있습니다. 왜 그럴까요? 왜 현실에서 제대로 된 작동이 필요한지 알아보고자 직장 내 괴롭힘과 유사한 특성을 가진 직장 내 성희롱 사건을 살펴보겠습니다. 직장 내 성희롱을 규정하는 남녀고용평등법은 명확히 사업주에게 성희롱 발생 사실을 신고한 근로자와 피해 근로자 등에게 해고, 징계, 승진제한, 폭언 등 불리한 처우를 하지 못하도록 규정하고 있습니다(제14조 제6항). 위반 시 3년 이하의 징역 또는 3천만 원 이하의 벌금에 처해지며, 이는 직장 내 괴롭힘 벌칙 규정과 같습니다(제37조 제2항 제2호). 괴롭힘보다 입법이 먼저 이루어졌기 때문에 수치로 판단할 수 있고, 성격도 유사하므로 비교를 통해 괴롭힘 사건에 대한 통계적 예측이 가능합니다. 고용노동부는 2016년부터 2019년 6월까지 직장 내 성희롱 신고로 불이익을 받았다는 진정을 213건 받았다고 합니다. 그런데 이 중 19건만 법원 심판을 요구한다는 기소 의견으로 검찰에 서류를 넘겼습니다. 비율로 보면 접수한 사건 중 8.9%만 처벌 여부를 검토한 것입니다. 190건(89.2%)은 법 위반이 없다고 판단하여 사건을 종결합니다. 국회 환경노동위원회는 이러한 판단이 합리적인지 의문을 제기합니다. 이에 대해 고용노동부 관계자는 "검찰에 송치하지 않았다고 해서 부실 조사를 한 것은 아니다"라고 답변했습니다.[52] 물론 고용노동부에 접수된 진정 사건은 해당 기관이 판단하고 결정하는 것이 맞습니다. 그런데 과연 직장 내 성희롱 신고가 원인이 되어 발생한 명확한 불이익이 10%도 되지 않을까요? 사건을 제대로 보고 판단할 문제이지만 수치로 볼 때 의문이 드는 것은 사실입니다. 그것보다 큰 문제는 이러한 2차 피해가 공식적으로 인정되기 매우 어렵다는 점을 알 수 있는 수치라는 것입니다. 따라서 제대로 된 법규 작동이 필요합니다. 이를 위해 고용노동부도 더욱 적극적인 검토를 하여야 합니다. 나아가 조직적인 2차 피해 보호를 위해서는 불리한 처우 금지 규정에서 한 단계 발전한 법적 보완이 필요합니다.

'직장 내 성희롱'은 직장 내 괴롭힘과 어떤 관계인가?

66

직장 내 괴롭힘 관련 법률을 관장하는 고용노동부는 괴롭힘을 직장 내 성희롱 판단기준과 동일선에서 봅니다. 남녀고용평등법상 직장 내 성희롱 판례를 직장 내 괴롭힘 기준으로 인용합니다. 이로 인해 직장 내 괴롭힘 성립 여부가 직장 내 성희롱과 유사해진 것이지요. 고용노동부는 직장 내 괴롭힘이 성립되는지에 대해 "당사자 관계, 행위가 행해진 장소·상황, 행위에 대한 피해자의 명시적 또는 추상적 반응 내용, 행위 내용·정도, 행위가 일회적 또는 단기간의 것인지 또는 계속적인지 아닌지" 등을 판단요소로 봅니다. 그리고 이러한 구체적 사정을 참작하여 종합적으로 판단합니다. 더불어 객관적으로 피해자와 같은 처지에 있는 일반적이고도 평균적인 사람 관점에서 이러한 행위가 인정되고, 이로 인해 피해자에게 신체적·정신적 고통 또는 근무환경 악화 결과가 발생하였음이 인정될 것을 전제로 합니다.[53]

남녀고용평등법에서 직장 내 성희롱 정의는 "사업주·상급자 또는 근로자가 직장 내 지위를 이용하거나 업무와 관련하여 다른 근로자에게 성적 언동으로 성적 굴욕감 또는 혐오감을 느끼게 하거나, 성적 언동 또는 그 밖의 요구 등에 따르지 아니하였다는 이유로 근로조건 및 고용에서 불이익을 주는 것"입니다(제2조 제2호). 현재 근로기준법과 남녀고용평등법이라는 개별법에서 각각 '직장 내 괴롭힘'과 '직장 내 성희롱'을 규정하고 있습니다. 그렇지만 고용노동부 행정해석이 두 개념을 유사한 판단기준으로 보고 있으므로 양 개념 관계에 대해 살펴볼 필요가 있습니다. 먼저 남녀고용평등법상 직장 내 성희롱은 문제 된 성적 언동이 '포괄적인 업무 관련성'이 있는 상태에서 발생하면 인정됩니다. 사업주의 직장 내 성희롱 행위 또는 사내 성희롱 사건에 대한 사업주 미조치에 대해 과태료 제재가 가해지는 점을 고려할 때, 성적 언동이 문제 된 사안이라면 남녀고용평등법이 우선 적용된다고 해석할 수 있습니다.

한편 직장 내 성희롱은 '성적인(sexual)' 의미가 내포된 언동을 수반하여야 합니다. 따라서 여성비하 행동·고정 관념적 성 역할 강요 등 이른바 '사회적 성관념에 의한(gender)' 괴롭힘은 직장 내 성희롱에 해당한다고 보기 어려우나, 근로기준법상 직장 내 괴롭힘에는 포함할 수 있습니다.

'직장 내 성희롱'과 '직장 내 괴롭힘' 모두 근로자 인격권 침해 측면에서 유사합니다. 따라서 직장 내 괴롭힘 판단 시 직장 내 성희롱에 관한 판례 입장을 적극적으로 참고할 수 있다는 것이 고용노동부 입장입니다. 이는 직장 내 괴롭힘 관련 법 통과 후 명확한 법원 판결이 없는 현시점에서 타당한 면이 있습니다. 다만 직장 내 괴롭힘을 직장 내 성희롱보다 넓은 개념으로 보는 것이 바람직합니다. 그러므로 성희롱보다 넓은 범위에서 독자적인 직장 내 괴롭힘 판단기준을 구축해 나아갈 필요가 있습니다.

▶ 참고문헌

1   이용구, 「근로기준법주해 I」(김지형 대표편집), 박영사, 2010, 452－453면.
2   양승엽·박수경, "직장괴롭힘과 경영·인사관리의 한계: 노동 인격에 대한 존중," 2018, 97면.
3   박종희, "근로기준법상 근로자 개념－근로기준법의 적용확대와 선별적용과 관련하여," 노동법학 제16호, 한국노동법학회, 2003.6, 98－99면.
4   제정 1953.3.8 법률 제280호 「노동조합법」.
5   최초 노동조합법 제35조(단체협약의 단위) 단체협약체결은 공장, 사업장 기타 직장단위로 한다.
    최초 노동조합법 제40조(일반적구속력) 공장, 사업장 기타 직장에 상시 사용되는 동종 근로자의 반삭 이상의 근로자가 단체협약의 적용을 받게 되었을 때에는 당해 공장, 사업장 기타 직장에 사용되는 타의 동종의 근로자에 대하여서도 당해 단체협약이 적용된다.
6   대법원 2007.10.26. 선고 2005도9218 판결.
7   근로기준팀－8048, 2007.11.29.
8   남녀고용평등법 제2조(정의) 제2호.
9   남녀고용평등법 제3조(적용 범위): ① 이 법은 근로자를 사용하는 모든 사업 또는 사업장(이하 "사업"이라 한다)에 적용한다. 다만, 대통령령으로 정하는 사업에 대하여는 이 법의 전부 또는 일부를 적용하지 아니할 수 있다.
10 서울지법 2002.11.26, 2000가합57462 판결; 대법원 2009.2.26, 2008다89712 판결.
11 이수연, "직장 괴롭힘의 개념과 판단기준에 관한 판례법리," 이화젠더법학 제10호, 이화여자대학교 젠더법학연구소, 2018년, 124면.
12 Canadian Centre for Occupational Health and Safety, "Bullying in the Workplace," http://www.ccohs.ca/oshanswers/psychosocial/bullying.html.
13 이수연, "직장 괴롭힘 입법안의 쟁점과 과제," 사회법연구 제34호, 한국사회법학회, 2018, 70－71면.
14 이수연, "사업장 내 괴롭힘 및 폭력: 우리 법체계상의 한계와 개선방향," 사회법연구 제31호, 한국사회법학회, 2017.
15 양승엽·박수경, "직장괴롭힘과 경영·인사관리의 한계: 노동 인격에 대한 존중," 산업관계연구 28호, 한국고용노사관계학회, 2018, 80면.
16 Cass. crim., 6 décembre 2011, n°10-82266. Michel Blatman, Pierre-Yves Verkindt et Sylvie Bourgeot, L état de santé du salairé(3éd.), Editions Liaisons, 2014, 310－313면; 양승엽, "직장괴롭힘 방지 입법에 대한 프랑스 법

제의 시사점 – 노동의 지속가능성을 위해," 성균관법학, 제29권 제3호, 성균관 대학교 법학연구소, 2017. 122면; 양승엽·박수경, "직장괴롭힘과 경영·인사 관리의 한계: 노동 인격에 대한 존중," 산업관계연구 28호, 한국고용노사관계 학회, 2018, 84면.

17 대법원 2008.7.10. 선고 2007두22498 판결: 직장 내 성희롱을 방지하여야 할 지위에 있는 사업주나 사업주를 대신할 지위에 있는 자가 오히려 자신의 우월한 지위를 이용하여 성희롱하였다면 그 피해자로서는 성희롱을 거부하거나 외부에 알리면 자신에게 가해질 명시적 묵시적 고용상의 불이익을 두려워하여 성희롱을 감내할 가능성이 크다는 점을 고려할 때 이들의 성희롱은 더욱 엄격하게 취급되어야 한다.

18 고용노동부 차관 임서정·근로기준정책관 김경선, "제365회 국회(임시회) 제1차 법안심사제2소위 회의록," 국회 환경노동위원회, 2018.12.21, 14 – 15면.

19 고용노동부, "직장 내 괴롭힘 판단 및 예방·대응 매뉴얼," 2019.2.22. 13면.

20 양승엽, "직장 괴롭힘과 경영인사관리의 한계," 한국노사관계 학술대회 자료집, 한국고용노사관계학회, 2018, 331 – 332면.

21 환경(環境)의 사전적 의미는 "생물에게 직접·간접으로 영향을 주는 자연적 조건이나 사회적 상황"임.

22 **남녀고용평등과 일·가정 양립 지원에 관한 법률**
제5조(근로자 및 사업주의 책무) ① 근로자는 상호 이해를 바탕으로 남녀가 동등하게 존중받는 직장문화를 조성하기 위하여 노력하여야 한다.
② 사업주는 해당 사업장의 남녀고용평등의 실현에 방해가 되는 관행과 제도를 개선하여 남녀근로자가 동등한 여건에서 자신의 능력을 발휘할 수 있는 근로환경을 조성하기 위하여 노력하여야 한다.

23 2018년 9월 11일 제364회 국회(정기회) 제1차 고용노동소위원회 회의록 참조.

24 이문한 전문위원, 환경노동위원회 법제사법위원회 체계자구검토보고서, "근로기준법 일부개정법률안(대안) 검토보고," 2018, 304면.

25 김도읍 소위원장·이완영 의원, "제365회 국회(임시회) 제1차 법안심사제2소위 회의록," 국회 환경노동위원회, 2018.12.21.

26 '회사 간부가 육아휴직 후 복직한 직원에게 이전 담당 업무가 아닌 보조업무를 부여, 해당 직원을 퇴출시키기 위한 따돌림을 동료 직원에게 지시하는 것' '술자리를 마련하지 않으면 경위서, 사유서를 쓰게 하겠다거나 징계하겠다고 반복하여 이야기함으로써……'

27 고용노동부, "직장 내 괴롭힘 판단 및 예방·대응 매뉴얼," 2019.2.22.

28 Patricia L. Janzen and Magdalena A. Wojda, Harris&Company LLP, Ibid, 2면.

29 이수연, "직장 괴롭힘 입법안의 쟁점과 과제," 사회법연구 제34호, 2018, 70면.

30 근로기준법 제2조 제1항 제2호에 따른 사용자: 사업주 또는 사업경영담당자,

그 밖에 근로자에 관한 사항에 대하여 사업주를 위하여 행위하는 자.

31 근로기준법 제2조 제1항 제2호의 근로자 개념.

32 고용노동부, "직장 내 괴롭힘 판단 및 예방·대응 매뉴얼," 2019.2.22.

33 고용노동부, "직장 내 괴롭힘 판단 및 예방·대응 매뉴얼," 2019.2.22.

34 고용노동부, "직장 내 괴롭힘 판단 및 예방·대응 매뉴얼," 2019.2.22.

35 파견법 제34조(「근로기준법」의 적용에 관한 특례) ① 파견 중인 근로자의 파견근로에 관하여는 파견사업주와 사용사업주를 「근로기준법」 제2조 제1항 제2호의 사용자로 보아 같은 법을 적용한다. 다만, 「근로기준법」 제15조부터 제36조까지, 제39조, 제41조부터 제43조까지, 제43조의2, 제43조의3, 제44조, 제44조의2, 제44조의3, 제45조부터 제48조까지, 제56조, 제60조, 제64조, 제66조부터 제68조까지 및 제78조부터 제92조까지의 규정을 적용할 때에는 파견사업주를 사용자로 보고, 같은 법 제50조부터 제55조까지, 제58조, 제59조, 제62조, 제63조, 제69조부터 제74조까지, 제74조의2 및 제75조를 적용할 때에는 사용사업주를 사용자로 본다.
② 파견사업주가 대통령령으로 정하는 사용사업주의 귀책사유(歸責事由)로 근로자의 임금을 지급하지 못한 경우에는 사용사업주는 그 파견사업주와 연대하여 책임을 진다. 이 경우 「근로기준법」 제43조 및 제68조를 적용할 때에는 파견사업주와 사용사업주를 같은 법 제2조 제1항 제2호의 사용자로 보아 같은 법을 적용한다.

36 대법원 1988.5.10. 선고 87다카2853 판결.

37 대법원 1989.5.9. 선고 88다카4277 판결.

38 이준희, 「직장에서의 괴롭힘: 법적 쟁점과 과제」, 신조사, 2018, 249-250면.

39 근로감독관 집무규정 제14조 제2항.

40 근로감독관집무규정 제21조 제1항.

41 법률신문, "부하직원 폭행 등 혐의 양진호, 1심서 징역 7년," 2020.5.28.

42 이준희, 「직장에서의 괴롭힘: 법적 쟁점과 과제」, 신조사, 2018, 249-250면.

43 근로기준법 제76조의3 제2항.

44 이준희, 「직장에서의 괴롭힘: 법적 쟁점과 과제」, 신조사, 2018, 251면.

45 김영희, "공공기관 내 성희롱 고충 상담 기법," 서강대학교.

46 여성가족부, "성희롱(성폭력) 고충상담원 업무매뉴얼," 2017, 15면.

47 여성가족부, "성희롱(성폭력) 고충상담원 업무매뉴얼," 2017, 15면.

48 여성가족부, "성희롱(성폭력) 고충상담원 업무매뉴얼," 2017, 14면.

49 여성가족부, "성희롱(성폭력) 고충상담원 업무매뉴얼," 2017, 14면.

50 이준희, 「직장에서의 괴롭힘: 법적 쟁점과 과제」, 신조사, 2018, 250-251면.

51 이준희, 「직장에서의 괴롭힘: 법적 쟁점과 과제」, 신조사, 2018, 252-253면.

52 동아일보, [단독]'사내 성희롱 신고 뒤 불이익' 진정 8.9%만 檢송치, 2019. 10.3.

53 고용노동부, "직장 내 괴롭힘 판단 및 예방·대응 매뉴얼," 2019.2.22. 14면.

5부

직장 내 괴롭힘 유형 경계 만들기

일터에서 어려움을 겪고 있을 당신에게

정부 행정해석의 문제점

한국형 유형을 찾기 위한 해외사례 비교

한국형 직장 내 괴롭힘 인정 유형 경계선

정부 행정해석의 문제점

66

고용노동부는 직장 내 괴롭힘 특성상 형태가 다양하므로 모든 유형을 열거할 수 없다고 이야기합니다. 다만 KICQ(Korea Interpersonal Conflict Questionnaire)와 일본·호주 등 해외 지침서를 토대로 16가지 대표 유형을 제시합니다. 동시에 예시된 유형이 해당 일터에서 근로자에게 적용되는 취업규칙상 금지 행위로 규정되어 있을 것을 전제합니다.

여기서 고용노동부는 "정당한 이유 없이 업무 능력이나 성과를 인정하지 않거나 조롱함"을 첫 번째 예시로 들고 있습니다. '조롱'에 정당한 이유가 있다면 괴롭힘이 면책될까요? 조롱은 그 자체로 괴롭힘에 해당한다고 보는 것이 타당합니다. 정당한 이유가 있는 조롱이란 불가능한 조합이기 때문입니다. 이 예시를 "정당한 이유 없이 업무 능력이나 성과를 인정하지 않는 것"으로 변경하는 게 적절하다고 생각합니다.

고용노동부에서 제시한 직장 내 괴롭힘 유형을 살펴보면, '지속적, 반복적'이라는 단어를 사용하고 있습니다. 그러나 개정 근로기준법은 법상 직장 내 괴롭힘 요소로 '반복성, 지속성'을 포함하지 않습니다. 괴롭힘 유형에 반복성과 지속성을 포함할 경우, 반복적이거나 지속적인 괴롭힘 행위임을 입증하여야만 인정될 가능성이 큽니다. 물론 직장 내 괴롭힘을 고용노동부가 공식적으로 판단할 때, 단순한 하나의 행위만으로 괴롭힘 해당 여부를 판단하기 어려울 수 있습니다. 그렇지만 하나의 행위라 하더라도 중대한 괴롭힘에 해당할 가능성은 충분합니다. 더욱이 괴롭힘이 한 번 일어난 경우라도, 그 가해행위를 묵인할 경우 또 다른 괴롭힘이 지속 발생하거나 반복적으로 일어날 가능성은 충분히 있습니다. 따라서 이러한 정부 해석은 상위법인 근로기준법에서 직장 내 괴롭힘 개념으로 포함하지 않는 '반복성, 지속성' 요소를 행정규칙으로 추가한 것으로 부적절한 유형 예시라 생각합니다.

고용노동부는 직장 내 괴롭힘 개별 사례도 설명하고 있습니다. 그런데 행위장소를 대부분 '사업장 내(해당 일터 내)'로 전제하여 괴롭힘 행위 유형을 축소하는 문제가 있습니다. 이는 '직장 내'를 단순히 물리적 공간 개념인 '장소'로 해석하여 발생하는 문제라 생각합니다. 이러한 해석은 기본적으로 모든 근로자가 같은 일터 장소에 모여서 일하는 것을 전제한 것으로, 집단적인 노동 방식을 의미합니다. 전근대적인 의미이지요. 오늘날 노동은 다변화하고 있습니다. 재택근무를 하는 사람도 있으며, 특정한 장소 없이 본인이 일하는 곳이 곧 일터가 되는 사람도 있습니다. 플랫폼에서 일을 공유하는 예도 있지요. 이러한 노동 형태 다변화에 따라 고용노동부 해석도 달라져야 합니다. 직장 내 괴롭힘 유형 경계를 나누는 적용 범위인 '직장 내'를 다르게 해석해 보는 것이지요. '직장 내'를 전근대적인 장소 개념에서 벗어나, 관념적인 '조직상 네트워크로 연결된 경우'로 보는 것이 타당합니다. 즉 직장에서의 업무 관계성이 있는 경우 전반에 해당한다고 설명하는 것이 바람직합니다.

아시아 최초로 직장 내 괴롭힘이 법으로 도입되었지만, 대한민국 역시 2019년에 들어와서야 처음으로 직장 내 괴롭힘이 법으로 금지되었습니다. 이로 인해 역사적 경험과 사법적 판단기준 등을 통해 괴롭힘 유형을 확인할 방법이 없습니다. 따라서 정부 행정해석은 현실에서 가장 중요한 괴롭힘 행위 유형 판단기준이 될 것입니다. 개정 근로기준법이 반복성과 지속성을 직장 내 괴롭힘 개념에 명시하지 않은 것은 괴롭힘 인정 범위 확대를 위한 고려의 반영이라 생각합니다. 특별히 괴롭힘에 대해서는 사업장이 아닌 '직장 내'로 적용 범위를 규정한 것도 장소를 벗어나 확장성을 부여하기 위함입니다. 고용노동부는 이러한 입법 취지를 반영하여 더욱 법적 정합성을 갖춘 유형 경계선을 제시할 필요가 있습니다. 다만 우리나라는 이제 막 법이 도입되었기 때문에 인정 유형에 대한 역사적 구축도 이제 시작되는 시점입니다. 이로 인해 고용노동부도 명확한 사례를 제시하기에는 시기상 한계가 있습니다. 따라서 한국형 직장 내 괴롭힘 유형을 찾기 위해 여러분과 함께 해외 사례를 비교해 보겠습니다.

한국형 유형을 찾기 위한 해외사례 비교

스웨덴

스웨덴 직업 안전 보건법 조례[2]에서 제시한 직장 내 괴롭힘 희생자 대책을 살펴보겠습니다. 희생자 사례로 8가지 유형을 제시하고 있습니다.

유형

① 직원과 그 가족을 비방하거나 학대
② 의도적으로 업무 관련 정보를 보류하거나 잘못된 정보 제공
③ 일을 의도적으로 방해
④ 명백하게 직원을 배척 · 불매 운동 또는 무시

⑤ 다양한 형태의 박해·위협·두려움·쇠퇴(예를 들어 성적인 괴롭힘)
⑥ 고의적인 모욕 및 부정적인 반응 또는 태도(조롱, 불친절함 등)
⑦ 해로운 의도가 없는 직원의 감독
⑧ 개인에게 갑자기 지시되는 공격적인 행정 처분 제재

특히 8번 '개인에게 지시되는 공격적 행정 처분 제재'에 대해서 이렇게 말합니다. "어떠한 객관적 원인도 없이 직원이 공동으로 해결할 업무에 관해 설명하지 않거나 제재하는 조치를 말한다. 예를 들어 근거 없는 사무실 철수 등"으로 상세히 설명합니다. 이러한 공세적인 행정 제재는 의도적으로 심각한 근로자 인격권 모욕과 학대로 받아들여질 수 있다고 보았습니다. 이를 장기간 지속 가능한 높은 스트레스로 보고, 비정상적이고 위험한 정신적 긴장감을 유발한다고 하여 정신적 건강 손상도 명확히 하였습니다. 다만 실무 차원에서 업무 명확성을 위한 약간의 의견 차이는 일반적으로 정상적인 현상으로 봅니다. 즉 일반적인 업무에서 정상적 범주에 있는 갈등상황으로 인정되는 경우 직장 내 괴롭힘이 아니라고 보는 것이지요. 다만 스웨덴은 조례 제정 이후 정부 집행이 체계적으로 이루어지지 않아, 국가 내에서 조례상 유형이 인정되고 있는지에 대해 의문을 제기하고 있습니다. 따라서 우리나라와 조직문화가 유사한 일본 사례와 법률로 직장 내 괴롭힘을 관리하며 명확성을 지닌 프랑스 사례를 살펴보겠습니다.

일본

일본은 2019년 5월에 「노동시책종합추진법」 개정을 통해 직
장 내 괴롭힘을 법으로 금지했습니다. 일본은 직장 내 괴롭힘을
"우월적 관계를 배경으로 업무상 필요한 상당 범위를 넘어 노동자
의 취업환경을 해치는 행위"로 정의합니다. 직장 내 괴롭힘 정의
는 우리나라와 비슷합니다. 차이점은 한국은 '지위 또는 관계의 우
위'로 우위성을 두 가지로 특정했지만, 일본은 '우월적 관계'로 보
아 우위성을 더 넓은 범위로 볼 여지가 있다는 점 정도입니다.

법 통과 후 일본 후생노동성은 행정지침으로 6가지 괴롭힘
유형을 제시합니다.[3]

유형

① 신체적 공격(폭행 상해)
② 정신적 공격(협박 · 명예훼손 · 모욕 · 심한 폭언)
③ 인간관계에서의 분리(격리 · 소외 · 무시)
④ 업무상 과대한 요구
⑤ 업무상 과소한 요구
⑥ 사생활 침해

일본은 법으로 직장 내 괴롭힘이 도입되기 전부터 논의가 활
발했습니다. 정부 차원에서 직장 내 괴롭힘 유형을 이미 제시하기
도 했지요. 그래서인지 2019년에 발표된 직장 내 괴롭힘 유형도
2011년 '직장의 따돌림 · 괴롭힘 문제에 관한 원탁회의'[4]에서 발표
했던 괴롭힘 유형과 같습니다.

일본은 직장 내 괴롭힘 적용 범위인 '직장'을 '사업주가 고용하는 노동자가 업무를 수행하는 장소로서 해당 노동자가 일반적으로 근무하는 장소와 업무를 수행하는 장소'로 정의합니다. 유형적인 장소 개념으로 본 것이지요. 일본 정부 해석은 대한민국 행정해석보다 적용 범위를 좁게 설정한 것으로 보입니다. 우리나라는 괴롭힘이 일어날 수 있는 장소로 '외근·출장지, SNS 등 온라인상 공간'까지 포함합니다. 일반적인 근무 장소나 업무 수행 장소가 아닌 곳까지도 포함하는 것이지요. 일본은 우리나라보다 법을 늦게 개정했습니다. 시행도 2020년 6월부터 대기업에 적용되고, 2022년 4월부터 중소기업까지 확장할 예정이지요. 이 때문에 일본 행정부가 법 시행 직전에 행정해석을 다시 발표할 수도 있습니다.

'업무상 과대·과소한 요구·사생활 침해'는 '업무상 적정한 지도'와 구분이 쉽지 않다는 지적이 있었습니다. 후생노동성은 "무엇이 적정 업무 범위를 넘는가?"에 대해 몇 가지 요소를 고려한다고 답변합니다. "업종·기업문화의 영향을 받고, 구체적인 인사행위가 이루어진 상황, 행위가 계속적인지 아닌지에 따라서 좌우되는 부분이 있다"는 것이지요. 행위가 계속적인지를 본다는 것은 우리나라 고용노동부 행정해석과 비슷한 면이 있습니다. 고용노동부가 일본 사례를 반영하였다고 밝히고 있으니 당연한 결과일 수도 있겠습니다.

일본에서 적정 업무 범위를 넘는 행위 예시로 상사가 직원에게 주의·지시하는 경우를 살펴보겠습니다. 상사가 직원에게 지시하는 중에 그 '말'이 '업무상 적정한 범위'를 넘어서 '협박·명예훼손·모욕·심한 폭언'인 경우 해당한다고 합니다. 이와 관련하여 일본 판례는 업무 지시로 이루어진 언동에 대하여 6가지 정도 요소를 고려한다고 판시합니다. 6가지 요소로는 ① 인격 부정, 명예 훼손이 되는 언동 유무, ② 퇴직, 해고, 처분을 제시하는 언동 유무, ③ 본인에게 귀책 사유가 있는지, 업무상 지시 필요성이 있는지, ④ 본인의 입장·능력, ⑤ 질책의 횟수, 시간, 장소, ⑥ 타인과의 공평성을 제시합니다. 일본 법원은 이러한 요소 등을 종합적으로 고려하여 사회 통념상 허용되는 지시·견책 범위를 명확하게 초월한 경우에 정신적 공격으로 평가합니다. 이 경우 적정한 업무 범위를 초과하는 위법한 행위로서 직장 내 괴롭힘을 인정하고 있습니다.[5]

프랑스

프랑스는 2002년 사회현대화법률을 통해 직장 내 괴롭힘을 법으로 규율하기 시작합니다. 해당 법이 통과하기 전 프랑스는 국가 인권자문위원회 의견서를 통해 먼저 직장 내 괴롭힘을 크게 3가지로 유형화합니다.[6]

유형

① 전체 근로자에 대한 경영 전략적 성질을 가진 제도적 괴롭힘
② 법정 해고 절차를 회피할 목적으로 특정인이나 여러 명의 근로자를 대상으로 기획되는 직업적 괴롭힘
③ 타인을 파괴하거나 자신의 권력을 크게 보이려는 목적으로 하는 개인적 괴롭힘

이후 「노동법전 L.1152-1조」를 통해 직장 내 괴롭힘을 법으로 도입합니다. 프랑스법에서 정의하는 직장 내 괴롭힘은 "모든 근로자는 자신의 권리와 존엄을 해하거나 신체적·정신적 건강을 손상, 또는 직업 장래를 위태롭게 할 수 있는 근로조건 저하를 목적으로 하거나 그러한 결과를 초래하는 반복적인 정신적 괴롭힘 행위"입니다.[7, 8]

프랑스는 원칙적으로 직장 내 괴롭힘 유형을 고정화하지 않고 법원을 통해 판단 받는 형태로 구성하고 있습니다. 이는 법률로 직장 내 괴롭힘을 규정하는 대다수 국가의 특징이기도 합니다. 그렇지만 유형 판단을 위한 주요 판단기준을 10가지 요소로 제시하고 있습니다.[9, 10]

유형 판단을 위한 판단기준

① 피해자인 근로자
② 수직적 서열 관계
③ 가해행위
④ 행위의 반복성
⑤ 근로자의 권리 침해
⑥ 근로자의 존엄
⑦ 신체적·정신적 건강 손상
⑧ 직업의 장래 위험
⑨ 근로조건의 저하
⑩ 이상을 초래하는 목적 또는 결과

"피해자인 근로자"는 직장 내 괴롭힘 적용 범위인 근로자로 확정합니다. 프랑스는 괴롭힘 규정 적용대상으로 임금근로자(salarié)만을 규정하고 있습니다. L.1152-1조가 임금근로자만을 규정하고 있지만, 프랑스는 적용 범위를 확장합니다. 건물 관리인 등 노동법 특례 직군도 적용대상에 포함한 것이지요. (L.7211-3조 등)[11] 특히 프랑스는 직장 내 괴롭힘 관련 파생 규정을 통해 '직업훈련생'과 '수습생'도 포함되도록 적용 범위를 더 넓게 확장합니다. 파생 규정을 통해 직업 훈련생과 수습생도 직장 내 괴롭힘을 거부하거나 이에 대한 증언을 이유로 한 불이익처분을 받지 않도록 규정하고 있습니다. '채용지원 자'에게도 소송절차에서 직장 내 괴롭힘 증명책임을 완화하고 있습니다.

프랑스 대법원은 부하에게 괴롭힘을 겪어 자살한 근로자 사건을 통해 피해자와 가해자 사이 "수직적 서열 관계"는 '사실상의 서열 우위'를 의미한다고 분명히 합니다.[12] 가해자의 "가해행위 (harcèlement)"는 단정적으로 유형화하기 힘든 포괄적 개념으로 상황에 따라 양상이 달라진다고 보고 있습니다. 따라서 프랑스는 사례별로 법원이 판단합니다.

우리나라와 다른 점은 프랑스는 법문에 괴롭힘의 '반복성'이 포함되어 있다는 점입니다. 프랑스는 직장 내 괴롭힘의 반복성을 '직장 내 성희롱'이나 '일반 불법 행위'와 구분하는 요소로 사용합니다. 따라서 프랑스에서 괴롭힘이 일회성에 그치는 경우 직장 내 괴롭힘으로 인정하지 않는 것이 원칙입니다. 나아가 반복주기도 고려합니다. 반복주기가 짧아야 한다는 것이지요. 프랑스 대법원은 근로자가 인사 조치에 대해 수차례 항의하였으나 사용자가 매번 무시한 사례에서, 사용자의 인사 조치는 전체적인 형태 측면에서 보면 1회의 행위라 보아 괴롭힘을 부정했습니다.[13] 다만 이러한 괴롭힘 행위가 같은 행위일 때만 반복적이라 보는 것은 아닙니다.[14, 15] 그렇지만 예외적인 경우도 있습니다. 괴롭힘 성격이 인종·민족·성적 취향·종교·신념 차이에 의한 차별행위면 단 1회라도 직장 내 괴롭힘으로 인정합니다.[16] 차별적 괴롭힘은 한층 강하게 조치하는 것이지요.

　프랑스는 법적으로 근로자 권리를 '노동자로서의 인격권'으로 보고 있습니다. "근로자 권리 침해"에 대해 프랑스 헌법위원회 (conseil constitutionnel)는 이렇게 밝히고 있기 때문입니다. "노동법전 L.122-49조(현 L.1152-1조 및 2조)가 부당하게 침해받는 근로자 권리에 관해 설명하지 않았다면, 노동법전 L.120-2조(현 1121-1조)[17]가 규정한 '노동에서의 인간의 권리'로 간주하여야 한다."라고 말합니다. 이러한 헌법위원회 의견을 대법원이 인용하여 노동자 인격권을 정립합니다.[18]

　프랑스는 "근로자 존엄성을 훼손하는 대표적인 행위"를 창피나 모욕을 주는 것이라 설명합니다. 프랑스 국사원(Conseil d'État)이 직장 내 괴롭힘은 근로자의 '기본적 자유'를 침해하는 것이라 판시하였고, 대법원은 직장 내 괴롭힘 존재 여부를 떠나 노동에서의 근로자 존엄성 원칙을 밝히고 있습니다.[19, 20]

　프랑스에서 "근로자 건강 손상"이 인정되려면 신체적·정신적 양 측면에서 손상이 모두 관찰되어야 한다는 점이 특이합니다. 정신적 건강 손상에 대해서는 많은 판례에서 직장 내 괴롭힘으로 인한 스트레스 상태, 신경쇠약, 자살 등을 정신적 건강 손상이라고 판단합니다. 다만 건강 손상이 직접 발생하지 않고, '손상 위험'이 나타난 경우에도 요건이 성립한다고 보고 있습니다. 나아가 이러한 근로자 건강 손상이 직장 내 괴롭힘의 직접적인 결과일 필요는 없다고 봅니다. 근로자 입장을 충분히 고려한 판단이라 생각합니다. 정리하면 프랑스는 직장 내 괴롭힘으로 인한 근로환경 악화의

결과물로 건강 손상이 일어날 수 있다고 넓게 보고 있습니다.[21]

　"직업상의 장래 위험"은 근로자 이력상 평판 훼손으로 설명하며, 구체적인 형태는 법원 판단에 두고 있습니다.[22] "근로조건 저하" 부분에서 '근로조건'이란 용어의 정의규정은 프랑스 법에 존재하지 않습니다. 다만 해석상 객관적·물질적 조건뿐만 아니라 근로자가 느끼는 심리적 근로조건까지 포함한다고 보고 있습니다. 이를 기반으로 직장 내 안전과 건강에 관한 프랑스 근로자대표조직인 '안전위원회(CHSCT)'에서 문제 발생 시 조사권 행사가 가능합니다.[23]

　"이상을 초래하는 목적 또는 결과"에서 '목적'은 주관적 요소이고 '결과'는 객관적 요소입니다. 다만 프랑스는 목적에 '고의성'을 전제하고 있습니다. 이러한 고의(volonté)의 범위로 해악을 알고 행하는 수준까지 요구하는지는 현재도 치열한 논쟁이 펼쳐지고 있습니다. 한편, 프랑스 대법원은 해악을 알고 행하는 고의까지는 필요하지 않고 결과를 인정하는 고의면 직장 내 괴롭힘 요건을 충족한다고 판시한 바 있습니다.[24, 25]

한국형 직장 내 괴롭힘 인정 유형 경계선

❝

　　스웨덴의 8가지 직장 내 괴롭힘 유형을 살펴본 결과, 우리나라 행정해석과 다른 측면이 두 가지 정도로 보입니다. 먼저 피해 근로자 당사자에 대한 인격권 훼손 외에 가족에 대한 비방까지도 넓은 범주로 포함하고 있습니다. 근로자 인격권을 더욱 넓게 인식하고 있음을 알 수 있는 단서입니다. 또한 '공격적 행정처벌 제재'도 인격권의 심각한 피해를 유발한다고 명시하고 있습니다. 단 스웨덴에서도 업무 명확성을 위해 이루어지는 정상적 범주의 갈등 상황은 해당하지 않는 것을 알 수 있습니다. 대한민국 직장 내 괴롭힘 인정 경계선도 근로자 인격권을 넓게 인식하여 해당 근로자 개인에 대한 인격권 훼손과 더불어 가족에 대한 비방까지도 포함함이 바람직합니다.

　일본은 과소한 요구 외에 '과대한 요구'까지 직장 내 괴롭힘으로 보고 있는 것에 차이가 있습니다. 또 이러한 '과대한 요구'가 '업무상 적정한 지도'와 구분이 쉽지 않음을 지적하고 있지요. 따라서 업무상 적정한 지도인지 과대한 요구인지를 판단하는 데 '업종과 기업문화, 인사행위의 상황 및 행위 계속성'을 고려해야 한다고 합니다. 우리나라도 업무상 적정범위를 넘는 요구인지 판단할 때 인사행위의 상황과 업종 특수성을 고려하는 것은 타당합니다. 다만 일본처럼 기업문화를 고려하게 되면, 직장 내 괴롭힘이 유발되는 문화를 가진 조직에서는 괴롭힘 인정 범위가 축소될 수 있습니다. 우리나라는 '반복성'을 직장 내 괴롭힘 요건으로 보고 있지 않으므로, 일본처럼 행위 계속성을 요구하는 것은 타당하지 않습니다.

　직장 내 괴롭힘에 관한 법적 규정을 마련한 대한민국의 경우, 앞서 살펴본 스웨덴이나 한국보다 늦게 법이 마련된 일본보다는 적극적 법률로 규정한 프랑스 사례를 주의 깊게 살펴볼 필요가 있습니다. 이렇게 법률로 직장 내 괴롭힘을 다루는 국가의 가장 큰 특징은 포괄적 정의 및 개별 사안에 대한 법원 판단이었습니다. 이를 기본으로 프랑스 사례로 알 수 있는 점은, 대한민국 행정해석 상 직장 내 괴롭힘 유형 구분이 갖는 가장 큰 문제는 근로자의 '인격권 침해'와 '신체적·정신적 건강 훼손'을 동일 선상으로 취급한다는 점입니다. 직장 내 괴롭힘을 겪은 근로자가 느끼는 가장 큰 고통은 하나의 인격으로 존중받지 못하는 자괴감일 것입니다. 직접적인 건강 훼손이 아닌, 직장 내 괴롭힘으로 인해 사람으로서 대접받지 못하는 것이 더욱 고통스러운 것이지요. 따라서 직장 내 괴롭힘이 규정하여야 하는 침해 대상은 근로자의 존엄과 권리를 보장하는 "인격권"으로 봄이 바람직합니다. 신체적·정신적 건강 훼손은 구체적인 발현 형태로 보아야 합니다.[26]

프랑스와 달리 우리나라 직장 내 괴롭힘 요소에는 '반복성'이 포함되지 않는 것도 중요한 비교 사항입니다. 물론 프랑스도 반복성에 예외를 두고 있으나, 반복성을 완전히 제외한 대한민국 법 개념이 보다 근로자 측면을 고려한 장점이 있습니다. 따라서 일회적인 괴롭힘이라도 근로자 인격권에 중대한 훼손이 있는 경우, 직장 내 괴롭힘을 인정하는 방향으로 경계선 재정립이 필요합니다.

그럼 한국형 직장 내 괴롭힘 인정유형 경계선은 어떻게 만들어야 할까요? 한국여성정책연구원은 프랑스 국가 인권자문위원회가 제시한 "제도적 괴롭힘, 직업적 괴롭힘, 개인적 괴롭힘" 3분류 기준을 발전시켜 직장 내 괴롭힘 유형을 제시합니다.[27] 그러나 이

▌한국여성정책연구원, 직장 내 괴롭힘의 유형

분류 기준	괴롭힘의 유형	구체적인 유형
조직적·경영방침에 의한 괴롭힘	구조적 괴롭힘	정리해고 추진용 괴롭힘, 노조와해용 괴롭힘, 성과압박형 괴롭힘 등
	개인적 괴롭힘	관리자 등에 의한 권력남용형 괴롭힘
		동료 간 괴롭힘
가해자가 조직 내부 구성원인 괴롭힘	고객에 의한 괴롭힘	감정노동 등
	조직 내부적인 괴롭힘	
차별적 성격의 괴롭힘	차별적인 괴롭힘	젠더·인종·장애 괴롭힘 등
	차별과 무관한 괴롭힘	

┃ 제안: 한국형 직장 내 괴롭힘의 7가지 유형 경계선

분류 기준	괴롭힘의 유형		구체적인 유형
개별적으로 근로자의 인격권 침해를 유발하는 개인 간 괴롭힘	가해자가 직장 내부 근로관계상 구성원인 경우	지위의 우위	직장 지위상 상급자의 권력형 괴롭힘
		관계의 우위	관계상 우위를 지닌 동료의 괴롭힘
	가해자가 직장 외부 근로관계상 구성원인 경우	고객	고객에 의한 괴롭힘
		비전형 근로관계	간접고용 근로자 괴롭힘
조직적으로 가학적 인사관리를 통한 집단형 괴롭힘	구조적 괴롭힘		정리해고 추진용 괴롭힘, 노조와해·성과압박 괴롭힘, 공격적 행정 처벌 제재 등
	개인적 괴롭힘		조직적으로 관리자를 통해 일어나는 권력남용형 괴롭힘
			조직적·경영 전략적으로 동료를 이용하는 괴롭힘
과소·과대형 업무부여 성격의 괴롭힘	과소형 업무 부여		명백히 불필요하거나 수행 불가 업무 부여, 업무 방해 등
	과대형 업무 부여		합리성 없이 과다하게 낮은 업무 부여, 업무 소외 등
차별적 성격의 괴롭힘	차별적 괴롭힘		젠더·인종·장애·신념·종교 차이에 대한 괴롭힘 등

는 프랑스에 기반을 둔 모델이라는 점에서 한계가 있다고 생각합니다. 여러분은 앞서 스웨덴, 일본, 프랑스의 인정기준과 유형을 살펴보았습니다. 따라서 이 책에서는 인정 유형 기준을 종합하여 유형을 확대하여 7가지 한국형 직장 내 괴롭힘 인정 유형으로 제안하고자 합니다.

앞서 고용노동부에서 제시한 상황별 행위 예시[28]는 단순한 개인 간 괴롭힘 상황 예시에 그쳤습니다. 폭행, 협박, 사적 지시 등 모두 하나의 괴롭힘 사실행위를 나열한 것에 불과하였지요. 정부 예시는 근로자 개인 간 행위인지, 조직적 행위인지, 업무적인지 차별적인지 등 괴롭힘의 전체 구조를 파악하지 못하는 문제가 있습니다. 따라서 이 책에서 제시하는 7가지 유형은 개인과 조직 및 업무와 차별 등 현장 일터에서 일어나는 괴롭힘 행위를 구조적 관점에서 체계적으로 유형화하였습니다.

참고문헌

1 고용노동부, "직장 내 괴롭힘 판단 및 예방·대응 매뉴얼," 2019.2.22, 16－23면.

2 직업 안전 보건법 조례(작업 환경 조례 제18조 (SFS 1977: 1166));
   http://www.workplacebullying.org/multi/pdf/1994_Sweden.pdf

3 "직장 내 괴롭힘 관련 고용관리상 마련해야 하는 조치 등에 관한 골자안," 일
   본 후생노동성, 2019.

4 일본 후생노동성 홈페이지의 직장 괴롭힘에 관한 원탁회의 워킹그룹 보고 참조.
   https://www.mhlw.go.jp/stf/shingi/2r98520000021hkd.html

5 佐々木亮·新村響子, 『ブラック企業·セクハラ·パワハラ対策』, 旬報社, 2017.
   53－54면; 양승엽·박수경, "직장괴롭힘과 경영·인사관리의 한계: 노동 인격에
   대한 존중," 산업관계연구 제28호, 한국고용노사관계학회, 2018, 88면.

6 조임영, "직장 내 괴롭힘과 프랑스 노동법," 노동법논총 제25호, 한국비교노동
   법학회, 2012. 5면.

7 Wolter Kluwer 출판사의 주석서, Le Lamy Social 2016, Wolters Kluwer
   France, 2016, §3915-Définition légales du harcèlement moral.

8 참고로 형법전(Code pénal) L.222-33-2조도 직장 괴롭힘에 대해 다음과 같이
   규정하고 있다. "권리와 존엄성을 훼손하거나 신체 및 정신적 건강을 손상하며
   직업의 미래를 위태롭게 하는, 근로조건의 악화를 목적으로 하거나 또는 결과적으
   로 이것을 초래하는 반복적인 언동으로 타인을 괴롭히는 행위는 2년 이하의
   자유형이나 30,000유로 이하의 벌금에 처한다." Gilles Auzero et Emmanuel
   Dockès, Droit du travail(28 éd.), Dalloz, 2014, 907면.
   노동법전과의 차이는 가해자가 '모든 근로자'에 한정되지 않는 일반인으로서
   근로자와 사용자 외 제3자(예: 고객)도 직장 괴롭힘의 주체가 될 수 있다는
   점에 있다.

9 Michel Blatman, Pierre-Yves Verkindt et Sylvie Bourgeot, L'état de santé du
   salairé(3éd.), Editions Liaisons, 2014. 310－313면.

10 양승엽, "직장 괴롭힘 방지 입법에 대한 프랑스 법제의 시사점－ 노동의 지속
   가능성을 위해," 성균관법학 제29권 제3호, 성균관대학교 법학연구소, 2017,
   122면.

11 Michel Blatman, Pierre-Yves Verkindt et Sylvie Bourgeot, L'état de santé du
   salairé(3éd.), Editions Liaisons, 2014, 305－306면.

12 Cass. crim., 6 décembre 2011, n°10-82266. 앞서 설명한 바와 같이 프랑스는
   직장 괴롭힘을 형사 처벌한다. 따라서 형사부에서 판결을 내렸다.

13 Cass. soc., 26 mai 2010, n°08-43152; Auzero & Dockès, Droit du travail(28e éd), Dalloz, 2014, 904면.

14 프랑스 대법원은 근로자가 이유 없이 핸드폰을 압수당하고, 매일 아침 상사의 사무실에 출두할 것을 지시받고, 자신의 업무와 관련 없는 일을 맡게 된 사례에서 별개의 행위이지만 반복적인 괴롭힘으로 인정하였다.

15 Cass. soc., 27 octobre 2004, n° 04-41008; Claude Roy-Loustaunau, "CDD. Requalification en CDI. Licenciement. Harcèlement moral. Notion. Éléments contitutifs," Droit Social 2015, n°01, Dalloz, 2005, 100면 이하.

16 프랑스 대법원은 17개월 동안 한 직책에서 근무하였던 여성 근로자가 출산휴가 후 원직복귀를 신청하였으나 사용자가 이를 거부하고 다른 직책을 구하던 남성 근로자 2인에게 연달아 이 직책을 맡긴 사안에서 사용자에게 직장 괴롭힘을 인정하였다.

17 노동법전 L.1121-1조 "누구도 개인의 권리와 개인적 및 집단적 자유를 수행할 직무의 성질에 비추어 또는 추구하는 목표와 비례하여 정당화할 수 없다면 제한할 수 없다."

18 Michel Blatman et al., 앞의 책, 312면; Décision n°2001-455 DC, 12 janvier 2002, loi de modernisation sociale.

19 이와 관련하여 프랑스 대법원은 특정 근로자를 대상으로 동료 근로자들이 말을 걸지 않도록 지시하고, 지나치게 고압적인 태도를 취했으며, 난방이 되지 않고 기구들이 비치되지 않는 협소한 사무실에서 일을 하도록 한 사안에서 이런 행동들은 근로자의 권리 및 존엄성을 훼손한다고 판시한 바 있다; Cass. soc., 28 juin 2006, n°03-44055; 조임영, "프랑스의 노동에 있어 정신적 괴롭힘(harcèlement moral)의 규제에 관한 법리," 노동법논총 제22호, 한국비교노동법학회, 2011, 315면.

20 CE, 4 octobre 2004, req. 264319, Rec. Lebon; Cass. soc., 7 février 2012, n°10-18686; Michel Blatman et al., 위의 책, 312-313면

21 Michel Blatman et al., 위의 책, 313면.

22 Michel Blatman et al., 위의 책, 313면.

23 Woltes Kluwer(2016a)(éd.), 앞의 주석서, §3927-Dégradation des conditions de travail; Michel Blatman et al., 위의 책, 311면.

24 Michel Blatman et al., 위의 책, 311면.

25 양승엽, "직장 괴롭힘 방지 입법에 대한 프랑스 법제의 시사점 - 노동의 지속가능성을 위해," 성균관법학 제29권 제3호, 성균관대학교 법학연구소, 2017, 122-125면.

26 양승엽, "직장 괴롭힘 방지 입법에 대한 프랑스 법제의 시사점 - 노동의 지속가능성을 위해," 성균관법학 제29권 제3호, 성균관대학교 법학연구소, 2017, 135-137면.

27 구미영·천재영·서유정·정슬기, "여성 근로자에 대한 직장 내 괴롭힘의 실태와 보호방안," 한국여성정책연구원, 2015, 19면; 조임영, "직장 내 괴롭힘과 프랑스 노동법," 노동법논총 제25호, 한국비교노동법학회, 2012, 5면; 양승엽, "직장괴롭힘 방지 입법에 대한 프랑스 법제의 시사점 – 노동의 지속가능성을 위해", 성균관법학 제29권 제3호, 성균관대학교 법학연구소, 2017, 118–119면.
28 고용노동부, "직장 내 괴롭힘 판단 및 예방·대응 매뉴얼," 2019, 13면.

직장 내 괴롭힘 유형 경계 만들기

6부

산업안전보건법
개정 내용의 올바른 이해

일터에서 어려움을 겪고 있을 당신에게

개정법률 내용

"

　'산업안전보건법'이란 산업재해를 예방하고 쾌적한 작업 환경
을 조성하도록 기업에 일정한 안전보건 의무를 부과하는 법입니
다. 기업에 안전과 보건을 일정 수준 이상 유지하고 관리하도록
함으로써 일하는 사람이 안전하고 깨끗한 일터에서 일할 수 있도
록 하는 것입니다. 기존 산업안전보건법은 보호 대상을 "근로자"
로 정의합니다. 이 단어는 근로기준법이 적용되는 근로자를 의미
했습니다. 이로 인해 근로기준법상 근로자가 아니면 산업안전보건
법에서도 보호 대상에서 제외되는 문제가 있었지요. 특히 고용 관
계가 확실하지 않은 학습지 교사, 골프장 캐디, 화물트럭 기사 같
은 특수형태근로종사자와 배달원 등 플랫폼종사자가 법 적용에서

제외되었습니다. 이렇게 법 적용 사각지대에서 위험에 노출되어 일하는 사람을 포함하고자 2019년 1월, 산업안전보건법을 개정합니다. 산업안전보건법 목적규정인 제1조 보호 범위를 "근로자"에서 "일하는 사람"(법 규정은 "노무를 제공하는 자")으로 확대한 것이지요. 최근 산업안전보건법은 대대적인 법 개정이 이루어지고 있습니다. 안전한 일터 관리 중요성이 점점 더 높아지고 있기 때문입니다.

그중 2018년 12월 27일 국회를 통과한 개정 산업안전보건법 제4조 제1항 제3호는 정부에게 직장 내 괴롭힘 관련 의무를 부여합니다. 정부가 직장 내 괴롭힘 예방을 위해 조치기준을 마련하도록 하고, 지도·지원하도록 규정한 것이지요. 정부는 이 규정을 근거로 일터 현장에 직장 내 괴롭힘이 금지되도록 제도 안내와 지도 등을 하게 됩니다. 직장 내 괴롭힘을 예방하고 적절한 대응 방법을 제시하기 위한 지침을 발간했고, 예방 교육 자료를 개발하여 공개하기도 했지요. 고용노동부는 직장 내 괴롭힘 사건을 접수할 수 있고, 해당 기업을 지도할 수 있게 되었습니다.

❚ 산업안전보건법 과거·현재 법 비교

과거	개정(현재)
제1조(목적)	제1조(목적)
이 법은 산업안전·보건에 관한 기준을 확립하고 그 책임의 소재를 명확하게 하여 산업재해를 예방하고 쾌적한 작업환경을 조성함으로써 **근로자**의 안전과 보건을 유지·증진함을 목적으로 한다.	이 법은 산업 안전 및 보건에 관한 기준을 확립하고 그 책임의 소재를 명확하게 하여 산업재해를 예방하고 쾌적한 작업환경을 조성함으로써 **노무를 제공하는 자**의 안전 및 보건을 유지·증진함을 목적으로 한다.

제2조(정의)	제2조(정의)
1. "산업재해"란 <u>근로자가</u> 업무에 관계되는 건설물·설비·원재료·가스·증기·분진 등에 의하거나 작업 또는 그 밖의 업무로 인하여 사망 또는 부상하거나 질병에 걸리는 것을 말한다.	1. "산업재해"란 <u>노무를 제공하는</u> 자가 업무에 관계되는 건설물·설비·원재료·가스·증기·분진 등에 의하거나 작업 또는 그 밖의 업무로 인하여 사망 또는 부상하거나 질병에 걸리는 것을 말한다.
제4조(정부의 책무)	제4조(정부의 책무)
① 정부는 이 법의 목적을 달성하기 위하여 다음 각 호의 사항을 성실히 이행할 책무를 진다. 1. 산업 안전 및 보건 정책의 수립 및 집행 2. 산업재해 예방 지원 및 지도 4. 사업주의 자율적인 산업 안전 및 보건 경영체제 확립을 위한 지원 5. 산업 안전 및 보건에 관한 의식을 북돋우기 위한 홍보·교육 등 안전문화 확산 추진 6. 산업 안전 및 보건에 관한 기술의 연구·개발 및 시설의 설치·운영 7. 산업재해에 관한 조사 및 통계의 유지·관리 8. 산업 안전·보건 관련 단체 등에 대한 지원 및 지도·감독 9. 그 밖에 노무를 제공하는 자의 안전 및 건강의 보호·증진	3. 「근로기준법」 제76조의2에 따른 <u>직장 내 괴롭힘 예방을 위한 조치기준 마련, 지도 및 지원</u> (추가신설)

'정부의 지도의무 부여'가 일터에 미칠 영향력

66

산업안전보건법이 정부에게 직장 내 괴롭힘 조치기준 마련 및 지도·지원 의무를 부여한 것은 괴롭힘 피해자에 대한 보호 조치를 명확하게 했다는 것에 중요한 의미가 있습니다. 직장 내 괴롭힘 보호 조치는 사용자에게 부여된 노동법상 기본적인 의무인 안전보호의무 개념을 기반으로 당연히 유추 적용이 가능합니다. 이를 통해 기업은 직장 내 괴롭힘 예방을 위한 사전 조치에서부터 유급휴가 부여 등 사후 조치까지 기준을 마련하고 괴롭힘 위험원 관리를 해야 함이 당연합니다. 그러나 만약 법이 정부에게 의무를 부여하지 않았다면, 안전보호의무로 유추 적용이 가능하더라도 피해자에게 명확한 보호 조치가 필수적으로 수반되어야 하는지 논란은 이어졌을 것입니다. 따라서 산업안전보건법 개정은 국가 차원에서 직장 내 괴롭힘 관리가 이루어질 것을 사회적으로 공표한 것에 의미가 있습니다. 동시에 자연스럽게 기업에도 직장 내 괴롭힘 보호 조치 의무가 부과되는 흐름을 명확하고 확고하게 보충한 효과도 가집니다. 사회적으로 법적 명확성을 정립한 것이지요.

고용노동부는 직장 내 괴롭힘이 법으로 금지되고 현장에 시행된 후 2개월 만에 약 800건이 접수되었다고 밝혔습니다. 2020년 3월 기준으로는, 2,900여 건의 괴롭힘 진정 사건이 접수되었다고 합니다. 정부가 일터에서 직장 내 괴롭힘을 지도 점검할 수 있도록 법적 권리를 부여받았기 때문에 사건 해결을 위해 고용노동부를 찾는 사람들이 많아진 것입니다. 오리온 익산공장 근로자 자살 사건과 관련하여 고용노동부는 최초로 직장 내 괴롭힘 사건을 기반으로 '특별근로감독'을 시작했습니다. 이 사건은 검찰에 송치되었고, 오리온 익산공장은 근로감독관 10명이 배치되어 3년간의 노동법 위반 여부 감독에 들어가게 됩니다.[1] 만약 일터에서 여러분이 직장 내 괴롭힘을 겪었다면, 정부 기관을 통해 일터를 점검하도록 요청할 수 있습니다. 기업도 직장 내 괴롭힘이 고용노동부에 신고되면 이러한 조사를 받아야 한다는 것을 알고 있으므로 더 적극적으로 일터 문화를 개선하여야 할 것입니다.

산업안전보건법에서 '사업장'의 의미

66

　　앞서 여러분은 근로기준법에서 '사업 또는 사업장' 개념은 노동력이 유기적 작업조직으로 운영되는 단위로, '노동조직'으로의 사업 단위를 뜻함을 알아봤습니다. 이러한 사업장 개념을 기반으로 근로시간, 휴게시간 등 근로기준법 규정이 적용됩니다. 그러나 오늘날 산업안전보건법은 급격한 노동환경 다변화로 일반적인 노동법 개념에서 사회보장적 성격의 법적 보호 역할이 강조되고 있습니다. 문재인 대통령은 취임 3주년 연설에서 노동다변화와 코로나−19등 위기 대응을 위해 '전국민 고용보험'을 마련하겠다고 구상을 발표합니다. '한국형 뉴딜' 같은 IT 발전은 오늘날보다 더욱 다양한 노동형태를 촉발할 것이기 때문입니다. 이런 변화는 "일하

는 사람"이 지금보다 훨씬 다양한 일을 할 것임을 이야기하기도
합니다. 이들이 일하는 사업장도 더 다양해지겠지요. 따라서 산업
안전보건법에서 말하는 '사업 또는 사업장' 개념은 근로기준법 개
념과는 다르게 볼 필요가 있습니다.

산업안전보건법에서 '사업 또는 사업장' 개념은 '위험원에 영
향을 받는 단위'로 의미가 변환되었다고 볼 수 있습니다. 이 법은
위험관리자인 기업이 일터에서 영향받는 일하는 사람을 보호·관
리할 의무를 부여한 것이지요. 그리고 이러한 '위험원에서 일하는
사람' 범위는 최근 법 전면개정[2]으로 확장되었습니다. 특수형태근
로종사자, 플랫폼노동자(배달종사자), 프랜차이즈노동자 등 직접
고용 관계가 아닌 다른 계약관계라 할지라도 일터에서 안전보호
조치를 해야 하는 법적 의무가 생긴 것이지요. 즉 근로기준법이
포함하지 못한 사람도 보호하기 위해 산업안전보건법은 법적 확
장성을 부여한 것입니다. 따라서 산업안전보건법 관련 법률문제는
이 법이 말하는 목적을 기반으로 해석할 필요가 있습니다.

산업안전보건법은 일하는 사람이 일터에서 겪을 수 있는 각
종 위험에 대한 '사전예방'을 가장 중요한 목적으로 합니다. 이는
자연스럽게 기업의 '위험 관리' 중요도가 높아졌음을 의미합니다.
즉 근로기준법과 산업안전보건법 모두 근로자 보호를 위한 법으
로 출발하였다 할지라도, 이제 산업안전보건법은 일하는 사람이
일터에서 위험을 받지 않고 안전하게 일할 수 있도록 하는 사회보
장적 영역으로 들어온 것입니다. 따라서 근로기준법이 적용되지
않는 사람도 산업안전보건법에 포함한다는 것은 "산업안전보건법
이 사회보장적 법으로 작용하겠다"는 신호입니다. 따라서 '일하는

사람에 대한 종합적 위험원 관리를 통한 실질적 보호'라는 산업안전보건법만의 독자적 의미를 반영하여 사업 또는 사업장 개념 정립이 재검토되어야 할 때입니다.

예방 · 조치의무 적용 범위는 어디까지일까?

66

　사업장 개념을 살펴보며 산업안전보건법이 기존 노동법의 개별법에서 사회보장적 성격으로 역할의 무게가 옮겨갔다는 점을 알아보았습니다. 이로 인해 '위험원에 영향을 받는 단위'로 일터 개념이 확장된 것도 살펴보았습니다. 법이 사회보장적 영역으로 들어온 현재 시점에서, 보호 범위도 근로기준법상 근로자보다 확장되고 있음은 2020년 1월 16일부터 시행되고 있는 산업안전보건법 전면개정으로 더욱 명확해졌습니다. 이번 개정으로 근로기준법상 직접적 고용 관계에 한정되지 않고, 특수형태근로종사자, 플랫폼노동자도 산업안전보건법상 보호 권리를 부여한 것이지요. 동시에 프랜차이즈 가맹본부에 안전보호의무를 부과하여 프랜차이즈

노동자도 보호합니다. 이러한 변화는 산업안전보건법이 근로기준법에서 포섭하지 못한 노동자 할지라도 산업현장에서 도사리고 있는 위험으로부터 보호하기 위해 포괄적으로 포함하고자 하는 목적의 반영입니다. 따라서 산업안전보건법이 적용되는 '일하는 사람' 범위 역시 목적 지향적 해석이 필요합니다.

물론 이렇게 확대된 일하는 사람이 산업안전보건법에 전면 적용되는 것은 아닙니다. 이로 인해 해석상 이들이 산업안전보건법상 직장 내 괴롭힘에 적용되는 것인지가 문제 될 수 있습니다. 그러나 산업안전보건법에서 부여하고 있는 정부의 직장 내 괴롭힘 관리는 이 법이 보호하는 사람이라면 누구든 누릴 수 있는 권리라고 봄이 바람직합니다. 즉 산업안전보건법에서 언급한 근로기준법 제76조의2는 직장 내 괴롭힘을 설명하기 위한 '매개수단'인 것이지요. 따라서 산업안전보건법의 목적에 맞고, 법률 보호 범위에 적용될 경우 정부는 직장 내 괴롭힘 보호가 인정되는 사람으로 해석하는 것이 바람직합니다.

이는 실질적 사례를 통해서도 알 수 있습니다. 예를 들어 프랜차이즈노동자의 경우, 프랜차이즈 계약 본연의 목적은 프랜차이즈 산업에 대한 지휘·감독을 의미했습니다. 그러나 현장에서는 손톱 관리, 복장 규제 등 프랜차이즈노동자에 대한 개별적 노무 관리상 지휘·감독까지 확대되는 추세이지요. 이렇게 직접적인 지휘·감독이 이루어질 경우, 프랜차이즈노동자는 프랜차이즈 본사로부터 괴롭힘을 당할 가능성이 커집니다. 이번 산업안전보건법 전면개정에서 프랜차이즈 본부에 안전보건 조치의무를 부과한 것은 이러한 현장 상황을 반영한 것이라 봅니다. 동시에 프랜차이즈 본부는 '품질관리'라는 위험원을 제공하므로, 프랜차이즈 본부에 안전·보건 관리 및 조치의무를 부과한 것입니다.

이러한 관점에서 개정 산업안전보건법에서 보호되는 모든 일하는 사람에게 직장 내 괴롭힘이라는 위험원으로부터 보호받아야 할 법적 권리를 부여한 것입니다. 간접고용 관계에 있는 근로자라 할지라도 법이 적용된다고 보면 자연스럽게 정부의 직장 내 괴롭힘 관리 확대를 이끌 수 있지요. 즉 정부가 부여받은 직장 내 괴롭힘 관리의무에는 산업안전보건법이 적용되는 '일하는 사람 모두'를 포함한다고 해석할 수 있습니다. 따라서 정부는 이러한 일하는 사람이 전반적으로 보호받을 수 있도록 대책을 마련할 의무가 부여된 것으로 봄이 타당합니다.

나가며

: 산업안전보건법이 나아갈 방향

66

산업현장에서 일하는 사람의 안전과 건강은 기업의 시설관리와 인사노무관리 방식과 직결됩니다. 사용자의 일터 현장 인적·물적 관리통제와 처분권은 곧바로 일하는 사람의 물리적·생리적·인격적·정신적 그리고 조직 내 관계적 환경에 절대적 영향을 미치게 됩니다. 여기서 일하는 사람은 임금을 목적으로 노동력을 제공하는 일하는 사람을 뜻합니다. 이들은 '피고용'이라는 우선 전제를 달성해야만 사용자와 사용종속관계를 맺을 수 있습니다. 이러한 현실로 인해 사실상 대등한 근로계약이 성립할 수 없는 것이 사실입니다. 즉 일터는 사용종속관계가 기본으로 작동하는 곳입니다. 따라서 사업장에 진입하는 개별 노동자는 임금수준 외에 이미

284

해당 일터에서 형성한 노동조건에 대하여 정보를 충분히 확보하거나 개입할 여지가 거의 없습니다.

이로 인해 직장이 이미 조성한 노동환경과 조직문화에 순응하거나 인내하는 것이 일반적입니다. 노동자의 안전과 건강은 전적으로 사용자 권한에 의지하게 되는 것이지요. 특히 생활시간 중 일터에 체류하는 시간이 상대적으로 더 길거나 업무 연속성이 생활 깊숙이 내재된 사람이라면 더더욱 그러합니다. 자본주의 사회에서 일터 기본 작동원리는 변하지 않습니다. 이렇게 사용자와 기업이 가지는 절대적 위치에도 불구하고 자발적 변화를 구하기는 쉽지 않은 것이 구조적 일터환경입니다. 이로 인하여 현장에서 직장 내 괴롭힘 관련 환경 개선이 우선 되지 않는 것은 오히려 자연스러운 것으로 볼 수도 있습니다.[3]

이러한 일터환경의 구조적 한계를 산업안전보건법 개정으로 극복하고자 한 것입니다. 정부에게 직장 내 괴롭힘 예방 기준 마련 및 지도점검 권한이 있다는 점을 공식화한 것으로, 국가 차원에서 괴롭힘 관리가 이루어질 것을 사회적으로 공표한 것이지요. 이러한 공표는 두 가지 효과를 지닙니다. 첫째, 사회적으로 직장 내 괴롭힘에 대한 인식이 퍼졌습니다. 최근 많은 사람이 직장 내 괴롭힘이 무엇인지 알고, 어떻게 대처해야 하는지 적극적으로 알아보는 움직임이 생겼지요. 둘째, 기업이 자발적으로 노동환경을 개선하도록 간접적으로 강화하는 분위기를 만들었습니다. 일터에서 괴롭힘을 관리하지 못한 사례가 큰 문제로 번지는 것을 보며 기업이 스스로 움직이기 시작했습니다.

산업안전보건법에서 언급한 근로기준법 제76조의2는 직장 내 괴롭힘을 설명하기 위한 '매개수단'으로 봄이 바람직합니다. 즉 산업안전보건법 목적에 맞고 법률 보호 범위에도 적용될 경우, 직장 내 괴롭힘 보호가 인정되는 사람으로 해석할 근거를 만들어준 것이지요. 이러한 관점에서 개정법은 산업안전보건법상 보호되는 모든 일하는 사람에게 직장 내 괴롭힘이라는 위험으로부터 보호받아야 할 법적 권리를 부여한 것도 의미 있는 변화라 할 수 있습니다. 다만 일터환경을 직접 관리하고 개선할 수 있는 근본적인 권한은 여전히 사용자와 기업에 있습니다. 따라서 산업안전보건법 차원에서 직장 내 괴롭힘 예방 교육 시행을 기업 의무화하고, 환경 개선 의무도 추가하는 법 개정을 고려할 시점입니다. 또한, 해당 일터에서 일하는 사람들이 주체적으로 개입하여 일터환경을 개선할 수 있는 개선권 보장도 노·사·정이 함께 논의할 필요가 있습니다.

1   KBS, [현장K] 오리온 익산공장, 전국 첫 특별근로감독 단행, 2020.7.2.
2   법률 제16272호, 2019.1.15, 산업안전보건법 전부개정, [시행 2020.1.16.]
3   이종희·박주영·엄진령·최은실·김재광·정하나, "일터 괴롭힘에 대한 노동법적 접근," 공익인권변호사모임 희망을 만드는 법·전국불안정노동철폐연대 법률위원회·한국노동안전보건연구소, 2016, 104−105면.

7부

산업재해보상보험법
개정 내용의 올바른 이해

일터에서 어려움을 겪고 있을 당신에게

개정법률 내용

직장 내 괴롭힘을 산업재해로 인정하는 의미

산업재해보상보험법에서 '사업장'의 의미

직장 내 괴롭힘이 산업재해로 인정되는 범위는 어디까지일까?

개정법률 내용

66

산업재해보상보험법은 일터에서 업무상 재해를 입은 근로자를 보상하고, 사회 복귀 촉진 및 복지 증진을 위해 정부가 시행하는 사회보험을 법으로 규정한 것입니다. 업무상 재해 보상제도는 근로자가 노무 제공 과정에서 업무상 부상을 입거나, 질병에 걸리거나, 장해를 입거나 사망한 경우에 적용됩니다. 이 경우 정부는 근로자 자신 또는 유가족을 보호하기 위하여 해당자 무과실 책임 원리를 규정합니다. 그리고 사용자에게 특별책임을 부여합니다.[1]

업무상 재해로서 부상·질병·상해·사망은 육체적 손상뿐만 아니라 정신적 손상도 포함됩니다. 직장 내 괴롭힘으로 근로자 인격권이 침해되는 사안은 정신적 손상이 주로 문제 됩니다. 실제 정신적 스트레스가 우울증 및 정신질환, 나아가 자살에 이른 상황이 업무상 재해로 인정되는지가 문제 되어 왔습니다. 고용노동부와 법원은 정신적 스트레스로 인해 발생한 재해를 업무상 재해로 인정해 왔으나, 인정 문턱이 높아 현실에서 혜택을 받기는 쉽지 않았습니다. 이는 과거 산업재해보상보험법에서 직장 내 괴롭힘으로 인한 정신질환이 업무상 질병 인정기준에 포함되지 않았기 때문이기도 합니다.[2]

이번 법 개정으로 직장 내 괴롭힘으로 인한 정신적 스트레스가 원인이 되어 발생한 질병에 대한 업무상 재해 인정이 명확해졌습니다. 이제 근로자는 직장 내 괴롭힘으로 인한 인격권 침해로 정신적 손상을 입을 경우, 업무상 재해로 인정받을 가능성이 높아진 것입니다. 근로자가 업무상 재해를 입은 경우, 산업재해로 인정해 달라는 신청을 하는 곳은 '근로복지공단'입니다. 근로복지공단에서 해당 신청 건을 심사하여 산업재해 인정 여부를 결정합니다. 2018년 근로복지공단 질병판정위원회에 접수된 업무상 정신질병 신청(심의) 건수는 226건이었습니다. 2015년 150건, 2016년 169건, 2017년 186건으로 해마다 정신 질병 신청 건수가 늘어나고 있습니다. 과거에는 사고로 입은 외상이 있는 경우 산업재해로 인정받기 쉬웠으나, 정신질환은 인정되는 경우가 드물었습니다. 그런데 최근 정신 질병도 산재 인정률이 높아지고 있습니다. 과거와 비교해 보겠습니다. 2015년 근로복지공단 질병판정위원회 업무상 정신 질병 인정률은 30.7%에 불과했습니다. 그러나 2016년 41.4%로 상승한 이후 2017년 55.9%, 2018년 73.5%까지 올랐습니다. 직장 내 괴롭힘이 산업재해 인정항목으로 들어왔기 때문에 앞으로 정신질환의 산업재해 인정률은 더욱 높아질 것입니다.

▮ 산업재해보상보험법 과거 · 현재 법 비교

과거	개정(현재)
제37조(업무상 재해의 인정 기준)	제37조(업무상 재해의 인정 기준)
① 근로자가 다음 각 호의 어느 하나에 해당하는 사유로 부상·질병 또는 장해가 발생하거나 사망하면 업무상의 재해로 본다. 다만, 업무와 재해 사이에 상당인과관계(相當因果關係)가 없는 경우에는 그러하지 아니하다.	①――
1. (생략)	1. (현재와 같음)
2. 업무상 질병	2.―――――――――――――――
가.·나. (생략)	가.·나. (현재와 같음)
〈신설〉	다. 「근로기준법」 제76조의2에 따른 <u>직장 내 괴롭힘</u>, 고객의 폭언 등으로 인한 업무상 정신적 스트레스가 원인이 되어 발생한 질병
다. (생략)	라. (현재와 같음)
②·③ (생략)	②·③ (현재와 같음)

직장 내 괴롭힘을 산업재해로 인정하는 의미

"

    직장 내 괴롭힘을 겪은 피해자는 여러 가지 정신질환에 걸릴 수 있으며, 자살로 이어지기도 하는 것이 오늘날의 현실입니다. 이와 관련하여 기존 산업재해보상보험법은 몇 가지 규정을 두고 있었습니다. 우선 직장 내 괴롭힘으로 발생하는 '적응 장애' 또는 '우울증 에피소드'는 법 시행령 별표3에서 업무상 질병 인정기준으로 '업무와 관련하여 고객 등에 의한 폭력·폭언 등 정신적 충격을 유발할 수 있는 사건 및 이와 관련된 스트레스에 의해 발생한 적응 장애, 우울증 에피소드'를 포함하고 있었습니다. 동시에 근로자의 고의·자해행위 등으로 인한 부상이나 사망 등은 원칙적으로 업무상 재해로 보지 않지만, 정상적인 인식능력 등이 뚜렷하게 저하되 상태에서 한 행위로 발생한 경우는 예외로 하고 있습니다(제 37조 제2항). 시행령은 이러한 경우, '업무상 사유로 발생한 정신질환으로 치료를 받았거나 받는 사람이 정신 이상 상태에서 자해행위를 한 경우'와 '업무상 재해로 요양 중인 사람이 그 업무상 재해로 인한 정신적 이상 상태에서 자해행위를 한 경우'를 규정하였습니다(시행령 제36조).[3] 다만 기존 규정은 서비스업에서 고객으로부터 근로자가 받는 정신적 스트레스를 보호하고자 하는 규정이었습니다. 명확하게 직장 내 괴롭힘에 대한 산업재해 인정 규정이 아니었기 때문에, 괴롭힘이 산업재해로 인정된다는 법적 명확성은 부족했습니다.

개정된 산업재해보상보험법 제37조 제1항 제2호 다목은 "근로기준법 제76조의2에 따른 직장 내 괴롭힘 등 업무상 정신적 스트레스가 원인이 되어 발생한 질병"을 업무상 재해로 인정하도록 명확히 규정하였다는 점에서 의미가 있습니다. 직장 내 괴롭힘으로 인해 발생한 정신질환이나 기타 스트레스성 질환을 업무상 재해로 볼 수 있는지에 대한 분쟁이 빈번하게 발생하는 것을 고려하여 명확성을 부여한 입법적 판단이지요.

그러나 근로기준법 제76조의2에 규정된 직장 내 괴롭힘의 의미가 법적 판단을 통해 구체화 되지 않으면, 업무상 재해 인정 여부에 대한 판단기준도 구체화 되기 어렵습니다. 산업재해는 상당인과관계 입증을 여전히 '피해자 책임'으로 규정한다는 점도 개선이 필요한 부분입니다.[4] 이러한 입법적 개선 방향에 대해서는 뒤에서 자세히 논의하도록 하겠습니다.

다만, 기존에도 대법원[5]은 근로자의 업무상 정신적 스트레스가 원인이 되어 발생한 자살 사건에서 상당인과관계 증명을 넓게 인정하고 있기는 합니다. 대법원은 산업재해보상보험법 제37조 제 1항에서 업무와 재해 발생 사이 인과관계는 반드시 의학적·자연과학적으로 명백히 증명되어야 하는 것은 아니며, 규범적 관점에서 상당인과관계가 인정되는 경우에는 그 증명이 있다고 보아야 한다고 판시하였기 때문입니다. 이 사건에서 대법원은 자살한 근로자가 기존 업무와 전혀 다른 업무로 사실상 강등되어 수행하였고, 직속 상사로부터 잡다한 업무를 직접 처리하도록 지시받았고, 이 상사와 업무 마찰과 갈등으로 심한 스트레스와 정신적 고통을 받았다고 봅니다. 이러한 상황에서 고객으로부터 심한 욕설과 모욕적인 말을 들었기 때문에 극심한 업무상 스트레스를 받게 되었다고 판단했습니다. 사건에서 피해자가 비록 우울증으로 치료를 받은 병력이 없다고 하더라도, 우울증세 등이 발현·악화되었다고 본 것이지요. 이로 인해 정상적 인식능력이나 행위선택능력, 정신적 억제력이 현저히 저하되어 합리적인 판단을 기대할 수 없을 정도의 상황에 빠지게 되어 자살에 이르게 된 것으로 추단합니다. 즉 근로자의 업무와 사망 사이 상당인과관계를 인정한 것입니다.[6]

직장 내 괴롭힘이 발생한 후 병원에서 적응 장애 및 우울증 진단을 받고 요양급여를 청구한 전자기업 사건에서 행정법원이 내린 판단도 살펴보겠습니다. 법원은 "참가인의 개인적인 성격과 함께 참가인이 과장진급 탈락에 이어 갑작스러운 내근직 발령과 그에 이은 상사와의 갈등, 부당한 전자우편 아이디·책상·의자·개인사물함 회수, 지속적인 퇴직 종용, 집단 따돌림 등 업무상 사유로 받은 스트레스가 복합하여 발생하였음을 추인할 수 있으므로 업무상 재해"

라고 하면서 산업재해로 인정했습니다.[7]

　이처럼 기존에도 법원은 직장 내 괴롭힘으로 질병이 발생할 경우 업무상 재해로 인정하였습니다. 판단기준도 합리적 추단이 가능한 경우 인정되는 것으로 보았지요. 다만, 이는 보편적으로 인정되는 것이 아니어서, 근로자가 선뜻 산업재해 신청을 할 수 없는 것이 현실이었습니다. 이러한 산업 현실에서 산업재해보상보험법 개정은 직장 내 괴롭힘으로 인해 발생한 질병을 산업재해로 폭넓게 인정할 수 있도록 명확한 법적 장치를 갖춘 의미 있는 변화라 생각합니다.

산업재해보상보험법에서 '사업장'의 의미

66

    대법원은 산업재해보상보험법 적용단위로서 '사업 또는 사업장' 개념을 "일정한 장소를 바탕으로 유기적으로 단일하게 조직되어 계속해서 행하는 경제적 활동단위"라고 해석합니다. '장소적 분리 여부'를 사업 또는 사업장에 해당하는지 판단하는 우선 기준으로 보는 원칙을 밝힌 것이지요. 그러나 이 법이 가진 특수성도 반영합니다. "다만, 사업에 수반되는 업무상 재해 위험 정도에 따라 사업주 간 보험료 부담이 공평해야 하는 산업재해보상보험제도 고유의 특수성과 법 취지를 고려하면, 비록 장소로 분리된 복수의 경제적 활동단위가 존재한다고 하더라도 이를 같은 사업주가 운영하는 경우에는 각 조직 규모, 업무 내용 및 처리방식 등을 종합하여 단위별 경제활동 내용이 보험가입자의 최종적 사업목적을 위하여 유기적으로 결합하여 있는지, 장소 분리가 독립된 별개의 사업 또는 사업장을 두어야 할 업무상 필요성에서 기인한 것인지, 각 경제적 활동단위가 전체적으로 재해 발생 위험도를 공유한다고 볼 수 있는지 등을 추가로 고려하여 독립한 '사업 또는 사업장'에 해당하는지 판단해야 한다"라고 판시합니다.[8]

판례가 산업재해보상보험제도(산재보험제도) 고유의 특수성과 법 취지에 따라 적용 범위를 판단한 것은 제도를 통해 보호가 필요한 자에 대한 안정적 보호를 제공하기 위함이라 생각합니다. 여기서 '장소로 분리된 경제적 활동단위'라도 법 적용 필요성이 발생한다는 점이 중요합니다. 이는 법에서 '사업 또는 사업장' 의미는 장소가 기본적 기준일 뿐, 이것만으로 적용 범위가 결정되는 것이 아님을 명확히 한 것입니다. 따라서 산업재해보상보험법상 '사업 또는 사업장' 적용 범위는 법에서 보호하고자 하는 근로자 범위와 법 취지와 목적에 비추어 "최종 사업목적을 공유하는 업무적 네트워크를 가질 경우"로 보는 것이 바람직합니다.

직장 내 괴롭힘이 산업재해로 인정되는 범위는 어디까지일까?

❝

　　산업재해보상보험법상 근로자 인정 범위와 직장 내 괴롭힘 산업재해 인정 범위 문제를 분석할 때, 신설된 '제37조 제1항 제2호 다목' 규정 해석이 먼저 검토되어야 합니다. 만약 다목을 좁게 해석할 경우, 근로기준법상 직장 내 괴롭힘으로 규정하고 있으므로 반드시 근로기준법상 근로자 또는 사용자일 경우로 한정된다고 할 수 있습니다. 그러나 다목에서 언급하는 근로기준법 직장 내 괴롭힘은 괴롭힘 핵심 판단구조를 의미한다고 봄이 타당합니다. 즉 질병 원인이 '직장 내 괴롭힘'일 때, 유발되는 업무상 재해를 산업재해보상보험법상 규정한 것으로 볼 수 있습니다. 따라서 법에서 언급하는 근로기준법 제76조의2는 '매개수단'으로 해석하

300

는 것이 위험원으로부터 발생한 재해에 대한 보상을 목적하는 법률 취지에 합당합니다.

그렇다면 이 법상 보호 범위에 적용되는 근로자는 직장 내 괴롭힘으로 유발되는 업무상 재해를 보상받을 수 있는 권리를 부여받은 것이라 보는 것이 타당합니다. 보험판매원, 학습지 교사와 같은 특수형태근로종사자 등 근로기준법에 포함되지 못하는 근로자라도, 산업재해보상보험법에서 보호하고 있는 근로자인 경우는 해당할 수 있지요. 이들도 일터에서 사용자·근로자 등 자기 업무와 관련된 자에게 괴롭힘으로 재해를 입으면 업무상 재해로 인정 가능하다고 생각합니다. 즉 산업재해보상보험법 다목의 근로기준법 제76조의2 규정은 괴롭힘 판단구조를 설명한 것으로, 판단구조가 맞는다면 업무상 재해로 인정할 수 있다고 보는 것이 법 취지와 목적에 맞는 해석이라 생각합니다.

▶ 참고문헌

1 박종희, "업무상 재해 인정기준에 관한 고찰," 노동법학 제47호, 2013년, 97면.
2 류재율, "근로자 인격권 침해에 대한 구제," 안암법학 제58호, 2019, 218-219면.
3 심재진, "직장 내 괴롭힘에 대한 구제의 확대방안 소고," 노동법학 제68호, 한 국노동법학회, 2018, 41면.
4 이준희, 「직장에서의 괴롭힘: 법적 쟁점과 과제」, 신조사, 2018, 256-257면.
5 대법원 2016.1.28. 선고 2014두5262[유족급여 및 장의비 부지급결정 처분취 소]; 대법원은 이 사건에서 판단기준에 대해 "근로자가 자살행위로 사망한 경 우에, 업무로 인하여 질병이 발생하거나 업무상 과로나 스트레스가 그 질병이 주된 발생원인에 겹쳐서 질병이 유발 또는 악화되고, 그러한 질병으로 인하여 정상적인 인식능력이나 행위선택능력, 정신적 억제력이 결여되거나 현저히 저하되어 합리적 판단을 기대할 수 없을 정도의 사왕에서 자살에 이르게 된 것이라고 추단할 수 있는 때에는 업무와 사망 사이에 상당인과관계가 있다고 할 수 있다고 판시하였다.
6 심재진, "직장 내 괴롭힘에 대한 구제의 확대방안 소고," 노동법학 제68호, 한 국노동법학회, 2018, 42면.
7 서울행정법원 2002.8.14. 선고 2000구34224 [요양승인처분취소] 판결.
8 대법원 2015.3.12. 선고, 2012두5176 판결.

302

8부

일터 품격을 높이기 위한 '한국형 직장 내 괴롭힘' 개선방향 그려보기

직장 내 괴롭힘으로 침해되는
근로자 인격권 보호 확대

일터에서 어려움을 겪고 있을 당신에게

노동법상 유·무형적 근로자 인격권 보호의 법제화

사용자 보호의무 확대 및 권한 남용 견제 장치 마련

인격권 침해에 대한 '금지청구권' 법제화

근로자 인격권에 기반을 둔 적용대상 확대

노동법상 유·무형적 근로자 인격권 보호의 법제화

66

직장 내 괴롭힘으로 침해되는 유·무형적 인격권 보호 강화를 위해서는 가장 먼저 근로자 '인격권' 보장에 대한 노동법상 명확한 법제화가 천명될 필요가 있습니다. 근로계약에 의하여 근로자는 계속적 법률관계의 당사자가 됩니다. 대한민국은 집단주의가 기반을 이루며, 직장에서는 더욱 집단주의 특성이 공고합니다. 따라서 노동이 이루어지는 일터에서 괴롭힘 문제의 논의 바탕은 인간 존엄을 노동 핵심 가치로 보는 것에서부터 출발함이 바람직합니다. 즉, 노동자 개인의 인간 존엄이 법적으로 보장되어야 함은 필수적 선결과제라 할 수 있습니다.[1] 동시에 4차 산업혁명에 기반을 둔 전자적·비전형 노동 등 다양하게 변화하는 노동환경에서 근로자 인격권을 보호하기 위해서는 인격권개념이 개방적일 것을 요구합니다. 이에 상위범주로서 근로자 인격권의 역할과 기능을 정립하기 위한 입법이 필요한 것입니다.[2]

한편, 근로자 인격권은 사용자에게만 주장할 수 있는 채권법상 권리가 아닙니다. 모든 이에게 침해금지를 요구할 수 있는 '대세권'이자 '일신전속권'으로 보는 것이 타당합니다. 사용자에게는 근로자 인격권 침해를 방지할 근로계약상 의무로서 '보호의무'가 인정됩니다. 그 결과 적절한 근로환경을 조성할 의무가 있는 것이지요. 따라서 직장 내 괴롭힘에 대한 법적 강화를 위해 절대권으로서 '인격권'을 중심에 두고, 인격권 침해 위험에 대한 다양한 구제수단을 촘촘하게 마련하는 방향으로 구체화할 필요가 있습니다.[3]

이를 위해 근로자 인격권 보장에 관한 일반조항(기본권) 신설이 필요합니다. 2004년 법무부는 「민법개정안」을 제시합니다. 여기서 민법 제1조에 인격권에 관한 선언적 규정 신설을 제안했습니다.

신설안
민법 제1조의2(인간의 존엄과 자율)
② 사람의 인격권은 보호된다.

과거 프랑스도 노동법에 근로자 인격권 보장 규정을 마련하여 직장 내 괴롭힘에 대한 전반적 인격권 보호 논의가 이루어졌습니다. 노동법적 선언도 효과적일 수 있습니다.

그중 「근로기준법」은 헌법 제32조에 따라 근로조건 기준을 정하는 법제입니다. 따라서 헌법상 인간으로서 존엄과 가치를 존중받을 권리를 근로기준법에 명시하는 것도 법체계에 부합할 수 있습니다.[4] 노동법상 인격권개념은 일반조항으로 작용할 수 있습니다. 그렇게 되면 인간 존엄과 인격 보호에 관계된 헌법적 기본권(양심의 자유, 사생활 비밀 등)이 사법관계에 투영되는 통로기능을 수행한다는 장점도 있습니다.

다만, 근로자 인격권은 사회의 권리 인식 발전단계에 따라 범위가 확장될 수 있도록 미리 한정적으로 정의 내릴 필요는 없을 것입니다. 우리는 앞서 노동법에서 인격권 발전 정도에 따라 유형적 인격권 보호 규정에서부터 무형적 인격권 보호 규정으로 개선을 거듭하고 있음을 알아보았습니다. 이처럼 인격권 개념도 사회 인식 변화에 따라 발전할 수 있는 여지를 주는 것이 좋겠습니다. 따라서 개방적인 권리개념으로 두는 것이 바람직합니다. 이렇게 된다면 개별 인격권 침해 사안에 더 확장된 보호 기능을 수행할 수 있을 것입니다.[5] 그런 점에서 '인간 존엄성 보장과 인격권 보장'에 관한 선언적 규정을 근로기준법에 둘 필요가 있습니다. 다만, 규정하는 방식은 제1조(목적)에 포함할 수도 있고, 별도 규정을 둘 수도 있을 것입니다.[6] 이를 통해 근로자가 갖는 인격적 이익이 법적 권리 성격을 가짐과 동시에 침해방지라는 사전 예방적 기능도 수행할 수 있다고 봅니다.[7]

사용자 보호의무 확대 및 권한 남용 견제 장치 마련

"

근로계약상 보호의무 내용과 성질 전환

사용자의 권한 행사는 근로자 보호의무 테두리 안에서 이루어져야 합니다. 보호의무는 근로자 안전에서부터 시작되지요. 근로자는 신체를 사용자에게 내맡겼기 때문에 사용자에게 근로자 신체를 보호할 의무가 발생하는 것입니다. 이러한 신체는 정신적 영역도 포함합니다. 신체의 온전성은 육체와 정신이 함께 온전하기를 요구하기 때문이지요. 근로자 신체는 정신을 함께 하므로 사물과 같은 식으로 보호할 수는 없습니다.

알랭 쉬피오(Alain Supiot)는 근로자 안전을 신체적 안전에서 더 나아가 경제적 안전까지로 확장합니다.[8] 근로자 안전은 노동을 통해 얻은 노동소득이 노동자와 그 가족이 생존과 존엄함을 유지할 수 있어야 한다고 이야기하는 것입니다. 나아가 고령, 질병 등으로 노동을 할 수 없게 된 때에도 기존 노동을 통해 확보한 사회보장(연금, 산재보험 등) 혜택까지 얻을 수 있어야 함을 요구합니다. 따라서 근로계약에서 사용자가 부담해야 할 보호의무는 부수 의무가 아니라 '주된 의무'로 격상될 필요가 있습니다. 그 이유는 근로자가 자신의 신체를 내맡겨 사용자 지휘권 아래 두는 것에 대응하는 것은 시간당 임금으로 교환되는 것만이 아니기 때문입니다. 자신의 신체를 맡긴 근로자에 대한 보호의무도 함께 교환되는 것이지요. 임금은 알랭 쉬피오가 지적하듯 근로자 생존과 존엄을 위한 보호의무의 한 내용일 뿐이기 때문입니다. 이렇게 생각해 보면, 사용자가 부담하는 각종 사회보험료와 퇴직급여 등도 근로자의 미래 위험에 대한 보호의무 이행이라 할 수 있는 것입니다.[9]

사용자 권한 남용 견제

사용자의 보호의무는 일터 내 권한 행사에도 하나의 통제선으로 작용합니다. 노동에서 안전은 정신적·심리적인 것을 포함하기 때문에, 보호의무가 있는 사용자는 자신의 권한 행사가 근로자의 정신과 인격에 어떤 영향을 미칠 것인지 고려하여야 합니다.

아울러 보호의무는 사용자 자신의 행위를 조심하는 것뿐만 아니라 타인의 행위(예컨대 소속근로자, 고객 등)에 대해서도 적정하게 제지할 의무도 발생시킵니다. 보호의무는 근로자를 대상으로 하는 인사제도나 징계제도를 구성할 때에도 적용됩니다. 판례나 법이 요구하는 불이익처분에서 절차적 기준(해고의 서면 통지, 이유 기재, 징계 시 진술 기회 부여 등)은 잘 되짚어보면 그것이 징계를 당하는 근로자에게 예측 가능성과 불복 가능성을 제공하여 심리적 고통을 덜어주고, 스스로 회복할 기회를 제공합니다.

법은 치유의 역할을 합니다. 범죄에 대해서는 형벌이, 채무불이행에 대해서는 강제집행이 그러한 역할을 하는 것이지요. 즉 병리적 상태를 되돌려 회복시키는 역할을 합니다. 그러나 그 역할을 할 수 있는 사람은 일반인이 아니라 '국가'입니다. 일반인이 행하는 징계나 강제는 그래서 국가에 의해 정당성을 심사받도록 하는 것이지요.

사용자는 동등한 계약당사자일 뿐임에도 일터 구성원이 된 근로자에 대해 일정한 통제권을 부여받습니다. 그런데 근로기준법이 사용자에게 부여한 징계권, 취업규칙 제정권 등은 근로계약을 통해 얻을 수 있는 권리가 아닙니다. 사용자에게 법이 부여한 이러한 권한은 개별적으로 또는 제도적으로 남용될 소지가 큽니다. 그리고 우월적 지위에 있는 사용자가 권한을 행사하거나 잠재적으로 권한을 행사할 수 있다는 것만으로도 근로자의 감정과 심리는 복종되거나 동요할 수 있습니다. 자기 의지로 어찌할 수 없이 의무로 받아들여야 하는 자신의 처지가 주는 무기력함, 미래에 대한 예측 불가능성이 사람을 고통스럽게 만드는 것이지요.

카를 레너(Karl Renner)는 "직장, 그곳에서는 날마다 생겨나는 명령에 따라 법이 창조되고 집행된다."라고 말합니다.[10] 직장에서 일어나는 규정 창조와 집행 권한은 남용될 소지가 있습니다. 이러한 특성 때문에 대한민국 정부가 노동법으로 개인 권한을 통제할

312

근거를 만든 것이지요.[11] 따라서 직장 내 괴롭힘이 산업현장에서 인사관리 일부로 활용되고 있는 현시점에서 사용자 권한 남용을 견제할 수 있는 노동법적 장치도 마련될 필요가 있습니다.

인격권 침해에 대한 '금지청구권' 법제화

66

인격권은 한번 침해되면 그 이후 배상을 하더라도 회복이 어려운 경우가 많습니다. 따라서 적극적인 인격권 보호를 위해서는 인격권 침해에 대한 예방청구권을 인정할 필요가 있습니다. 인격권이 일반인 모두에게 주장할 수 있는 대세적인 효력을 갖는 권리임을 전제로 인격권 침해가 예상되는 상황이 있는 경우 예방적 금지 청구를 할 수 있도록 하는 것입니다. 즉 직장 내 괴롭힘이 이미 지속하였거나 앞으로 발생할 가능성이 있는 경우 사전에 금지 요청을 할 수 있다고 보는 것이지요. 사전적·예방적 금지 청구가 가능하다면, 절차적으로는 임시처분(가처분)[12] 신청 방식으로 다루어지게 될 것입니다. 관련하여 대법원에서 이미 인격권을 근거로 한 침해금지청구권을 인정한 사례[13]가 있습니다. 대기처분을 받은 편집국장이 근로자 지위 보전 임시처분(가처분)을 받았음에도 회사에서 아무런 임무도 부여하지 않은 사안에서 하급심 판례도 근로자 임시처분을 인용한 사례도 있습니다. 법원은 인격권에 기초하여 사무실 출입 방해 행위, 업무 수행에 필수적인 편의 제공을 거부하는 행위 등에 대해 근로자가 업무방해금지 임시처분(가처분)을 신청했고, 이를 인정해준 것이지요.[14]

이처럼 근로자 인격권을 절대적인 권리로 이해하면, 근로자와 근로계약을 체결한 사업주는 물론 제3자를 상대로 인격권 침해금지를 구하는 임시처분 신청이 허용된다는 해석도 가능합니다. 다만 적극적 피해자 구제를 위해서 입법을 통해 직장 내 괴롭힘을 당하거나 당할 위험이 있는 근로자에게 침해행위 금지를 청구할 수 있는 권리가 있음을 명문화하는 것이 바람직할 것입니다. 나아가 이러한 사전적·예방적 금지 청구의 실효성이 확보되기 위해서는 가해자뿐만 아니라 사용자를 상대로도 적절한 조치 이행을 청구할 수 있도록 할 필요가 있습니다.

근로자 인격권에 기반을 둔 적용대상 확대

“

    근로기준법은 원칙적으로 근로관계를 전제로 사용자로부터 근로자를 보호하는 방식으로 규율되었습니다. 직장 내 괴롭힘이 근로기준법에 포함되어, 근로기준법상 근로자로 분류되지 않은 특수형태근로종사자를 포함한 간접고용 관계는 원칙적으로 적용이 쉽지 않으리라고 예상합니다. 근로기준법이란 일반적인 사적 관계에 국가가 개입하지 않는 원칙에서 벗어나, 개별 근로관계에서 근로자를 국가가 보호하기 위해 도입한 법 개념이기 때문입니다. '타다'와 같은 플랫폼 노동 등 정형화되지 않는 근로 형태가 확대되는 시점에서 이들에 대한 직접 적용 여부도 해석이 분분할 것입니다. 근로기준법에서 직장 내 괴롭힘을 규정하기 때문에 근로기준

316

법상 근로관계가 아닌 비전형 근로자들은 제외될 가능성이 큽니다. 유일하게 파견근로자는 간접노동 중 법으로 '근로기준법 특례 적용'이 규정되어 있어 직장 내 괴롭힘 법규 보호가 가능합니다. 이렇게 제외되는 대부분의 비전형 근로자는 직장 내 괴롭힘에 더 취약하게 됩니다. 따라서 포괄적으로 모든 노동관계에 직장 내 괴롭힘 적용이 필요합니다.

우리는 앞에서 산업안전보건법과 산업재해보상보험법 개정 규정에 대해 알아보았습니다. 이 두 법은 근로기준법과 별개로 목적 지향적으로 해석할 필요가 있으며, 따라서 근로기준법에는 적용되지 못한 사람도 두 법에 포함될 수 있다는 것이었지요. 이렇게 본다면 산업안전보건법과 산업재해보상보험법에서는 간접고용 근로자 및 비전형 근로자에게도 직장 내 괴롭힘으로부터 보호받을 권리를 부여한 것으로 이해할 여지가 있습니다. 그렇지만 이것은 법을 해석할 때 이론적 틀이며, 현재 직장 내 괴롭힘의 명확한 적용 범위는 근로기준법에 적용을 받는 근로자에 있다는 한계가 있습니다. 따라서 직장 내 괴롭힘에 대해서는 침해되는 근로자 인격권 보호를 위해 적용대상을 확대할 필요가 있습니다. 이렇게 괴롭힘 금지 규정이 적용되는 근로자 범위가 확대되면, 취약 근로자 소외를 막을 수 있을 것입니다.

▶ 참고문헌

1   홍성수 외, "직장내 괴롭힘 실태조사," 국가인권위원회, 2017, 188면.
2   전윤구, "노동법의 과제로서의 근로자 인격권 보호(Ⅰ)," 노동법연구 제33호,
    서울대노동법연구회, 2012, 158면.
3   전윤구, "노동법의 과제로서의 근로자 인격권 보호(Ⅰ)," 노동법연구 제33호,
    서울대노동법연구회, 2012, 155 – 156면.
4   이수연, "직장 괴롭힘 입법안의 쟁점과 과제," 사회법연구 제34호, 한국사회법
    학회, 2018, 104면.
5   전윤구, "노동법의 과제로서의 근로자 인격권 보호(Ⅰ)," 노동법연구 제33호,
    서울대노동법연구회, 2012, 159면.
6   이수연, "직장 괴롭힘 입법안의 쟁점과 과제," 사회법연구 제34호, 한국사회법
    학회, 2018, 104면.
7   전윤구, "노동법의 과제로서의 근로자 인격권 보호(Ⅰ)," 노동법연구 제33호,
    서울대노동법연구회, 2012, 159면.
8   알랭 쉬피오(박제성 역), 「노동법비판」, 도서출판 오래, 2017, 94 – 104면.
9   신권철, "사업장 내 정신건강문제의 법적 고찰," 노동법연구 2017 하반기 제
    43호, 서울대노동법연구회, 74 – 75면.
10 카를 레너(Karl Renner), 「사법제도의 사회적 기능」, 정동호 · 신동호 역, 세창
    출판사, 2011, 33면.
11 신권철, "사업장 내 정신건강문제의 법적 고찰," 노동법연구 2017 하반기 제
    43호, 서울대노동법연구회, 75 – 76면.
12 '가처분'이 법 용어이나, 일본어를 한자어로 바꾼 말이기 때문에 이해하기 편
    하도록 '임시처분'이란 용어로 설명합니다.
13 대법원 1996.4.12. 선고 93다40614, 40621 판결(병합).
14 부산고등법원 2014.7.10. 2013라299 결정: 대기처분을 받은 편집국장이 근로
    자지위보전가처분을 받았음에도 회사에서 아무런 임무도 부여하지 않은 사안
    에서, 인격권에 기초하여 사무실 출입 방해 행위, 업무수행에 필수적인 편의
    제공을 거부하는 행위 등에 대한 업무방해금지가처분이 인용된 사안.

9부

일터 품격을 높이기 위한
'한국형 직장 내 괴롭힘'
개선방향 그려보기

인격권의 특수성에 비춘 개별적 방안

일터에서 어려움을 겪고 있을 당신에게

사용자 예방의무 체계화를 위한 예방 교육 법제화

직장 내 괴롭힘의 '조직-행정-사법' 3면 조치 체계 구축

산업안전보건법상 조치사항 명시

손해배상청구권의 실질적 개선

사용자책임 강화하기

노동위원회 통한 시정명령 제도 도입

사용자 예방의무 체계화를 위한
예방 교육 법제화

▶

66

직장 내 괴롭힘을 예방하기 위해서는 먼저 직장 내 괴롭힘이 금지되는 행위라는 점이 일터 내부에서 공유되는 가치여야 합니다. 이를 위해 직장 내 괴롭힘에 대한 예방 교육 의무를 법으로 규정할 필요가 있습니다.[1] 특히 사용자에게 우선으로 예방의무를 부여하여야 합니다. 직장 내 괴롭힘도 사용자 의지에 따라 개선 여부가 결정되는 조직 문화적 측면이 강하게 작용하기 때문이지요. 우리 노동법에서 가장 시급하게 도입이 필요한 부분은 사용자 예방의무 법제화라 생각합니다. 법으로 제도화되고 정부가 노력한다고 하여도, 직장 내 괴롭힘은 조직문화로 연결되는 특성이 있으므로 사용자가 적극적으로 개선 의지를 보이지 않으면 효과를 보기 어렵습니다. 최근 직장갑질119의 조사에 따르면, 직장 내 괴롭힘 예방교육을 받은 직장인(63.6%)이 받지 못한 직장인(48.0%)보다 괴롭힘이 줄었다고 응답했습니다.[2] 직장문화는 오랜 시간에 걸쳐 일상의 관행으로 자리잡힌 것이기 때문에 교육 한 번으로 모든 괴롭힘이 근절되는 것은 아닙니다. 그렇지만 위 조사결과처럼, 교육을 받은 사람들은 직장 내 괴롭힘을 스스로 의식하고 개선하는 방향으로 변화할 것입니다.

  동시에 일터 조직 전반에 직장 내 괴롭힘 예방에 관한 역할 부여가 필요합니다. 관리자에게도 독립적으로 예방 교육 의무를 부과해서 체계적으로 직장 내 괴롭힘 예방이 이루어지도록 하는 것이지요. 노동조합, 노사협의회 등 근로자단체도 적극적으로 괴롭힘 예방 문화를 이끌어야 합니다. 일터에서 실제 일하는 사람들에게 직장 내 괴롭힘 관리 역할을 부여하여 적극적 관리를 시행하면 조직 전반에 직장 내 괴롭힘이 위법한 행위라는 인식이 생길 수 있습니다. 동시에 조직원 전체가 직장 내 괴롭힘 모니터링 담당자가 되어 종합 관리 체계를 만들 수 있을 것입니다. 이와 관련하여 우리나라와 유사하게 직장 내 괴롭힘을 법률로 규정하여 관리하는 프랑스에서 사용자, 종업원대표, 보건·안전·근로조건위원회, 노동조합 등 사업장 모든 주체가 괴롭힘 발생을 예방하도록 각각 역할을 부여하여 중층적 예방관리를 시행하는 사례를 제도 설계 시 참고할 수 있습니다. 유사한 문제인 직장 내 성희롱의 경우, 현행 「남녀고용평등법」상 성희롱 예방 교육을 통해 사전적 예방의무와 방법이 효과적으로 직장에 안착한 사례입니다. 따라서 이를 참고하여 제도를 설계하는 것도 하나의 방법이겠습니다.

직장 내 괴롭힘의 '조직-행정-사법' 3면 조치 체계 구축

"

직장 내 괴롭힘은 직장 내부 문제라 생각하기 쉬우나, 직장 내부 차원의 관리를 넘어 행정적-사법적 조치까지 이루어질 필요가 있습니다. 이를 통해 괴롭힘이 위법한 행위임을 대한민국 사람 전체가 함께 공유하는 중요가치로 자리잡게 하는 것입니다. 따라서 직장 내 괴롭힘 조치 구조를 "조직 내 조치, 행정적 조치, 사법적 조치"로 3면 체계를 구축할 것을 제안합니다.

ⅰ) "조직 내 조치"입니다. 개정법이 기본적으로 직장 내 괴롭힘을 해당 직장 고유 질서에 맞추어 해결할 수 있도록 자율성을 부여한 법 취지는 다양한 직장문화 존중에 있다고 생각합니다. 다만

지금처럼 일터 자율에만 맡기기보다는 일정한 제도를 운영하게 하여 자율과 의무의 병행이 이루어진다면 더 효과적일 것입니다. 이를 위해 직장 내 괴롭힘 전담인력과 부서운영을 의무화할 필요가 있습니다. 직장 내 괴롭힘은 일상적으로 일하는 환경에서 예측 불가능하게 발생할 수 있는 행위입니다. 동시에 괴롭힘인지 판단하기 어려운 모호함이 있는 사건도 많습니다. 이러한 '괴롭힘'이 가진 특성과 일터별 특수성에 비추어 해당 직장에 적합한 전문 관리 인력은 필수적입니다. 전담인력이 직접 직장 내 괴롭힘에 대응하는 시스템을 구축한다면, 공정하고 효과적인 관리가 이루어질 수 있습니다. 조직 내 전담인력 및 부서운영이 어려운 중소기업의 경우, 외부 전문가를 위촉하여 대행 관리하는 방법을 고려해볼 수 있습니다. 직장 내 괴롭힘은 조직 규모와 상관없이 어디서든 일어날 수 있는 문제이므로, 모든 사업장에 괴롭힘 전담관리 체계를 구축할 필요가 있습니다. 우리나라와 유사하게 법에 직접 직장 내 괴롭힘 금지를 명시한 노르웨이에서는 괴롭힘 대응을 위해 전문 인력인 안전담당자(Safety Representative)와 근로환경위원회(Working Environment Committee) 임명·배치를 의무화하고 있으므로, 제도적 차원에서 유용한 참고자료가 될 수 있을 것입니다.

"조직 내 조치" 강화를 위해 조사 및 징계 절차의 투명성·신속성 담보도 필요합니다. 실제로 현장에서 괴롭힘 관련 징계 절차를 활용한 경험이 있는 근로자는 징계결과 미공지, 낮은 징계양정 결정 등 형식적인 징계를 부정적으로 평가하였습니다. 징계 절차를 활용하는 피해자는 괴롭힘 행위를 공식적으로 처벌함으로써 다시는 괴롭힘이 발생하지 않기를 기대합니다. 그러나 형식적인 징계는 결국 신고한 피해자가 직장 생활을 지속할 수 없게 만듭니다. 더욱이 피해자가 신고했음에도 불구하고 절차가 지연될 경우, 피해자를 지지하는 사람에 대한 보호도 어려워질 수 있습니다.[3] 징계결과 공지와 중한 징계양정 결정, 철저한 사후관리가 이루어져야 피해자가 직장에 적극적으로 신고할 가능성이 커집니다.

따라서 직장 내 괴롭힘 발생 사실을 알게 된 후 회사가 즉시 조사를 취할 때, 투명성·신속성을 추구해야 합니다. 그리고 조사 결과 가해행위가 확인된 경우 가해자 징계를 의무화할 필요가 있습니다. 이와 관련하여 프랑스는 괴롭힘 조사 후 가해자 확인 시 사용자는 즉시 가해자를 징계 절차에 넘기도록 하고 있습니다. 또한 가해자는 노동법에서 규정하는 징계 책임을 집니다. 프랑스는 직장 내 괴롭힘을 법으로 규정하여 관리하는 우리나라와 체계가 유사합니다. 따라서 조사 및 징계제도 설계 시 참고하기 좋은 사례라 할 수 있습니다.

만약 '회사대표(사업주)'가 직접 가해자인 경우, 조사 및 시정을 외부로 공식화할 권리 부여도 필요합니다. 개정 근로기준법은 법률로 사용자에게 조사의무를 부여하고 있습니다. 정부는 괴롭힘 사건접수를 사내 예방·대응 부서, 온라인 신고센터, 메일 등 다양한 창구에서 할 수 있다고 제시합니다. 그러나 모두 기본적으로 신고 통로가 '사용자'집단에 한정된다는 문제가 있습니다. 고용노동부는 괴롭힘 행위자가 '대표이사'인 경우, 대표이사의 선임 또는 해임 등 결정 권한을 가진 기관에서 판단하도록 별도 절차를 마련하라고 권고합니다. 그러나 현재 근로기준법만으로는 사업주에 대한 조사 및 징계의 공정성과 신속성을 보장하기 어렵습니다. 따라서 회사대표가 괴롭힘 행위 가해자일 경우, 직장 내부에서 사건 해결이 어려운 경우로 보는 것이 바람직합니다. 이 경우 대안으로 법률로 피해자가 전문가와 법원 조력을 받을 수 있도록 절차와 권리를 명시하는 방법을 생각할 수 있습니다. 즉 근로자에게 괴롭힘 조사 및 조치를 외부로 공식화할 권리 부여가 필요합니다.

ⅱ) "행정적 조치"의 경우, 직장 내 괴롭힘에 대한 적극적 행정감독을 도입할 필요가 있습니다. 관련하여 2019년 개정된 고용노동부 근로감독 지침에서 직장 내 괴롭힘이 심각한 사업장에 대하여 특별근로감독을 시행할 수 있도록 제도가 마련되었습니다. 직장 내 괴롭힘에 대한 법적 근거가 마련된 후, 고용노동부는 관련 매뉴얼을 이미 두 차례나 발표했습니다. 따라서 이제 직장 내 괴롭힘이 심각하게 문제 된 일터에는 특별근로감독이 이루어집니다. 첫 사례로 오리온이 선정된 것처럼, 앞으로도 유사 사례 발생 시 기업은 특별근로감독을 받게 될 것입니다. 적극적 행정시행으로 바람직한 변화라 생각합니다.

다만 개별 일터에 대한 적극적 행정감독을 위해서는 사용자 보호의무 측면의 접근도 동시에 필요합니다. 법무부는 2013년 「민법개정시안」을 통해 사용자 보호의무에 관하여 "사용자는 노무 제공에 관하여 노무자 안전을 배려하여야 한다."는 민법 규정 신설을 제안했습니다.4 이러한 법무부(안)은 기존 학계와 판례가 인정하던 사용자 보호의무를 구체적 법 규정으로 반영한 것입니다. 사용자 보호의무를 개인 간 관계를 규율하는 중심 법률인 민법에서 수용하려는 취지로 보입니다. 다만 행정부가 적극적 감독행정 근거로 활용하기 위해서는 민법보다는 노동법(근로기준법, 산업안전보

328

건법 등)에서 규정하는 것이 효과적일 것입니다.[5]

iii) "사법적 조치" 측면에서 가장 필요한 것은 가해자에 대한 법적 징계 규정 마련입니다. 징계의 공정성과 명확성 담보는 괴롭힘이 직장에서 용납되지 않는 문제임을 알리기 위한 필수조건이라 할 수 있습니다. 이렇게 중요한 징계 규정에 대해 고용노동부는 취업규칙으로 징계 규정을 신설·강화할 경우, 근로조건 불이익으로 보아 근로자 과반수 동의를 얻어야 한다고 해석합니다. 정부 해석은 실제 현장 징계 규정 재·개정에 곧바로 영향을 미치고 있습니다. 근로자 과반수 동의를 얻기가 쉽지 않은 다수 회사에서 징계 규정을 새롭게 재편하거나 강화하는 대신, 기존 징계 규정을 그대로 활용하고 있습니다. 이 경우 명확한 처벌 근거 부족으로 인해 괴롭힘 사실이 발각되어도 가해자가 별다른 책임을 지지 않게 될 가능성이 큽니다. 이러한 불필요한 해석 문제에서 벗어나기 위해서라도 가해자를 처벌할 수 있는 명시적 근거를 법으로 규정할 필요가 있습니다. 우리나라와 괴롭힘 관련 법률 체계가 가장 유사한 프랑스는 가해자가 노동법으로 규정하는 징계 책임을 집니다. 동시에 피해자는 가해자에게 불법행위 손해배상책임도 물을 수 있습니다. 형사적으로도 2년 이하의 자유형 또는 30,000유로 이하의 벌금이 부과된다는 점은 유의미한 참고가 될 것입니다.[6]

두 번째로 직장 내부에서 괴롭힘 사건을 종결하지 못할 경우, 사법적으로 공식화할 권리를 부여할 필요가 있습니다. 물론 개정 근로기준법은 사용자에게 조사의무를 부과했습니다. 고용노동부도 사건접수 방법을 사내 예방·대응 부서, 온라인 신고센터, 메일 등 다양한 창구에서 가능하다고 규정합니다. 그러나 현장에서는 괴롭힘 전담조직도 없을 뿐만 아니라, 기본적으로 신고 대상이 '사용자'로 한정된다는 문제가 있습니다. 현재 개정된 근로기준법만으로는 직장 내부에서 사업주를 적극적으로 조사하거나 징계하기는 어려울 것으로 보입니다. 따라서 괴롭힘 해결 체계를 직장 내부에서 종결하지 못할 경우, 법정 소송을 하고 필요한 지원을 받을 수 있도록 사법적 권리를 부여하는 방법을 검토할 필요가 있습니다.

산업안전보건법상 조치사항 명시

▶

66

　「산업안전보건법」은 사업주에게 산업재해 예방 및 재해 발생
시 책임을 지도록 함으로써, 사업주의 예방조치의무와 사후적 책
임 소재를 분명히 합니다.[7] 예방조치의무로 근로자의 신체적 피로
와 정신적 스트레스를 줄일 수 있는 쾌적한 작업 환경 조성 의무
가 부여됩니다.[8] 그러나 안전보건 조치는 주로 "유해·위험 사태에
대한 예방조치로서 안전조치(제38조)와 보건조치(제39조)"로만 규
정되어 있고, 주로 신체적 위험에 초점을 맞추고 있습니다. 2020
년 4월, 38명의 소중한 생명을 빼앗은 이천물류센터 화재사고처럼
대한민국 일터에서 사고를 겪는 근로자가 여전히 많기 때문에 신
체 위험에 대한 보호를 강화하는 것은 필수적입니다. 그렇지만 동

시에 많은 직장인이 직장에서 받은 정신적 사고로 목숨을 잃고 있습니다. 정신적 안전보건의 중요성도 커지고 있는 것입니다. 따라서 예방조치에 '정신적 스트레스'와 '괴롭힘'에 대한 조치를 명시하고 법 위반 시 책임을 명확히 할 필요가 있습니다.[9]

구체적으로 적극적 예방조치로서 직접적 신고가 없어도 일상적으로 점검 활동을 할 의무를 제도화할 수 있습니다. 노르웨이는 정기 조사와 위해성 진단을 통해 괴롭힘을 일상적으로 점검하고 있습니다. 이처럼 우리나라도 사전에 일정 주기로 조직을 진단·점검한다면, 직원에게 괴롭힘을 직장에서 항상 관리하고 있다는 홍보 효과도 줄 수 있습니다.

직장 내 괴롭힘을 체계적으로 관리하기 위해서 산업안전보건법을 통해 사업주에게 세부적 예방조치사항을 명시하고, 위반 시 책임을 명확히 할 필요가 있습니다. 괴롭힘 발생 시 대처 지침을 만들어 피해자가 직장 내 괴롭힘 직면 시 어떻게 대처해야 하는지 세부적으로 알려주는 것도 효과적인 방법이겠습니다. 피해자 안전을 위한 배후 지원체계 구축 등 적극적 피해자 보호조치가 제도화되면 더 효과적일 것입니다. 직장에서 사용자가 직장 내 괴롭힘 관리를 위해 구축해야 할 조치사항을 명시하는 것은 괴롭힘에 대한 사회적 경각심을 높이고, 사용자책임의 중요성을 높일 방법이라 생각합니다.[10]

손해배상청구권의 실질적 개선

"

손해배상액 현실화

직장 내 괴롭힘으로 손해를 입은 피해자는 가해자에게 민법 제750조에 의한 불법행위 책임을, 사용자에게는 민법 제756조에 의한 사용자책임 또는 채무불이행책임을 물어 손해배상을 청구할 수 있습니다. 피해자의 정신적 고통이 금전 보상으로 완전히 회복될 수는 없지만, 민법이 금전배상 주의를 택한 이상 정신적 손해 역시 금전으로 측정하여 배상할 수밖에 없지요.[11]

그러나 제도적 차원에서 피해자에게 손해배상청구권이 인정되어도, 실제로 피해자가 자신의 손해에 상응하는 충분한 배상을 받기는 쉽지 않습니다. 직장 내 괴롭힘으로 인한 인격권 침해에 대한 손해는 주로 정신적 손해 기타 비재산적 손해 형태입니다. 대한민국 법원은 이러한 정신적 손해배상액을 매우 미미한 수준으로 산정합니다. 이로 인해 피해자의 정신적 손해를 충분히 보상하기에 부족한 경우가 대부분입니다. 결국 피해자는 직장 내 괴롭힘으로 인한 인격권 침해에 대하여 손해배상 청구를 통해 충분히 손해를 보상받기 어려운 것이 지금의 현실입니다.[12]

　　재산적 손해와 정신적 손해가 동반되는 경우, 위자료를 증액할 수 있습니다. 그러나 직장 내 괴롭힘으로 인한 인격권 침해는 정신적 손해만 인정될 가능성이 큽니다. 그만큼 위자료 액수가 낮아질 것입니다. 이로 인해 피해자는 법적 구제수단을 포기할 가능성이 큽니다. 법원에서 인정되는 위자료가 작다 보니, 최근 여러 개별 법률[13]에서 법정손해배상제도[14]를 도입하고 있습니다. '법정손해배상제도'는 손해액을 명확히 입증하기 어려운 경우, 피해자가 손해액을 입증하지 않더라도 법에서 정해진 일정 금액을 손해액으로 인정하는 제도를 말합니다. 물론 법원에서도 위자료 액수를 상향하는 방안을 검토하고 있습니다.[15] 그러나 일반적인 사건과 달리 직장 내 괴롭힘 행위는 피해자에게 심각한 인격권 손상을 주며, 직장 민주주의를 훼손하고, 공동체적 연대와 지지를 무너뜨린다는 점에서 해악이 중대합니다.[16] 따라서 직장 내 괴롭힘으로 인한 인격권 침해 시 인정되는 위자료 액수를 대폭 상향하거나, 법정손해배상제도를 도입할 필요가 있습니다.

　　한편, 손해배상 소송에서 법원은 적극적 손해, 소극적 손해, 정신적 손해를 엄격히 구별하고 있습니다. 따라서 정신적 손해에 대한 위자료 이외에 적극적 손해와 소극적 손해에 대한 논의도 필요합니다. 적극적 손해[17]는 직장 내 괴롭힘으로 인한 치료비와 상담비용 등이 될 것입니다. 소극적 손해[18]는 괴롭힘 때문에 퇴사한 경우에 피해자가 새로운 곳에 재취업할 때까지 받지 못하는 임금 손실분 상당액 등이 될 수 있습니다. 직장 내 괴롭힘으로 인한 손해배상에도 손해배상액 추정 규정 도입 등 적극적 입법이 필요합니다.[19]

입증책임 전환

학교나 군대에서 벌어지는 괴롭힘과 달리 직장은 노동의 대가로 급여를 지급하는 곳이기 때문에, 그 과정에서 발생하는 인격적 훼손이 당연한 것으로 여겨지는 것이 문제의 핵심이라고 보는 의견이 있습니다. 따라서 직장 내 괴롭힘 증가가 노동 규범 약화를 반영하는 것이라고 보는 것이지요.[20]

그러나 학교나 군대의 괴롭힘은 가해자가 개인적 형태로 이루어지는 경우가 많습니다. 반면 직장 내 괴롭힘은 조직 차원에서 인사권과 징계권을 바탕으로 한 제도적 형태인 경우도 많다는 차이가 있습니다. 직장 내 괴롭힘이 일상적 업무 지시와 개인적 행태가 혼합된 경우, 그것이 괴롭힘인지 아니면 그 조직의 일상적 업무 지시인지 구분하기가 힘들 수 있습니다. 직장 따돌림의 경우 피해자와 가해자 사이에 인식이 다를 수 있습니다. 이 경우 가해행위자로 지목된 사람이 개인적 자유로서 직장 내 친교 대상을 선택하는 데에 배제하였다고 하여 이를 위법한 따돌림이라 부르기도 어렵습니다. 즉 괴롭힘 개념의 추상성과 모호함은 피해자가 괴

롭힘을 입증하기 어렵게 만드는 현실적 문제[21]로 작용합니다.[22]

여러분이 법원에서 소송으로 문제를 다툴 경우, 본인의 피해 사실을 주장하기 위해서 설득력 있는 증거 자료를 제출해야 하는 '증명책임'이 생깁니다. 이를 법률 용어로 '입증책임'이라 합니다. 만약 법원에 설득할 수 있는 증거를 제출하지 않으면, 여러분은 소송상에 불이익을 받게 됩니다. 그래서 피해를 주장하는 사람이 증명해야 하는 '입증책임' 범위를 어디까지로 볼 것인지는 매우 중요합니다. 소송 결과에 큰 영향을 주기 때문이지요. 직장 내 괴롭힘 피해자가 괴롭힘으로 인한 손해배상을 청구할 때를 가정해 보겠습니다. 여러분에게는 두 가지 선택지가 놓입니다. 두 선택지는 '불법행위 책임'과 '채무불이행 책임'입니다. 대한민국 민법은 누군가의 위법한 행위로 인해 여러분에게 손해가 발생하면 이 손해를 보상하도록 '손해배상청구권'을 인정합니다. 이 손해배상청구권에는 '채무불이행을 원인으로 한 손해배상청구권'[23]과 '불법행위를 원인으로 한 손해배상청구권'[24]이 포함됩니다. 여기서 '불법행위 책임'은 고의나 과실로 다른 사람에게 손해를 발생시킨 사람이 그 손해를 배상할 책임을 말합니다. '채무불이행 책임'은 일정한 채무를 가진 사람이 정당한 이유 없이 채무를 제대로 이행하지 않으면 손해를 배상할 책임을 뜻합니다. 여기서 '채무'는 법률 용어로 특정인이 다른 특정인에게 어떤 행위를 하여야 할 의무를 말합니다.

이렇게 여러분은 괴롭힘 행위를 '불법행위 책임'으로 볼 것인지, '채무불이행 책임'으로 볼 것인지를 선택하게 됩니다. 여기서 중요한 것은 불법행위 책임과 채무불이행 책임은 피해자가 주장·입증해야 할 요건 사실이 다르다는 차이에 있습니다. 불법행위 책임은 가해행위의 '위법성'을 주장·입증하여야 합니다. 반면 채무불이행 책임은 채무자 측에서 의무위반이 없다는 점을 주장·입증해야 하므로 채무불이행 책임으로 구성하는 편이 피해자에게 유리합니다.

그런데 직장 내 괴롭힘 가해자가 피해자와 기본적 법률관계가 없는 제3자면 불법행위 책임을 물을 수밖에 없으므로, 위법행위·손해 발생·인과관계 등 불법행위 책임 성립요건은 모두 피해자가 증명책임을 지게 될 것입니다. 현실적으로 피해자 처지에서 이러한 사실을 모두 입증하기는 쉽지 않습니다.

나아가 괴롭힘 개념의 추상성과 모호함은 피해자가 괴롭힘을 입증하기 어렵게 하는 근본 원인으로 작용합니다. 이를 해결하기 위해 괴롭힘에 관해서는 전반적인 입증책임 전환이 필요합니다.

직장 내 괴롭힘 피해자는 사실상 힘의 승부에서 우위에 있기 어렵습니다. 특히 직장 내 괴롭힘은 개인 대 개인 측면보다는 집단 대 개인 관계라는 점에서 괴롭힘 증거를 열위인 피해 근로자 개인이 수집하기란 매우 어렵습니다. 더욱이 가학적 인사관리는 사용자 측이 인사처분에 대한 계약적 근거를 갖고 하는 행위이기 때문에 피해자인 근로자는 증명이 더욱 힘들지요. 따라서 직장 내 괴롭힘으로부터 근로자 인격권 실현 및 보호를 위해 근로자 입증책임 완화가 필요합니다.[25]

이에 대한 입법례로 법체계가 가장 유사한 프랑스의 직장 내 괴롭힘 증명책임을 참조하면 좋겠습니다. 프랑스는 피해 근로자가 괴롭힘 존재를 '추정'할 수 있는 사실만 제시하면, 가해 행위자로 지목된 근로자와 사용자가 그 사실이 괴롭힘과 관계없다는 것을 증명하는 중층적 제도를 구축하고 있습니다.[26] 대한민국 현행 법률 중「남녀고용평등과 일·가정 양립지원에 관한 법률」[27]이 이와 유사하게 입증책임 전환에 대한 특별 규정을 두고 있습니다. 이처럼 직장 내 괴롭힘도 증명책임 전환에 대한 특칙을 도입하는 것을 고려해 보면 좋겠습니다.

사용자책임 강화하기

66

　직장 내 괴롭힘 사건은 회사가 괴롭힘 구제절차를 진행하는 동안 조직 차원에서 2차 피해 예방 노력을 게을리하면 피해가 확대될 가능성이 큰 특징이 있습니다. 따라서 사용자가 직장 내 괴롭힘에 적극적으로 대응하지 않은 경우, 민법상 책임을 부여하는 방향을 고려할 수 있습니다. 즉 사용자는 사용자책임[28] 또는 가해자와 공동불법행위책임[29]을 지게 함이 바람직합니다.[30] 민법에서 '사용자책임'이란 사용자가 어떤 사람을 사용해서 일하게 하면, 그 사람이 일하면서 제3자에게 손해를 입히면 사용자가 이 손해를 배상할 책임이 있다는 의미입니다. '공동불법행위책임'은 여러 사람이 함께 불법행위를 한 경우, 같이 책임을 져야 한다는 것입니다.

해외에서도 사용자책임을 법적으로 명확히 규정한 국가가 많습니다. 호주는 명시적으로 사업주가 괴롭힘 행위를 방지하지 못한 경우 법적 책임을 부여하고 있습니다. 프랑스와 노르웨이도 괴롭힘 결과에 대한 책임을 가해자와 사업주가 동시에 부담하게 합니다. 특히 노르웨이는 사업주에게도 최대 징역을 선고할 수 있는 법적 기반이 마련되어 있습니다. 또한, 가중처벌 규정을 두어, 사업주는 최대 2년, 가해자는 최대 1년의 징역에 처할 수 있도록 하여 사업주에게 더 무거운 책임을 규정합니다.

직장 내 괴롭힘은 조직적 요인에 의해서 유발될 가능성이 큽니다. 그리고 이러한 사내 조직문화를 구성하는 가장 큰 바탕은 사업주의 태도입니다. 이 점을 고려하여 직장 내 괴롭힘 발생 책임을 사업주에게도 부여함이 바람직합니다. 실제 우리나라에서 문제 된 대한항공·위디스크 사건을 보면 사업주 본인이 가해자가 되는 경우가 많다는 점을 고려할 때, 사업주에 대한 명확한 처벌 규정이 마련되어야 할 것입니다.

노동위원회 통한 시정명령 제도 도입

"

　여러분 중 '노동위원회'를 아시거나 들어본 분이 계실까요? 노동문제에 관한 관심이 높아져서 아시는 분도 많지만, 여전히 어떤 곳인지 잘 모르는 분도 많으실 텐데요. 노동위원회는 노(근로자 위원)·사(사용자 위원)·정(공익위원) 3자로 구성된 준사법적 성격을 지닌 합의제 행정기관으로, 고용노동부 산하에 있는 심판기관입니다. 노동관계에서 발생하는 분쟁을 신속하고 공정하게 조정하고 판정하는 역할을 하는 기관이지요. 회사가 행한 해고나 징계가 부당한 행위라고 생각하는 근로자는 이 노동위원회에 판정을 신청할 수 있습니다. 해고나 징계가 부당한지 정당한지를 판단받는 것이지요. 만약 노동위원회가 사건이 부당해고 등에 해당한다고 판정하면 회사에 구제명령을 내릴 수 있습니다. 쉽게 이해하면, 행정적으로 구속력 있는 판단을 내릴 수 있는 곳입니다. 법원을 대신해서 말이지요. 만약 회사가 부당하게 노동조합을 탄압할 경우, 노동조합도 '부당노동행위 여부 판정'을 받을 수 있습니다. 이 외에도 노사 간에 임금, 근로시간 등 근로조건 결정을 위해 교섭을 했지만 계속 합의에 이르지 못하면 조정이나 중재 등을 결정하는 등 노동관계에 관련된 다양한 임무를 수행하고 있는 기관입니다.

그런데 직장 내 괴롭힘 사건은 현재 노동위원회에서 직접 판단할 근거가 마련되어 있지 않습니다. 물론 법원을 통한 민사소송은 가능합니다. 그러나 법원에 민사소송을 제기하면 시간이 길어지고 비용도 훨씬 많이 들지요. 이러한 단점을 보완하고 신속하게 근로자를 구제하고자 대한민국 정부는 노동위원회 제도를 만들어둔 것입니다. 따라서 직장 내 괴롭힘 사건도 내부에서 해결이 어려운 경우, 노동위원회에 판정을 받을 수 있도록 구제절차를 마련한다면 효과적일 것입니다. 노동위원회 제도로 들어오려면 법 개정이 필요합니다. 20대 국회에 올라온 법률개정안 중에서 강병원 의원이 대표 발의한 「직장 내 괴롭힘 방지 및 피해근로자 보호 등에 관한 법률안」에 이러한 내용이 포함되어 있었습니다. 해당 개정안은 괴롭힘 피해근로자가 사업주 조치에 이의가 있는 경우 노동위원회에 시정을 신청할 수 있는 권한을 부여합니다. 피해근로자로부터 시정신청을 받은 노동위원회는 필요한 조사와 심문을 한 후, 신청 또는 직권으로 조정 또는 중재를 할 수 있습니다. 노동위원회가 직장 내 괴롭힘에 해당한다고 판단한 경우, 괴롭힘 금지·피해근로자 보호·적절한 배상 등 시정명령을 할 수 있도록 규정합니다.(안 제14조부터 제19조) 국회에서도 고민이 시작되고 있는 것이지요. 물론 고민에서 끝나면 변화는 없지만 말입니다. 아쉽게도 20대 국회가 끝이 나며 해당 법률은 폐기되었습니다. 21대 국회에서 심도 있는 논의가 다시 이루어지길 바랍니다.

한편, 학계에서는 새로운 방법을 제시합니다. 현재 노동위원회는 근로기준법 제6조에서 규정한 "균등처우"규정을 위반한 경우 차별시정 구제를 할 수 있습니다. 이를 '차별적 처우시정제도'라고 합니다. 노동위원회 차별적 처우시정제도는 임금이나 기타 근로조건에 있어서 합리적인 이유 없이 불리하게 처우 받은 비정규직 근로자가 신청하는 경우가 많습니다. 이 차별시정 구제제도 안에 직장 내 괴롭힘 판정을 포함하자는 것입니다. 괴롭힘이 균등처우 위반으로 '차별'에 해당하면 노동위원회에 구제를 신청할 수 있도록 하되, 신청 가능 범위는 근로기준법 기준에 부합하도록 하는 방법도 생각해 볼 수 있다는 것입니다. 이미 노동위원회는 비정규직 차별시정과 관련하여 전문성을 확보하고 있으므로 기존 제도를 활성화하는 것도 방안이 될 수 있지요.[31] 신속하고 공정한 피해자 구제를 위해 고려해 볼 만한 제안입니다.

직장 내 괴롭힘으로 인한 인격권 침해는 그 성질상 불법행위법상 구제수단인 사후적 손해배상 등에 의하는 것만으로는 완전한 보호가 어렵다는 점을 고려할 때, 노동위원회를 통한 시정명령제도는 괴롭힘을 당한 근로자 피해구제에 실효성이 클 것입니다.

▶ 참고문헌

1 홍성수 외, "직장 내 괴롭힘 실태조사," 국가인권위원회, 2017, 191면.

2 "직장 내 괴롭힘, 예방교육 의무화로 근절," 매일노동뉴스, 2020.7.14.

3 장다혜·조성현, "공동체 규범 및 분쟁해결절차와 회복적 사법의 실현방안
   (Ⅱ)-제5장 직장 괴롭힘 분쟁해결과정에서의 경험과 절차의 작동," 2017, 한
   국형사정책연구원, 239-240면.

4 안 제655조의2.

5 산업안전보건법 제1조가 "이 법은 산업안전·보건에 관한 기준을 확립하고 그
   책임 소재를 명확하게 하여 산업재해를 예방하고 쾌적한 작업환경을 조성함
   으로써 근로자의 안전과 보건을 유지·증진함을 목적으로 한다."고 규정하고
   있음을 고려할 때, 현행 법령 중 산업안전보건법이 직장 내 괴롭힘에 관한 감
   독행정의 준거로 삼기에 가장 적합하다.

6 Woltes Kluwer(2016a)(éd.), §3947-Sanction à l'égard du salarié harceleur.

7 산업안전보건법 제1조(목적) 이 법은 산업 안전 및 보건에 관한 기준을 확립
   하고 그 책임의 소재를 명확하게 하여 산업재해를 예방하고 쾌적한 작업환경
   을 조성함으로써 노무를 제공하는 자의 안전 및 보건을 유지·증진함을 목적
   으로 한다.

8 제5조(사업주 등의 의무) ① 사업주(제77조에 따른 특수형태근로종사자로부터
   노무를 제공받는 자와 제78조에 따른 물건의 수거·배달 등을 중개하는 자
   를 포함한다. 이하 이 조 및 제6조에서 같다)는 다음 각 호의 사항을 이행함
   으로써 근로자(제77조에 따른 특수형태근로종사자와 제78조에 따른 물건의
   수거·배달 등을 하는 자를 포함한다. 이하 이 조 및 제6조에서 같다)의 안
   전 및 건강을 유지·증진시키고 국가의 산업재해 예방정책을 따라야 한다.
   2. 근로자의 신체적 피로와 정신적 스트레스 등을 줄일 수 있는 쾌적한 작업
   환경의 조성 및 근로조건 개선

9 이수연, "직장 괴롭힘 입법안의 쟁점과 과제," 사회법연구 제34호, 한국사회법
   학회, 2018, 110면.

10 홍성수 외, "직장 내 괴롭힘 실태조사," 국가인권위원회, 2017, 39면

11 지원림, 「민법강의」, 홍문사, 2016, 1066면.

12 류재율, "근로자 인격권 침해에 대한 구제," 안암법학 제58호, 2019년, 197면.

13 최초로, 2011.3.29. 하도급거래 공정화에 관한 법률 제35조에서 3배 배상 제도
   를 도입한 이래, 2011.12.2. 저작권법 125조의 2에 '법정손해배상의 청구'라는
   제목으로 "침해된 각 저작물 등마다 1천만 원(영리목적으로 고의로 권리를 침

해한 경우에는 5천만 원) 이하의 범위에서 상당한 금액의 배상을 청구"할 수 있도록 규정을 마련하였고, 그 후 각 개별 법률에서 유사한 형태의 규정들이 신설되었다.

14 법정손해배상제도는 손해액의 입증이 어려운 경우에 피해자가 손해액을 입증하지 않더라도 법에서 정해진 일정한 금액을 손해액으로 인정할 수 있도록 하는 제도를 말하는데, 최근 저작권법, 상표법, 정보통신망 이용촉진 및 정보보호 등에 관한 법률, 신용 정보의 이용 및 보호에 관한 법률, 개인정보보호법 등에 도입되었다. 특히, 하도급법, 정보통신망 이용촉진 및 정보보호 등에 관한 법률, 신용정보의 이용 및 보호에 관한 법률, 개인정보보호법에서는 3배 배상제를 도입하였다. 3배 배상제는 징벌적 기능을 염두에 두고 도입한 것이어서 3배 배상제에 대하여 이를 징벌적 손해배상제도로 설명하기도 하나, 법적 성격이 징벌적 손해배상과는 구분되므로 법정손해배상제도로 이해되어야 한다.

15 류재율, "근로자 인격권 침해에 대한 구제," 안암법학 제58호, 2019, 206－207면.

16 홍성수 외, "직장내 괴롭힘 실태조사," 국가인권위원회, 2017, 40면.

17 직장 괴롭힘을 이유로 한 치료비, 상담비용 등.

18 직장 괴롭힘을 이유로 퇴사한 경우 재취업할 때까지의 임금손실분 상당의 일실이익 등.

19 홍성수 외, "직장 내 괴롭힘 실태조사," 국가인권위원회, 2017, 40면.

20 박제성, "직장 내 괴롭힘," 국제노동브리프, 2014년 9월호, 한국노동연구원, 2014, 1－3면.

21 참고로 일본은 "상사의 괴롭힘에 의한 정신장애 등의 업무상·업무 외의 인정"(平成20年 2月 6日 基労補発 第0206001号)에 관한 기준을 만들었는데, 위 기준은 名古屋高裁 平成 19年 10月 31日 判決을 기준으로 한 것으로 상사의 지속적인 인격적 모독과 질책 등으로 근로자가 자살하여 업무상 재해로 인정받은 사례이다.

22 신권철, "사업장 내 정신건강문제의 법적 고찰," 노동법연구 2017 하반기 제43호, 서울대노동법연구회, 69－70면.

23 민법 제390조(채무불이행과 손해배상) 채무자가 채무의 내용에 좇은 이행을 하지 아니한 때에는 채권자는 손해배상을 청구할 수 있다. 그러나 채무자의 고의나 과실없이 이행할 수 없게 된 때에는 그러하지 아니하다.

24 민법 제750조(불법행위의 내용) 고의 또는 과실로 인한 위법행위로 타인에게 손해를 가한 자는 그 손해를 배상할 책임이 있다.

25 양승엽·박수경, "직장괴롭힘과 경영·인사관리의 한계: 노동 인격에 대한 존중," 산업관계연구 제28호, 한국고용노사관계학회, 2018년, 98면.

26 프랑스 노동법전 L.1154-1조; Wolters Kluwer의 주석서, Le Lamy Social 2016, Wolters Kluwer France, 2016, §4070－Aménagement de la charge de la

preuve; Cass. soc., 15 novembre 2011, n°10-30463.

27 「남녀고용평등과 일·가정 양립지원에 관한 법률 제30조: 이 법과 관련한 분쟁해결에서 입증책임은 사업주가 부담한다.

28 민법 제756조(사용자의 배상책임) ①타인을 사용하여 어느 사무에 종사하게 한 자는 피용자가 그 사무집행에 관하여 제삼자에게 가한 손해를 배상할 책임이 있다. 그러나 사용자가 피용자의 선임 및 그 사무감독에 상당한 주의를 한 때 또는 상당한 주의를 하여도 손해가 있을 경우에는 그러하지 아니하다.
②사용자에 갈음하여 그 사무를 감독하는 자도 전항의 책임이 있다.
③전2항의 경우에 사용자 또는 감독자는 피용자에 대하여 구상권을 행사할 수 있다.

29 민법 제760조(공동불법행위자의 책임) ①수인이 공동의 불법행위로 타인에게 손해를 가한 때에는 연대하여 그 손해를 배상할 책임이 있다.
②공동 아닌 수인의 행위중 어느 자의 행위가 그 손해를 가한 것인지를 알 수 없는 때에도 전항과 같다.
③교사자나 방조자는 공동행위자로 본다.

30 홍성수 외, "직장내 괴롭힘 실태조사," 국가인권위원회, 2017, 40면.

31 이수연, "직장 괴롭힘 입법안의 쟁점과 과제," 사회법연구 제34호, 한국사회법학회, 2018, 105면.

나가는 말

괴로움을 말할 기회를 얻은 지금,
우리는 직장을 어떻게 바꿀 수 있을까

일터에서 어려움을 겪고 있을 당신에게

'직장 내 괴롭힘'이라는 언어가 만들어진 대한민국,
여러분이 권리를 보장받기 위해 나아가야 할 방향

'직장 내 괴롭힘'이라는 언어가 만들어진 대한민국, 여러분이 권리를 보장받기 위해 나아가야 할 방향

66

대한민국은 한국 일터에서 벌어지는 괴롭힘의 특성을 적극적으로 반영하여 "아시아 최초"로 직장 내 괴롭힘을 법으로 금지했습니다. 아시아 최초로 대한민국이 여러분에게 '일터에서 존중받을 권리'와 '괴로움을 말할 기회'를 법으로 부여한 것입니다. 급속히 변화하는 사회에서 일터도 시시각각 변하고 있습니다. 일터에서 당신이 겪을 수 있는 괴롭힘의 형태도 더 다양해지고 있습니다. 그래서 대한민국은 근로자 인격권 침해를 구체적으로 말할 수 있는 법 언어, '직장 내 괴롭힘'을 만든 것이지요.

직장은 전쟁터가 아닙니다. 직장은 삶의 터전이며, 근로자 인격권은 존중받아야 마땅합니다. 그러나 한국 일터에는 잘못된 조직문화가 마치 당연히 감수해야 할 직장 규범처럼 남아 있는 곳이 많습니다. 그래서 직장인은 괴롭힘을 겪어도 직장 생활을 하며 당연히 겪을 수 있는 일이라 치부하거나, 말할 수 없는 마음속 상처로 남겨둬야 했습니다. 그런데 이제 여러분은 잘못된 일터 문화를 말할 수 있는 '직장 내 괴롭힘'이란 언어를 얻었습니다. 괴로움을 제대로 말할 수 있는 권리를 얻은 것입니다. 이제는 괴롭힘이 직장인이라면 누구나 겪을 수 있는 당연히 감수해야 할 필연적인 것이 아닌, 근로자 인격권이 침해될 수 있는 중대한 법 위반 행위라고 말할 수 있습니다.

직장 내 괴롭힘은 단순한 개인 간 갈등뿐만 아니라 당시의 사회·경제적 상황 및 일터문화 등 제도적 요인이 강하게 작용하는 현상입니다. 직장 내 괴롭힘으로 인해 침해되는 근로자 인격권은 무형적 형태이기 때문에 피해 결과가 눈으로 잘 인식되지 않을 수 있지요. 특히 인격권은 사후적 조치로는 회복이 쉽지 않습니다. 이로 인해 직장 내 괴롭힘으로 인격권이 침해될 경우, 피해자는 회복에 많은 어려움을 겪습니다.

대한민국 노동법이 직장 내 괴롭힘 규율을 시작한 것은, 기존에 이루어져 온 일터의 위계적 지위에 따른 관행화된 모욕적 언행이 사회적으로 위법한 행위임을 사회 구성원이 인식하게 만드는 시작이 될 것입니다. 그러나 새로운 규범이 현실로 파고들기 위해서는 기존 사회 인식에 대한 조율이 필요합니다. 가해자 중 일부는 자신의 잘못된 업무 지시를 괴롭힘이라 생각해 본 적이 없을 것입니다. 근로자도 대부분은 그 괴로움을 일터에서 표현하는 것에 익숙하지 않을 뿐만 아니라 두려움이 있는 것이 현실입니다.

그러나 일터에서 근로자가 스스로 동의하여 종속된 관계라는 이유만으로, 곧바로 인격권 침해가 허용되는 문제는 제어되어야 합니다. 직장에서 인간관계가 서로 충돌될 때, 단순히 개인 사이 사적 관계로 바라볼 것이 아니라, 일터에 위험 상황이 발생했다고 접근하는 관점 전환이 필요합니다. 특히 직장 내 괴롭힘이 최근 더욱 가시화되고 있는 데에는 서비스산업 중심으로 감정노동 산업구조가 개편되고, 플랫폼 노동 등 비전형적인 일터의 팽창, 경쟁강화, 고용불안 등에서 오는 정신적인 스트레스 급증도 하나의 원인입니다. 현재 직장인이 받는 스트레스는 이전 시대와는 다른 방식인 것이지요. 앞으로 대한민국은 유례없는 저출산·고령화 속도로 노동력 부족도 예측되는 상황입니다. 선제 대응이 시급한 시점입니다.

따라서 직장 내 괴롭힘은 더는 내버려둘 수 없는 심각한 사회 문제로 인식하기 시작하였고, 2018년 9월 12일 근로기준법·산업안전보건법·산업재해보상보험법 개정 방식으로 최초로 직장 내 괴롭힘이 대한민국 노동법에 포함되었습니다. 직장 내 괴롭힘 규율의 가장 의미 있는 핵심은 괴롭힘 피해자가 될 수 있는 근로자에게 말할 기회와 권리를 부여한 것입니다. 괴롭힘은 일반적으로 위계적 질서와 부여된 권한 속에서 시작됩니다. 근로자는 직장에 소속된 이상 괴롭힘이 발생하더라도 묵묵히 받아들이는 것 외에 달리 탈출구가 없는 현실에서 인격권이 실현되기는 어렵습니다. 이러한 현실에서 노동법은 탈출구로 말할 기회를 제공합니다. 괴롭힘 해결을 위한 절차의 모든 과정에서 피해자는 계속해서 말할 기회를 얻습니다.

이제 여러분이 속한 일터에 무슨 일이 일어나고 있는지 살펴보아야 합니다. 직장 내 괴롭힘을 보는 눈을 키우는 것은 여러분에게 달려 있습니다. 직장 내 괴롭힘을 말할 수 있는 권리가 여러분에게 있기 때문이지요. 그러나 일터에서 괴롭힘이 일어나선 안 되는 잘못된 행위라는 것을 일깨우는 것은 사용자의 의지에 달려 있습니다. 일터에서 괴롭힘이 통용되지 않도록 전반적인 조직문화 개선이 이루어져야 하고, 이러한 조직문화 개선은 일터의 총 책임자인 사용자가 노력해야 하는 것이기 때문입니다. 그리고 정부와 국회, 법학자들은 대한민국 근로자 인격권 보호를 강화하기 위해서 더 많은 논의를 하고, 법과 제도를 개선할 의무가 있습니다. 이렇게 우리는 모두 일터 문화를 개선하기 위한 각자의 역할이 있고, 다 함께 역할을 잘 수행하도록 노력해야 합니다.

저는 대한민국 일터가 더 나은 방향으로 갈 것이라 믿습니다. 아시아에서 최초로 근로자에게 직장의 괴로움을 말할 권리를 부여한 깨어 있는 나라가 대한민국이므로, 존중받을 권리 영역은 더 확장될 것입니다. 물론 직장 내 괴롭힘이 입법된 것만으로 잘못된 일터 문화가 쉽게 바뀌지는 않을 것입니다. 이번 법 도입은 위기 상황에 맞추어 짧은 논의 과정을 거쳐 탄생한 최초의 입법이기 때문에 체계적인 제도 완성 단계가 아닙니다. 그리고 수십 년을 이어온 일하는 방식과 소통하는 방식을 근본적으로 바꾸어야 하기 때문이지요.

그렇지만 과거로 되돌아갈 수는 없습니다. 지금까지는 잘못된 방식이 있어도 직장 관행으로 통용될 수 있었지만, 이제는 잘못된 행위라는 것을 우리 모두 알고 있기 때문입니다. 변화로 가는 첫 단계는 여러분이 괴롭힘을 말할 권리를 얻었다는 것을 인식하는 것입니다. 스스로 인식하게 되면 일터환경을 변화시키는 목소리를 갖게 될 것입니다. 이제 여러분이 일터에서 괴롭힘을 겪는다면 증거를 수집하여 괴롭다고 말하기 바랍니다. 그리고 직장이나 고용노동부 등에 조치를 요청하십시오. 대한민국은 이제 일터 문화에 대한 국가적 관찰과 사회적 대화가 시작되었습니다. 우리는 함께 올바른 일터 문화를 만들어 갈 수 있습니다.

이번에 도입한 직장 내 괴롭힘 금지 법규는 대한민국 최초로 탄생한 입법이기 때문에 실효성 있는 제도 발전이 이루어져야 합니다. 그래서 우리는 앞선 해외사례를 살펴보았습니다. 현실에서 괴롭힘은 다양한 형태로 발생합니다. 따라서 법규를 통해 직장 내 괴롭힘을 넓게 포괄하려면 광의의 개념을 사용하는 것이 효과적임을 알 수 있습니다. 또한, 법으로 직장 내 괴롭힘을 규율하는 국가는 가해자에 대한 처벌을 상세히 규정하여 해당 행위의 위법성을 명확히 하였습니다. 특히 모든 일터 구성원이 괴롭힘 문제에 적극적으로 개입할 의무를 부과하는 것은 조직 전반에서 괴롭힘이 위법행위임을 알리는 효과적 방안으로 운영됨을 알 수 있었습니다.

그중 근로기준법의 법체계상 직장 내 괴롭힘을 기존 편제 안에 넣지 않은 것은 특별한 의미를 지니고 있습니다. 직장 내 괴롭힘 특성상 포괄적 해석이 가능하여야 합니다. 개정법은 이러한 점을 고려하여 별도로 '직장 내 괴롭힘 금지' 장을 만들어 독립된 규정으로 의미화하였다고 생각합니다. 또한, 적용 범위를 시대 변화에 맞추어 '사업장'이라는 정형화된 물리적 공간 요소에서 '직장'이라는 관념적인 범위로 확장하였습니다. 따라서 '직장'은 이제 정형화된 공간적 개념이 아닌 비정형화된 업무를 하는 관념적 영역으로 유연하게 해석할 수 있습니다.

법 해석과 관련하여 근로기준법 '직장 내'에서 '내'의 의미가 일본과 같이 '사업장 내(內)'라는 공간적 요소로 오해되기 쉬운 문제가 있음을 지적했습니다. 여기서 '내'의 의미는 단순히 공간적 장소 개념인 '사업장 내'를 의미하는 것이 아니라, 직장에서의 '관계성'을 의미하는 것으로 해석하여 '관념적인 직장 조직상 네트워킹이 연결되는 경우'로 봄이 타당합니다. 즉 직장에서 업무 관계성이 있는 경우 누구라도 피해자가 될 수 있다고 해석할 수 있습니다.

직장 내 괴롭힘 인정 유형에 대해 정부는 '지속적, 반복적'이라는 단어를 사용하고 있으나, 법은 직장 내 괴롭힘 요소로 '반복성과 지속성'을 포함하지 않습니다. 따라서 정부 해석은 상위법에서 괴롭힘 개념으로 포함하지 않는 요소를 행정 해석으로 추가하는 것으로 부적절한 유형 예시라 볼 수 있습니다. 또한, 정부는 직장 내 괴롭힘 개별 사례를 설명하였는데, 행위장소를 대부분 '사업장 내'로 전제하여 괴롭힘 행위 유형을 축소하는 문제가 있습니다. 우리나라는 2019년에 들어와서야 처음으로 직장 내 괴롭힘이 도입되어 역사적 경험과 사법적 판단기준 등을 통해 유형을 확인할 방법이 없습니다. 따라서 정부 행정해석은 일터에서 가장 중요한 행위 유형 판단기준이 될 것입니다. 그러므로 정부는 이러한 입법 취지를 반영하여 더욱 법적 정합성을 갖춘 유형 경계선을 제시할 필요가 있습니다. 직장 내 괴롭힘 인정 유형에 대해 고용노동부는 단순한 하나의 괴롭힘 사실행위를 나열한 것에 불과하여 근로자 개인 간 행위인지, 조직적 행위인지, 업무적인지 차별적인지 등 괴롭힘 전체 구조를 파악하지 못하는 문제도 있습니다. 따라서 이 책에서는 7가지 유형을 제시하여 개인과 조직 및 업무와 차별 등 조직에서 일어나는 괴롭힘 행위를 구조적 관점에서 체계적으로 유형화했습니다.

산업안전보건법은 정부에게 직장 내 괴롭힘 책임이 있음을 명확하게 했다는 것에 중요한 의미가 있습니다. 산업안전보건법에서 언급한 근로기준법 제76조의2는 직장 내 괴롭힘을 설명하기 위한 '매개수단'으로서, 산업안전보건법의 목적과 구도에 맞고, 법률 보호 범위에 적용될 경우 정부가 괴롭힘으로부터 보호해야 할 사람들로 해석할 근거를 만들어 주었다고 생각합니다. 산업재해보상보험법의 업무상 재해 인정은 산업재해 영역에서 인격권 보호를 위해 근로기준법의 직장 내 괴롭힘 판단구조를 가져온 것이라 해석할 수 있습니다. 따라서 근로기준법상 근로자가 아니더라도 산업재해보상보험법에서 업무상 재해로 인정될 수 있는 확장성을 부여한 것도 의미 있는 변화라 생각합니다.

새롭게 들어온 직장 내 괴롭힘 법제를 바탕으로 앞으로 근로자 인격권 보호를 더욱 공고히 하기 위한 법제적 개선 방향을 정리해 보겠습니다.

첫째, 직장 내 괴롭힘으로 침해되는 유·무형적 인격권 보호 강화를 위해서는 노동자 '인격권' 보장에 대한 노동법상 명확한 법제화가 필요합니다.

둘째, 근로계약에서 사용자가 부담해야 할 보호의무를 주된 의무로 격상하는 것을 고려해 보아야 합니다.

셋째, 인격권은 사후적 손해배상으로 완전한 회복이 어려우므로, 적극적 보호를 위해서 인격권 침해에 대한 예방청구권을 인정할 필요가 있습니다.

넷째, 직장 내 괴롭힘이 인정되는 규정에 대해서는 적용대상을 확대하여야 합니다.

다섯째, 직장 내 괴롭힘이 금지되는 행위라는 가치를 일터 내부에서 공유하는 것은 예방의 최우선 바탕입니다. 따라서 예방 교육 의무를 법으로 규정할 필요가 있습니다. 특히 사용자에게 우선적으로 예방의무를 부여하여야 합니다. 괴롭힘도 사용자 의지에 따라 개선 여부가 결정되는 조직 문화적 측면이 강하기 때문이지요.

여섯째, 괴롭힘은 직장 내부의 문제라 생각하기 쉬우나, 직장 내부를 넘어 행정적—사법적 조치까지 이루어져야 효과적인 관리가 이루어질 수 있습니다. 따라서 직장 내 괴롭힘 조치 구조를 "조직 내 조치, 행정적 조치, 사법적 조치"로 3면 체계를 구축할 것을 제안합니다.

일곱째, 산업안전보건법상 예방조치에 '정신적 스트레스'와 '괴롭힘'에 대한 조치를 명시하고 법 위반 시 책임을 명확히 할 필요가 있습니다.

여덟째, 제도적 차원에서 피해자에게 손해배상청구권이 인정된다고 하더라도, 실제로는 피해자가 손해에 상응하는 충분한 배상을 받기 쉽지 않습니다. 특히 직장 내 괴롭힘으로 인한 인격권 침해는 정신적 손해만 인정될 가능성이 높습니다. 이로 인해 위자료 액수가 미미하다면 소송제기의 현실적 어려움에 비추어 피해자는 법적 구제수단을 포기할 것입니다. 따라서 직장 내 괴롭힘으로 인한 인격권 침해 시 인정되는 위자료 액수를 대폭 상향하거나 법정손해배상제도 도입이 필요합니다. 또한, 괴롭힘 개념의 추상성과 모호함은 피해자들이 괴롭힘을 입증하기 어렵게 하는 근본 원인이 됩니다. 이를 해결하기 위해 직장 내 괴롭힘에 관해서는 전반적인 입증책임 전환이 필요합니다.

아홉째, 직장 내 괴롭힘 사건은 피해자가 조사절차를 진행하는 동안 2차 피해를 예방하려는 노력을 게을리하면 피해가 확대될 가능성이 큽니다. 따라서 사용자가 피해자에게 직접 괴롭힘을 가하지 않았더라도 사용자가 적극적으로 대응하지 않은 경우, 사용자도 책임을 지게 할 필요가 있습니다.

열째, 노동위원회 제도에 직장 내 괴롭힘을 포함하는 방안입니다. 피해자가 법원보다 노동위원회를 통한다면 목소리를 더 쉽게 낼 수 있습니다. 왜냐하면 노동위원회가 비용 부담을 줄여주기 때문입니다. 또한 판정기간도 짧기 때문에 피해자의 빠른 피해구제를 위해서도 적극적인 검토가 필요합니다.

여러분은 하루 대부분을 직장에서 보냅니다. 직장에서 같이 지내는 사람들이 좋다면 고된 일과도 견딜 수 있는 원동력이 되지요. 더 나은 일터를 만들 수 있는 길은 직장 내 괴롭힘이 최근에 두드러진 현상이라거나 개인의 문제 혹은 가해자 인성 문제라고 여기는 것에서 벗어나, 조직과 국가 법·제도적 문제로 바라보는 사회 인식 변화가 먼저 시작되어야 합니다. 그리고 일터 구성원들의 연대 정신 강화로 이어지길 바랍니다. 더불어 첫발을 내딛은 대한민국 직장 내 괴롭힘 법·제도가 여기서 멈추지 않고, 사회적 논의를 통해 더 좋은 법과 제도를 구축해 나아가기를 기대합니다.

변화의 중심에서 여러분의 목소리가 함께한다면 더 좋은 일터를, 더 나은 대한민국을 만들어 갈 수 있다고 생각합니다. 대한민국 직장이 사람을 존중하고, 여러분이 삶의 터전인 일터에서 상처받지 않기를 바랍니다. 당신은 직장질서 파괴자가 아닙니다. 올바른 일터 문화 창조자입니다. 각자의 방식으로 목소리를 낼 여러분의 더 나은 직장생활을 진심으로 바라고 응원합니다.

저자약력

김소영 노무사
- 2010년, 만 21살 최연소노무사로 출발했습니다.
- 2011년, 노무법인 우리들에서 기업 노무진단과 컨설팅 등을 수행했습니다.
- 2013년, 경기대학교 경제학과를 졸업했습니다.
- 2013년, 한국남동발전에서 공기업 조직을 경험했습니다.
- 2019년, 중소기업중앙회에서 '소상공인의 일과 삶의 균형' 조사 연구를 통해 SBS스페셜에 출연하는 등 중소기업 인사노무 정책 개발 등의 일을 했습니다.
- 2020년, 고려대학교 노동대학원에서 노동법학 석사학위를 취득했습니다.
- 2020년, 서울아산병원 최초의 사내노무사로 직장 내 괴롭힘 리더 교육 및 노무 자문 등의 일을 수행했습니다.

일터에서 어려움을 겪고 있을 당신에게
−직장 내 괴롭힘, 누구보다 소중한 당신을 위하여

초판발행	2020년 9월 25일
중판발행	2023년 8월 10일
지은이	김소영
펴낸이	안종만·안상준
편 집	박송이
기획/마케팅	최동인
표지디자인	조아라
제 작	고철민·조영환
펴낸곳	(주) **박영사**
	서울특별시 금천구 가산디지털2로 53, 210호(가산동, 한라시그마밸리)
	등록 1959. 3. 11. 제300-1959-1호(倫)
전 화	02)733-6771
f a x	02)736-4818
e-mail	pys@pybook.co.kr
homepage	www.pybook.co.kr
ISBN	979-11-303-3663-3 03360

정 가   17,000원